书山有路勤为径,优质资源伴你行
注册世纪波学院会员,享精品图书增值服务

业务领导者的人才管理

吴景辉 朱翔·著

电子工业出版社
Publishing House of Electronics Industry
北京·BEIJING

未经许可，不得以任何方式复制或抄袭本书之部分或全部内容。
版权所有，侵权必究。

图书在版编目（CIP）数据

业务领导者的人才管理 / 吴景辉，朱翔著. —北京：电子工业出版社，2023.1
ISBN 978-7-121-44742-6

Ⅰ. ①业… Ⅱ. ①吴… ②朱… Ⅲ. ①企业管理－人才管理 Ⅳ. ①F272.92

中国版本图书馆 CIP 数据核字（2022）第 243996 号

责任编辑：杨洪军　　特约编辑：王璐
印　　刷：北京天宇星印刷厂
装　　订：北京天宇星印刷厂
出版发行：电子工业出版社
　　　　　北京市海淀区万寿路 173 信箱　邮编 100036
开　　本：720×1000　1/16　印张：16.75　字数：255 千字
版　　次：2023 年 1 月第 1 版
印　　次：2025 年 8 月第 9 次印刷
定　　价：69.00 元

凡所购买电子工业出版社图书有缺损问题，请向购买书店调换。若书店售缺，请与本社发行部联系，联系及邮购电话：（010）88254888，88258888。
质量投诉请发邮件至 zlts@phei.com.cn，盗版侵权举报请发邮件至 dbqq@phei.com.cn。
本书咨询联系方式：（010）88254199，sjb@phei.com.cn。

推荐序

中国式现代化既有各国现代化的共同特色，更有基于自己国情和实际的中国特色。中国式现代化从人类文明发展的高度彰显了中国的自身特色，拓展了发展中国家走上现代化的有效途径，为研究人类社会现代化的规律构建了科学范式。中国式现代化是一条需要不断探索和不断实践的道路，这个过程中需要以攻坚克难、尽锐出战的奋斗者姿态打破障碍和突破困境。大到国家、民族，小到组织、团队，都是由有着相同心性和价值观的人组成的。要想实现中国式现代化、实现组织和团队的卓越，就必须通过卓有成效的管理来发挥组织和团队中成员的优势，这就需要中国式的管理理论和管理模式。中国式现代化离不开中国管理。

著名管理学家、"量子管理奠基人"丹娜·左哈尔认为，量子管理学其实就是中国管理哲学，量子管理的实质就是中国管理。量子力学里对宇宙的认知，与老子的认知是一致的：宇宙是多元的、相互连接的、息息相关且不断进化演变的世界。量子管理是一种粒子状的管理模式，意味着组织应该把管理的权利下放给每个成员。组织中的每个人就像粒子一样，可以进行有效的自我管理，也可以自发组建成独立团队，大家相互配合，力出一孔。领导者相信自己的员工有着无限的创造力和内驱力，他们要做的，只是找到能量的聚集点，将能量完全释放出来，让员工的创造力得以充分激发。

在工业 1.0~3.0 时代，支配企业有效运作的是控制和适度的参与，这是一种牛顿式的思维。管理的底层逻辑是标准化，一切都是在确定性中实现效率的持续提升，这就意味着所有东西都是有迹可循的，注重定律、规则和控制。但是今天我们已经进入了不确定性时代，很难用稳定的不变系统原则应对迅速而不可确定的变化。

在商业智能时代，世界的不确定性日趋增强成为常态。经济的高质量发展不是消灭不确定性，而是通过卓有成效的管理来驾驭不确定性。面对各类大大小小的不确定性，管理必须适应日趋复杂的环境，需要组织和团队拥有更强的弹性，更加有效地发挥每个团队成员的创造力和灵活性。于是，不确定性管理中的人的管理变得越来越重要。一方面，人通过创造力可以抓住机会；另一方面，人在种种境地都能发挥作用与力量，帮助组织和团队以不变应万变。例如，华为去开拓电动智能汽车就需要转换、吸引和塑造一大批复合型人才，发挥他们的创造力和应变能力。

欣闻吴景辉、朱翔老师《业务领导者的人才管理》一书即将出版。本书凝聚了作者十余年企业中高层管理经验、多年管理咨询顾问和培训讲师的从业心得，语言平实、简练，结构连贯，既具有专业性，又兼备可读性。

作者在书中明确指出，人才管理的第一责任人是业务领导者，并围绕五大核心策略，帮助业务领导者完成角色转换，有效开展人才管理，进而修炼心力，踏上成事、成人、成己之道。其中，"重启定位"关注人才管理理念的转变，为我们夯实基础；"凝聚共识"强调团队成员围绕共同目标而努力，为我们指明方向；"知人善任"发挥每个人的优势和长处，为我们激发力量；"委责赋能"基于员工的能力赋予其对等的责任，让我们茁壮成长；"激励人心"通过设计团队机制和有效的互动来激活团队成员的意愿，让我们不断强大。同时，作者强调"事为先、人为重"的原则贯穿人才管理全过程，承载了管理大师德鲁克先生"聚焦贡献、要事优先"的管理哲学和"找人之所在、挥人之所长"的人文关怀。

在书中的各个章节，作者均分享了一些知名企业服务客户的案例和方法，既帮助读者了解一流企业的经营方式和管理方法，也引发读者对管理方法应用于实践的深层思考。

这是一本值得推荐和指导实践的好书！它能够指导新晋管理者或在管理岗位上存在困惑的人找到可操作、可模仿、可践行的管理方法，在业务领导者的人才管理上有所建树。相信该书的出版能够满足管理者的多元化需要，在指导中国企业管理实践上发挥作用。

最后，衷心祝愿各位读者将此书的策略付诸实践，为本书的丰富和改进提供更多成功的范例。

何志强

广州检验检测认证集团有限公司副总经理

2022 年 11 月

前言

寻找业务领导者成事、成人、成己之道

在密歇根大学的 MBA 课堂上，戴维·尤里奇（Dave Ulrich）最喜欢抛给学生一道选择题：谁应该为公司里的人力资源活动负责？

A. 各部门管理者

B. 人力资源人士

C. 各部门管理者和人力资源人士合作

D. 咨询专家

E. 没有人，大家自生自灭

大部分学生都会选 C。戴维·尤里奇会告诉他们，C 是错误的，正确答案是 A。

他告诉学生："从根本上讲，各部门管理者对公司的产出和流程负有最大的责任。他们负责为股东提供经济利益，为顾客提供产品和服务，为员工提供工作的价值。为了达成这些产出，各部门管理者必须承担起人员管理的责任。"

从根本上来讲，人才管理的第一责任人是业务领导者。

事实上，很多业务领导者都觉得最重要的工作是抓业务，人不应该成为问题。一旦人不好用，就应该将其"炒掉"，然后要求人力资源部赶紧招聘，不然要人力资源部门做什么？这显然是一种错误的理解。

管理就是隔山打牛，需要通过领导团队成员一起而非自己独立完成工作。对业务领导者而言，越想卓有成效地完成任务，就越要关注具体做事的人。眼里不仅要有事，更要有人。人和事，是一枚硬币的两面，不可分割。非要将两者硬生生地区别开，仅投入精力去抓业务，而忽略了人才管理的必要性，显然无法持久地维持卓越的成效。

卓有成效的领导者都会把人才管理有机地融合到业务管理中。例如，布置任务的时候，有意给团队成员压担子，给予他们挑战性目标，这就是在帮助下属达成目标的同时促进其能力的提升；在团队目标设定及路径分解上让团队成员先发表想法和建议，这就是在激活下属的参与感，提升其投入工作的积极性……

◆ 业务领导者最容易犯的错误

琳达·希尔（Linda A. Hill）在其经典之作《上任第一年》（*Becoming Manager*）中提出："做主管，不仅是技能的提升，更是人生的一次成长。"业务领导者要想在人才管理上有所建树，要想打造出一支有凝聚力、有战斗力的团队，就需要避免在带队伍的意识层面的3个常见的错误。

错误1：把管人视为杂事

能够晋升到业务领导者岗位的人都是业务精英，习惯于做前锋，享受"临门一脚"的快感。很多时候让他们站在旁边当教练做指挥，是一种煎熬。面对下属的"低水平"表现，业务领导者往往会在怒其不争的同时，伸出自己的管控之手，甚至取而代之。久而久之，管人就成了一件麻烦事儿。

所以我们经常会看到这样的"海鸥"式业务领导者：布置给下属一项任务，然后消失；只有当下属犯了错误的时候，他们才会回来，一见到下属就大发雷霆，然后又转身离去。面对这样的业务领导者，三五年之后，团队基本都散了，能干的下属寥寥无几。

业务领导者都需要练就"隔山打牛"的本领，因为管理最基本的要求，就是通过别人完成工作。检验业务领导者有没有承担起人才管理责任的试金石是：有没有将管人视为一件浪费时间和精力的杂事？

错误2：把管人和管事分开

业务领导者另一个常见的错误观念是，管人是很重要的，不过需要另外花费大量的时间和精力。例如，业务领导者往往认为培养下属需要投入很多时间和精力，相比直接招聘能干活的人，得不偿失。

曾国藩说过，做成事的关键，就是识人、用人、管人。除非自己动手，否则从工作的安排方式（是说清楚目标就行，还是要仔细交代每个细节）到过程的管理，都必须考虑团队成员的具体情况，包括其完成该项工作的能力是否具备、意愿是否充足等。

工作中并不存在这种业务领导者想要的情景：先忙完业务工作再来好好梳理人才管理工作。卓有成效的业务领导者都会在工作中识别人、培养人、激励人。

错误3：把管人的事扔给人力资源部

把管人的事扔给人力资源部在组织中确实很常见，也是很多老板和HR无奈和困惑的地方。毫无疑问，业务领导者有很多事需要HR帮忙，尤其是一些棘手的事情，如开除表现差的员工等，这不完全是因为他们想推卸责任，部分原因是HR拥有专业知识。

但是，在大部分情况下，这种把管人的事"扔"给人力资源部的做法，还是因为业务领导者没有意识到自己在打造团队中的角色和重要性。许多业务领导者把培养下属的事扔给培训部门，希望"猪肉进去，火腿肠出来"，实际上忽略了培养下属更多的是在日常工作中；许多业务领导者把激励工作等同于让人力资源部追加工资预算，实际上没有意识到，员工不满意，大部分时候还真不是钱的事。

◆ 事为先、人为重

"颠覆式创新"之父克莱顿·克里斯坦森（Clayton M. Christensen）教授在 2010 年受邀为哈佛大学毕业班做演讲的时候曾说："我真诚地认为，管理在做得好的情况下是所有职业中最高尚的。没有哪一个职业能像管理一样，为他人提供学习和发展的机会，让人们懂得承担责任并取得成绩，以及为团队的成功做出贡献。"

成为一名领导者，到底意味着什么？一个卓有成效的领导者的核心产出和关键成果是：成事、成人、成己。

- 成事：就是成就事业，为组织做出贡献，实现组织的目标和卓有成效。
- 成人：就是成就团队成员，帮助团队成员成长，通过担责，在"成事"的过程中实现自我价值。
- 成己：就是成就自己，达成组织目标和打造高绩效团队，在人与事融合的过程中实现自我人格上的成长。

要想实现成事、成人和成己，关键在于业务领导者在带领团队实现组织目标的过程中将人与事有效地融合起来。

将人与事有效融合的关键在于坚持"事为先、人为重"的原则。

"事为先"指的是业务领导者做出决策、开展管理工作的最重要牵引是组织和团队的目标。"事为先"意味着业务领导者要承担起团队责任，为组织做出贡献。这就需要业务领导者一方面始终围绕组织目标来分析团队能做出的贡献和成果，并基于此明确团队目标，同时勇于舍弃那些不重要的事项；另一方面需要围绕团队目标做出有效决策，制订行动计划和实施执行过程中的有效跟踪，进行必要的控制以确保有限产能聚焦于组织目标这个关键产出上。

"人为重"指的是业务领导者开展管理工作的过程中最重要的产能是"人"。"人为重"意味着业务领导者要与团队成员之间建立起相互依赖的合作关系，从而掌握具有发展潜力的产能。这就需要业务领导者一方面有效地发挥下属的优势和长处，实现"人尽其才"；另一方面要因地制宜地为下属提供有力的支持，如工作方向和方法的反馈、内外部资源的连接，以及过程中对"难点""卡点"的指导等。

"事为先、人为重"的原则贯穿业务领导者的所有管理动作。

◆ 成事、成人、成己之道

基于"事为先、人为重"的原则，业务领导者该如何做才能踏上成事、成人、成己之道呢？

这正是我们在本书中要讨论的核心问题，你可以把本书当作你人才管理能力、领导力提升之旅中的实战攻略。

业务领导者在管人带队伍的过程，经常会遇到下列痛点。

- 员工在面试或面谈时给自己的感觉很好，但在实际工作中的表现相去甚远。
- 工作明明交代清楚了，下属做出来的成果却让自己大跌眼镜。
- 简单的事情都无法快速上手，新员工的学习和成长速度让人头疼。
- 绩效不佳的员工往往自我感觉良好，就算找其谈话也没有什么效果。
- 下属缺乏积极性，经常感觉是自己一个人费力地拖着整个团队往前走。

基于业务领导者在带领团队的过程中常犯的错误及上述痛点，本书将围绕重启定位、凝聚共识、知人善任、委责赋能和激励人心这 5 个核心策略，帮助业务领导者踏上成事、成人、成己的"康庄大道"，如图 0-1 所示。

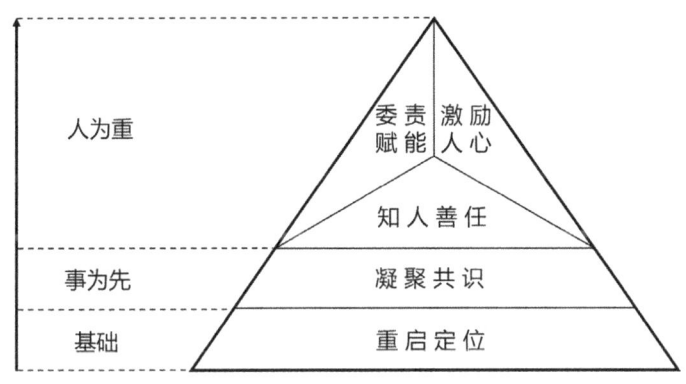

图 0-1 业务领导者成事、成人、成己之道

"事为先、人为重"的原则是贯穿人才管理的全过程的。在执行 5 个核心策略的过程中都要坚持这项原则。同时,这 5 个核心策略之间存在一个全局层面的"事为先、人为重"的内在逻辑,那就是:

第一步,重启定位,这是基础,强调的是业务领导者人才管理理念的转变。

第二步,凝聚共识,聚焦团队最重要的事,让所有的团队成员围绕这件事展开工作,这是全局层面的"事为先"。

第三步,对于团队中的每个人,业务领导者需要做到知人善任、委责赋能和激励人心,这是全局层面的"人为重"。其中,知人善任就是打好手中每张牌,发挥每个人的优势和长处;委责赋能就是挖掘员工的潜能,通过让正确的人承担正确的责任来实现个人和团队能力的成长;激励人心就是通过设计团队机制和有效的互动来激活团队成员的意愿。

知人善任、委责赋能和激励人心这 3 个核心策略在具体执行中仍需要遵守"事为先、人为重"的原则。其中,知人善任需要基于任务识别、匹配和组合团队成员的优势和长处;委责赋能需要明确责任与团队成员能力发展的连接;激励人心需要通过在工作中满足员工的内在需要来激活团队成员的意愿。

我们建议你首先阅读第一章"重启定位",然后阅读第二章"凝聚共识",

第三章"知人善任"、第四章"委责赋能"和第五章"激励人心"并没有严格的先后顺序,你可以翻到感兴趣的章节去阅读。我们写本书的目的是支持业务领导者的人才管理能力提升,书中的 5 章都很关键。你可以跳跃着阅读本书,但不能忽略"事为先、人为重"原则这一渗透在每章中的基本要素。

当你开始阅读本书时,你就已经踏上了成为卓有成效的领导者的旅程,这将是一段激动人心的成长之路。请和你所爱的人分享你的收获,最重要的是在工作中开始践行它们。祝你在阅读中有所收获,并将收获用于实践,知行合一。

目录

第一章　重启定位 1

　　第一节　踏上卓越领导之旅 3

　　第二节　事为先：让业务有成效 11

　　第三节　人为重：让人才有成就 20

　　第四节　看似管理别人，实则管理自己 29

第二章　凝聚共识 42

　　第一节　从正确地做事，到做正确的事 43

　　第二节　聚焦目标：让团队力出一孔 52

　　第三节　好目标应能创造对未来的想象力 64

　　第四节　共识目标实现的路径 74

　　第五节　推动下属对目标责任的承诺 86

第三章　知人善任 96

　　第一节　基于任务选拔人才 98

　　第二节　选拔人才，"气味相投"很重要 106

第三节　将团队建立在成员的长处之上 114
　　第四节　选人的常见错误及关键应对动作 126
　　第五节　用过去预测未来 132

第四章　委责赋能　143
　　第一节　绩效管理从机械走向有机 145
　　第二节　让正确的人承担正确的责任 156
　　第三节　赋能下属成长要因地制宜 165
　　第四节　为员工培育发展的土壤 176
　　第五节　创造员工融入的环境 188

第五章　激励人心　201
　　第一节　激励不是收买员工 203
　　第二节　最好的激励往往来自工作本身 211
　　第三节　夯实信任关系，打造高敬业团队 223
　　第四节　认可是不花钱的激励 233
　　第五节　让激励无处不在 243

后记 252

第一章

重启定位

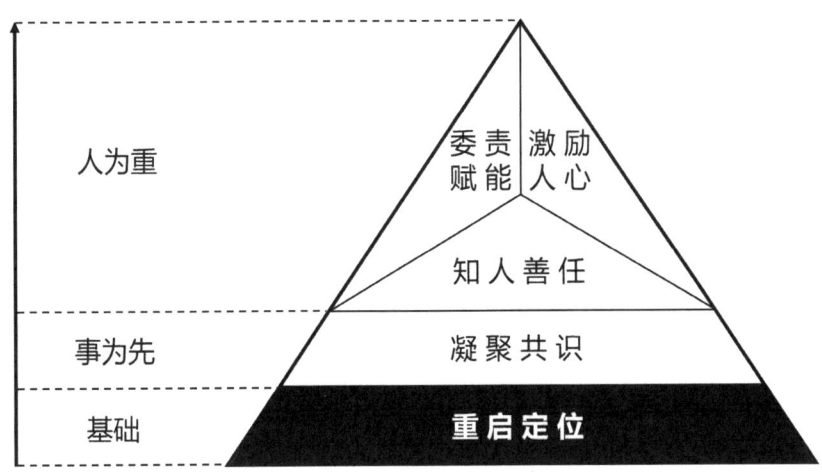

业务领导者的人才管理

本章导引

老板很重视，HR很努力，为何人才管理工作没有起色？

因为还需要业务领导者把"管人带队伍"当作工作重心。而现实是，很多业务领导者经常会说："业务都已经忙不过来了，哪里还有时间管人？人不行就直接辞退，让人力资源部重新招。"

一个企业要想高效运转，就要遵循"让正确的人承担正确的责任"这个原则。那么，人才管理到底是业务领导者的责任还是人力资源部的责任？

在20世纪90年代，美国最大的民意调查公司盖洛普咨询公司做了一个针对上百万人的调查，他们研究的一个问题是：为什么资质差不多的员工或毕业生到了不同的公司，过了一段时间以后差别会特别大？有的激情昂扬，有的开始萎靡，或者比较低沉。

经过分析大量的样本，盖洛普的研究人员得出一个结论：员工可能是因为公司的品牌、发展空间、薪酬待遇、创始人的个人魅力等而加入一家公司的，但他在工作中敬业与否，首要的影响因素是他们的直接主管。

这些研究人员说："其实我们得出这个结论后也大跌眼镜。最初我们认为，影响员工敬业度的可能更多的是薪酬、绩效等方面的因素，但是随着分析的深入，一些看似不起眼的因素开始浮现出来，最后让我们得出了这样一个结论——业务领导者对打造一支高敬业度的员工队伍来说，是至关重要的。"

阿里巴巴集团主要创始人马云说过一句话："员工的离职原因林林总总，只有两点最真实：一是钱，没给到位；二是心，委屈了。"这句话和盖洛普的研究结论一致。

业务领导者必须对人才管理承担最主要的责任，而不是一遇到人的问题就找人力资源部。

从"管事"到"管人",从"关注业务"到"事为先、人为重",业务领导者需要以目标为牵引,以人为抓手,以自我为催化剂,推动团队成就卓越绩效,具体包括以下几点:

- 转变思维,承担起实现卓越绩效与团队成员发展的责任。
- 让业务有成效,关注产能平衡,不仅要明确团队的任务和工作重心,还要明确团队成员的任务和工作重心,并与团队成员达成共识。
- 让人才有成就,了解你的团队成员,与他们有效互动,并为团队的成长和成功培育有利的土壤。
- 让自我有发展,拥抱"人与人是不一样的"观点,通过下属的行为看自己,不断修炼心力。

第一节 踏上卓越领导之旅

从明星员工成为业务领导者,直接延续过往的经验并不能自然而然地成功转型。踏上卓越领导之旅的基础,就是转变思维,从以业务为中心转变到"事为先、人为重"的管理思维。"事为先"意味着领导者要承担起团队责任,为组织做出贡献;"人为重"意味着领导者要与团队成员之间建立起相互依赖的合作关系,因地制宜地为下属提供有力的支持,如工作方向和方法的反馈、内外部资源的连接,以及过程中对"难点""卡点"的指导等。

人与事是一枚硬币的两面,不可分割。业务领导者只有在管理工作中将人与事有效地融合起来,做到"事为先、人为重",才能成功踏上卓越领导者之旅。

◆ 为什么明星员工不一定都是合格的领导者

在与企业打交道的过程中,我们经常问业务领导者一个问题:"在你职业生涯的多次晋升中,最有挑战的是哪一次?"60%以上的业务领导者会告

业务领导者的人才管理

诉我们，最难的是第一次：从自己干，到通过别人来干。从业务骨干到业务领导者，是大部分领导者管理生涯中最惊险的一跳。

大部分走上管理岗位的人，在最初的一段时间里都是懵懵懂懂的。很多人都会有一点"终于有手下可以差遣"的得意，但对于成为团队"领导者"没有太多的感觉。随着工作中的挑战越来越多，突然有一天他们发现，自己似乎掉到陷阱中：管理下属如同隔山打牛，直接发力往往会导致效果不佳。如何激活下属，是领导者的一堂必修课。

大部分业务领导者在成为管理者之前都是明星员工或业务精英。有意思的是，越是明星员工，在成为管理者时面临的挑战越大。基于DDI（一家全球领导力咨询公司）2007年的一项研究，面对管理转型的挑战，只有1/3的管理者能有效地应对[1]。让自己成为优秀员工的种种习惯，反而会成为卓越领导之旅上的绊脚石。这是因为，成为领导者意味着要扮演与以往完全不同的角色，要大幅度调整自己的时间分配，也需要具备完全不同的技能。

许多明星员工因为个人绩效优异而被提拔到管理岗位，但转型并不成功，出现很多不适应的状态。其中的原因很可能有以下几个。

- 在明星员工阶段业绩出众，在工作中不需要上级过多地指导，走上管理岗位后不知道怎样协助或辅导下属。
- 绝大部分明星员工都是高成就导向的，走上管理岗位后，他们认为所有的下属也都应该遵循自己成功的方法，面对缺乏成长动力、不愿精益求精的下属往往不知所措。
- 过往的成绩过于耀眼，走上管理岗位后不愿意放弃原有成功的工作模式和习惯，如总是喜欢自己动手、让所有下属都按照自己的方式工作等。

下面来对比一下明星员工与业务领导者的工作性质及对应的能力特质，

---

[1] Matt Paese and Simon Mitchell, Leaders in Transition: Stepping Up, Not Off (Development Dimensions International, 2007).

如表 1-1 所示。通过这张表，你可以清晰地区别两个角色，从而理解从明星员工到业务领导者成功转型的关键所在。

表 1-1　明星员工与业务领导者工作性质及对应的能力特质对比

角色	工作性质	能力特质
明星员工	• 从事专业化的工作 • 通过个人努力完成工作	• 专业技能（认知能力、技术竞争力、学习能力等） • 沟通技能（积极主动、互动沟通等）
业务领导者	• 组织和协调团队内不同的工作，掌控资源 • 通过团队成员完成工作，具体动作包括委派、评估、沟通、辅导和激励	• 概念技能（系统思维、决策能力、业务敏锐度等） • 团队技能（组织协调、知人善任和培养他人等）

管理团队并不是管理自己的延伸。明星员工过往的成功逻辑在其晋升为领导者之后不能直接复刻。尤其从表 1-1 可以看出，明星员工的能力特质对应的是专业及沟通技能，而业务领导者对应的能力特质则是概念及团队技能。因此，明星员工不一定会自然而然地成为合格的领导者，要想成功转型，就需要提升自己的概念及团队技能。

◆ **成为领导者：承担团队责任、为组织做出贡献的人**

谁是领导者？

在组织内部，识别谁是领导者的首要标准，并不是"谁有权力下达命令"，而是"谁对贡献负有责任"。"现代管理学之父"彼得·德鲁克（Peter Drucker）在定义领导力的时候，强调领导力就是要把正确的事情做成，而且愿意为此承担责任。"是否成为领导者"真正有效的评判标准不是"权力"，而是"职责"——有没有承担起"打造团队及为组织做出贡献"的责任。

"事为先"是领导者踏上卓越之旅需要秉持的首要原则。"事为先"，意味着业务领导者需要为组织整体目标的达成做出相应的贡献，确保其所带领的团队对组织的经营能力和成果产生实质性的影响。组织和团队的成败关乎领导者的个人回报和发展，领导者只有承担起"打造团队及为组织做出贡献"的责任，才能成为卓越的领导者。

对业务领导者来说，要想为团队负责，为组织做出贡献，就需要把事情做成功，让业务有成效。这就意味着需要从"正确地做事"上升到"做正确的事"。对团队负责人来说，"正确的事"就是通过聚焦清晰、正确的目标，推动目标的分解和员工的承诺，最终激发团队的热情，引领团队达成高绩效。

业务领导者之所以要聚焦清晰、正确的目标，原因有以下几个。

- 对业务领导者而言，团队所拥有的资源是有限的。只有明确清晰、正确的目标，才有可能将有限的资源投向对组织成功最关键的事项。
- 如果目标不清晰、不正确，团队成员就会迷失方向，一旦在不重要、不关键的事项上耗费了大量的时间和精力，就会错失机会，也就很难实现卓有成效。
- 业务领导者往往面临诸多繁重的事务，精力很容易被紧急的事情占据，从而导致重要的事情被忽略。只有持续聚焦于清晰、正确的目标，才能避免被日常琐事所困，避免陷入碌碌无为。
- 业务领导者容易被问题牵着鼻子走，头痛医头，脚痛医脚。组织中大部分的问题都是面向过去的，是过去做的事情所带来的结果，而面向未来，在找到机会的同时建立解决问题的机制才是重中之重。
- 对于工作成果，团队中每个成员都有自己的想法和思路。只有对清晰、正确的目标达成有效共识，业务领导者才能将团队成员拧成一股绳、凝心聚力，发挥团队高绩效，真正实现"1+1>2"。

◆ 领导者与下属的互赖关系

在人生历程中，人们会遇到很多角色的转变。例如，一个人结婚、生子，从单身状态成为丈夫或妻子，成为父亲或母亲，这些都是新的角色，意味着新的责任：夫妻要为对方负责，父母要为子女负责。这种负责是一种互赖关系，并不能"越俎代庖"。父母为子女负责，并不能剥夺子女本身应当承担的责任。

"人为重"是领导者踏上卓越之旅需要秉持的第二原则。"人为重"，意味着业务领导者需要对团队的成员负责，并建立与下属之间的互赖关系。什么是互赖关系？互赖关系就是双方对结果都有一定的影响力和控制权，任何一方都无法独立对结果负责。下属的工作任务没有完成，既是下属的责任，也是领导者的责任。下属完成工作需要依赖领导者的支持或指导，领导者要达成团队目标又依赖下属工作成果的有效达成。领导者要帮助和支持下属达成目标，通过有效的管理措施和动作，赋能下属担责。

> F公司销售总监曾总手下有一位业务员小毛业绩非常不错，于是曾总就提拔小毛担任一个区域的销售负责人，带领一个小团队，其中有3名业务员。
>
> 在安排工作的时候，曾总告诉小毛，希望他能够多花一些时间在团队上，帮助团队成员快速成长起来。结果不到一个月，小毛就找到曾总，说："这3个人能力实在太差，我天天跟他们在一起，还给他们很多实用的建议，但是完全带不动……"
>
> 曾总很奇怪，就去了解了一下。原来，小毛真是没闲着，几乎深入3名业务员负责的市场，亲自拜访每位客户，深入了解每位客户的需求。最关键的是对这3名业务员的策略、思路和每项动作都做出了明确的指示，他总是和下属说："我是领导，你们就要听我的。"3名业务员对此很抵触。
>
> 曾总终于明白了小毛的问题出在了哪里。

在这个例子中，业务领导者小毛上任伊始就以自我为中心，强势指导下属的工作，引发了下属的抵触。很多时候，一旦领导者为下属行为的结果共担责任，就很容易越俎代庖，把团队成员的责任给剥夺了。实际上，这就破坏了领导者与下属之间的互赖关系。

领导者与下属之间的互赖关系意味着领导者不仅要为下属的工作结果负责，还要通过支持和帮助下属担责来实现卓越绩效，避免把下属当作工具来使唤。原因有以下几个。

- 一旦下属的工作结果不好，领导者就需要想办法来"填坑"，通过各种方法来补救，很容易进入"忙于救火"的状态，身心俱疲。
- 一旦下属把工作搞砸了，如订单丢失、客户丢失，领导者就需要"背锅""买单"。
- 在 VUCA 时代，员工越来越追求工作中的自主性，一旦领导者通过直接控制的方式来指挥下属，就会遭到下属的抵触和抗拒，久而久之，下属的工作激情和投入度就会下降，从而无法实现卓越绩效。
- 直接指挥下属还有一个副作用：一旦下属按照领导者的指挥去工作却没有达成目标，下属会认为这不是他的责任，而是领导者的责任，因为他认为是领导者要求他这么做的。

◆ 卓越领导者的评价标准：事为先、人为重

吉姆·柯林斯（Jim Collins）在《从优秀到卓越》（*Good to Great*）一书[①]中提出，一家企业从优秀到卓越的关键是打造组织的五级领导者。柯林斯将领导者从一般到卓越划分为以下 5 个级别。

- 第一级：能力突出的个人。用自己的智慧、知识、技能和良好的工作作风做出巨大贡献。
- 第二级：乐于奉献的团队成员。为实现集体目标贡献个人才智，与团队成员通力合作。
- 第三级：富有实力的经理人。组织人力和资源，高效地朝既定目标前进。

---

① 吉姆·柯林斯. 从优秀到卓越[M]. 俞利军，译. 北京：中信出版社，2009.

- 第四级：坚强有力的领导者。全身心投入，执着地追求清晰可见、催人奋发的愿景，向更高的业绩标准努力。
- 第五级：将个人的谦逊品质和职业化的坚定意志相结合，建立持续的卓越业绩。

从这五级中，你能够清晰地看到"事为先、人为重"的脉络。每一级中都充分体现了人与事的有效融合。第一级是个人能力和个人贡献，第二级是个人能力推动团队贡献；第三级是组织人力和资源管理团队达成目标；第四级是发挥领导力，引领团队成员实现团队整体高绩效；第五级是不仅关注团队成员的成功，更关注团队整体的持续成功，带领团队实现持续的卓越业绩。

要想成就卓越，领导者就需要进入更高层级的状态。业务领导者只有秉持"事为先、人为重"的原则，才能不断提升自我的品格和能力，从而实现团队的卓有成效。

1. 由外而内、上下同频和横向对齐，与团队成员一起明确共同的目标：凝聚共识

由外而内，即从客户和市场的角度来审视组织所经营的事业。只有这样，才有可能得到一个有效的答案来引领整个团队达成共识。在具体目标的设定上，业务领导者需要充分考虑客户（外部或内部）的实际需要，并对标行业标杆。只有这样，才能确保团队的目标为组织做出贡献，为客户创造价值。

对业务领导者而言，上下同频首先是与上司的目标保持一致，以确保团队与组织的大方向保持一致。其次是确保下属的目标能够支撑团队目标的达成。

团队目标的达成越来越需要多个部门或部门内多个岗位群策群力，部门和岗位之间的相互依赖程度日益增强。业务领导者在凝聚共识的过程中需要确保与平行部门之间、与内部多岗位之间的横向共识，确保协作的有效性。

要在"事"上让团队所有"人"达成共识。这就需要业务领导者带领团队成员一起来"碰撞"。不要让团队成员只成为执行者，而要让其成为思考者。如果业务领导者希望领导整个团队往前走，就要依靠目标管理和员工的自我控制，这也是德鲁克认为在自己的管理理念当中，唯一可以称为"管理哲学"的部分。

2. 发挥每个团队成员的长处：知人善任

针对目标达成了共识，下一步就是通过确保团队成员发挥自己的长处来实现卓有成效，也就是基于"事"匹配"人"。有效识别每个人的长处，并将核心任务与之匹配起来，一方面能够为每个任务找到团队中最合适的伙伴来担责，确保团队业绩的高效达成；另一方面能够让团队成员不断聚焦自己的优势，收获个人的成长和成就感。

3. 让每个人承担起所能承担的责任：委责赋能

知人善任，给合适的人匹配了合适的任务，下一步就是要确保团队成员能够承担起完成任务的责任。业务领导者要做到这一点，关键在于确保"人"的能力匹配"成事"的要求。

如果团队成员的能力完全胜任岗位任务的要求，业务领导者要做的就是充分授权；如果团队成员还是新手，那么业务领导者就需要自己或指定一个师父来指挥他，明确步骤、流程和方法，让他承担执行的责任。委责赋能就是让正确的人承担正确的责任，让每个人在达成任务目标的过程中，就自己的能力状态承担相应的责任。同时也要在绩效辅导、员工融入、员工培养和团队学习氛围打造上投入时间和精力，最终让下属茁壮成长。

4. 让每个人充满激情和斗志：激励人心

一旦针对自己的任务承担起了对应其能力的责任，团队成员就会成长。但是，人的投入状态很难一直维持在高位，也就是说，人的情绪难免有起伏。这个时候，业务领导者就需要通过有效的互动来不断为团队成员输入热情和能量。

业务领导者只有通过凝聚共识、知人善任、委责赋能和激励人心这4个关键策略，才能有效践行"事为先、人为重"的理念，才能带领团队实现卓越绩效。

第二节 事为先：让业务有成效

"事为先"需要业务领导者承担团队责任，为组织做出贡献。简而言之，就是要把事情做成功，让业务有成效。从"正确地做事"到"做正确的事"，领导者需要通过聚焦清晰、正确的目标，推动目标的分解和员工的承诺，最终激发团队的热情，引领团队达成高绩效。这往往是不容易的。由于目标带来的压力，领导者往往都盯着业务的产出，容易忽略团队的实际产能。要想实现业务有成效，不仅要关注业务的产出，还要关注团队的产能，严格遵守产出/产能平衡原则。聚焦清晰、正确的目标有两个层次，第一个层次是明确团队的任务和工作重心，第二个层次是明确领导者自身和各团队成员的任务与工作重心。

◆ 不仅要关注产出，还要关注产能

著名管理学大师史蒂芬·柯维（Stephen Covey）在其经典著作《高效能人士的七个习惯》(*Habits of Highly Effective People*)中提到了一个著名的"杀鹅取卵"的故事。

> 一个农夫无意间发现一只会生金蛋的鹅。通过售卖金蛋，这个农夫不久便成了富翁。可是，财富的不断增长却使他变得越来越贪婪、急躁，每天一个金蛋已经无法满足他。于是，他异想天开地把鹅宰杀，想将鹅肚子里的金蛋全部取出。谁知打开鹅肚子一看，里面根本没有什么金蛋，也不是什么金库！农夫非常懊悔亲手毁了自

己的致富宝贝，但为时已晚。鹅死了，再也生不出金蛋了。[①]

这个故事中包含了两大要素，一是产出，即金蛋；二是产能，即生蛋的鹅。对业务领导者而言，要成事——达成组织或团队的目标，就必须平衡这两个要素，就需要遵守产出/产能平衡（P/PC Balance）原则。其中，产出（Produce，P）代表希望获得的产出，即金蛋；产能（Produce Capacity，PC）代表生产金蛋的资产或能力，也就是鹅。事实上，组织中有很多业务领导者的眼中只有产出，缺乏对产能的评估与分析，一味追求高产出，却从不考虑进行产能建设，不断压榨现有的产能，最终破坏产出/产能平衡而导致低产出或零产出。这种现象在现实中比比皆是。例如，团队中最能干的成员承受不住长期的超负荷工作而离职，设备承受不住长期超负荷运转而"罢工"。

在带领团队的过程中，如果"重蛋轻鹅"，就很容易连"产金蛋"的资产也保不住，业务领导者一味地强调提高产出而不注重团队建设，最终必将导致团队成员的能力透支。就像一支球队总是依靠明星球员，无论面对强队还是弱队，都需要明星球员全力以赴、打满全场才能获得最后的胜利，那么终有一天明星球员将耗尽全部精气神，状态不再，自然也就没有办法帮助球队获胜。这种情况在篮球队和足球队中都是很常见的。反之，如果"重鹅轻蛋"，业务领导者总是盯着团队向内看，就很容易忽略外部的变化及产出的调整，最后团队没有业绩，业务领导者达不成目标，团队也就不复存在了。

肖经理是一家软饮生产企业某个分厂的生产经理，一个月前刚刚从分厂的计划主管晋升到现在的职位。在担任分厂计划主管的两年里，肖经理看到了生产管理过程中的很多问题，而且他觉得这些问题都是可以轻而易举地解决的。上任之后，肖经理斗志昂扬地投

[①] 史蒂芬·柯维. 高效能人士的七个习惯（精华版）[M]. 高新勇，王亦兵，葛雪蕾，译.北京：中国青年出版社，2018.

入到对生产管理大刀阔斧的改革中。

"如果我们按照这个新的生产节奏及物料配送规则生产,那么我们的车间将成为集团公司 13 家分厂中最棒的一家。我们的产量将有30%以上的增长,人员成本也能大幅度下降。"就这样,肖经理一上任就提出了很多重大改革举措,也不管这些举措对目前团队的伙伴而言是否有足够匹配的能力来完成。

肖经理很快就遭遇了困境:团队成员都不同意他的做法,甚至有好多团队成员向工厂的生产副总反馈不喜欢这样一个自命不凡的经理来领导他们。简而言之,肖经理只看到期待中的"金蛋"而忽略了"产蛋的鹅",眼中只有宏伟的目标,忘记了工厂目前的资源状况及一线团队的能力水平。

◆ 产出就是目标,就是指团队要做什么,要达成什么结果

对销售团队而言,产出就是销售业绩,如销售额、销售利润、市场占有率等。如果业务指标体系比较复杂(如国内的银行体系),那就意味着产出的方向比较多,在这种情况下,业务领导者就需要与团队成员在产出上做出选择并达成共识。

有一次与一位商业银行的高层管理者沟通时,我们问他:"面对这么多指标,银行业务领导者,如支行行长,到底最关注哪个指标?"他的答复是:"不同银行在不同的阶段对这个问题的回答是不一样的。"例如,有一家银行的省行的业绩在所在省份常年排第一,那么对该行下属支行行长来说,最重要的产出就是保持其业务(存款和贷款)规模第一的地位。当然具体到每家支行,可能会略有不同,但整体就是围绕这个"业务规模第一"的产出来"作战"。市场上存在很多的不确定性,但是业务规模排名是可以用来参照的,所以"排名第一"就成了最关键的那个产出。

业务领导者的人才管理

◆ **产能就是资源，就是团队拥有的人力资源和物质资源，其中人力资源包括智力和体力，物质资源包括资金、原材料、设备和工具等**

对销售团队而言，产能就是团队所拥有的客户资源（包括团队拥有的市场开发费用）和人力资源（主要是团队成员的销售能力）。

对大部分业务领导者而言，团队的产能主要是团队所拥有的人力资源。无论是华为、万科还是字节跳动，这些国内管理功力深厚的一线公司，都在管理实践中一遍又一遍地强调"人力资源"是业务领导者最重要的产能。

黄卫伟教授在其主编的讲述华为公司人力资源政策的《以奋斗者为本》一书中的第一页就引用了华为任正非关于团队产能的底层逻辑：资源是会枯竭的，唯有文化才会生生不息。一切工业品都是由人类智慧创造的。华为没有可以依存的自然资源，唯有在人的头脑中挖掘出大油田、大森林、大煤矿……

企业真正具有巨大潜在价值的、能够创造价值的资源是人力资源。[①]

产出是目标，是事；产能是资源，是人。而人与事，如我们在本章开篇提到的，是一枚硬币的两面，不可分割，产出与产能只有实现平衡，组织才能持续稳定地实现业务的卓有成效。

要让业务有成效，就必须"事为先"，以目标为牵引来推动团队的建设和发展。"事为先"，从方向上要基于产出的需要来规划产能，从行动路线上要从现有产能出发考虑如何有效转型升级、提升产能，以更高效地实现产出。这就意味着业务领导者在明确产出的时候，不能过于眼高手低，不仅要关注产出，还要关注产能。人力资源作为最重要的产能，其拥有发展属性，业务领导者必须明白在布置任务的时候，并不能只发挥团队成员的现有能力，还

[①] 黄卫伟. 以奋斗者为本[M]. 北京：中信出版社，2014.

需要帮助团队成员成长，充分挖掘他们的才干和潜力。

领导者需要将60%左右的精力投入产能提升的工作中，剩余40%左右的精力则可以直接投入产出中。因为产出都是直接指向目标的，所以需要确保领导者和团队成员的任务不重叠、不交叉，避免产能的浪费。一般来说，超出团队成员能力太多的任务是需要领导者自己扛的，不过领导者在自己扛的过程中要从团队成员中寻找培养对象，通过一定的周期，以分解部分工作的方式来培养他。

◆ 明确团队的任务和工作重心

事为先，从"正确地做事"到"做正确的事"，领导者需要确保团队成员都围绕清晰、正确的团队共同目标开展工作。清晰、正确的团队共同目标是明确团队的任务和工作重心的基础。而团队的任务和工作重心是达成团队共同目标的保障。无论是团队共同目标还是团队的任务和工作重心，都需要遵循聚焦原则，以确保将有限的产能投入关键产出上。

彼得·德鲁克在其著作《为成果而管理》（*Managing for Result*）一书中提到了获得成果的8个核心观点。这8个观点之间呈现递进关系，最后落在第8个观点上："聚焦"是创造经济成果的关键。下面是德鲁克在这本书中对"聚焦"的解释。

> 若想创造经济成果，经理人员必须把精力聚焦在销售收入最多的少数几个产品、产品系列、服务、顾客、市场、分销渠道和最终用户上。有些产品因销量太少或太过零碎而产生了大量成本，经理人员务必最大限度地减少为它们而付出的精力。
>
> 创造经济成果，还应把员工的精力聚焦在少数几项能成就显著经营成果的活动上。
>
> 在当今一切有效性原则中，企业最常违反的就是"聚焦"这一

业务领导者的人才管理

个基本原则。[①]

近年来，中美贸易摩擦日益升级，并波及华为。任正非密集接受了一系列中外媒体的采访，他多次提及："一个人如果专心只做一件事是一定会成功的。"华为能走到今天，原因无他，就是"一根筋，一条路"，几十年来只在一个面上发力，只对准一个城墙口冲锋，持续压强投入。

对业务领导者而言，之所以要明确团队的任务和工作重心，就是为了做到"力出一孔"，避免内部有限产能的浪费，确保将团队成员的精力投入到聚焦的目标上，以及凝心聚力，激活团队成员的热情和协作精神。

很多人会说，明确团队的任务和工作重心，这很简单，只要把目标定下来就可以了。事实上，这并不容易！

下面来看一个刚到新区域任职的销售经理面临的挑战。

> 朱经理是一家智慧城市软件公司西南区域的销售经理，最近3年，西南区域的销售业绩每年有30%的增长。就在今年年初，他临危受命，被调到华南区域做销售经理，华南区域的销售业绩已经连续两年严重下滑，之前的销售经理引咎辞职。经过一番调查，朱经理了解到华南区域现在的问题比较多。他决定召开内部管理会议，希望就团队走出业绩下滑的困境明确工作重心。一位销售主管认为重心应该是老客户的维护，加强客情投入，增加续费率；另一位销售主管认为重心应该是开发更多的行业标杆客户，这样行业内的其他客户就会主动找上门；还有一位销售骨干认为应该聚焦开发新行业中的高净值客户。
>
> 朱经理到底该选择什么任务作为团队下一阶段的工作重心呢？

在这个案例中，朱经理遇到了两个关键挑战。一是华南区域的销售业绩

[①] 彼得·德鲁克. 为成果而管理[M]. 刘雪慰，徐孝民，译. 北京：机械工业出版社，2020.

下滑得很严重,因此目标很明确,就是提高业绩、提振士气。但是问题的关键点并不清楚,需要朱经理剥丝抽茧,找到瓶颈所在,如果每个问题都要解决,显然会造成产能不聚焦。二是团队成员每个人都有自己的想法,如何确保大家有效地达成共识?如果大家无法达成共识,即使找到了瓶颈,部分团队成员也不认同,显然也没有办法形成有效合力。

团队的任务和工作重心是对团队共同目标的分解,也是对达成目标的路径的有效澄清。对业务领导者而言,召集团队成员一起探讨团队目标的达成路径是有百利而无一害的。当然有些业务领导者会觉得这是在浪费时间。事实上,磨刀不误砍柴工,通过有效沟通研讨的目标分解有利于领导者和团队成员达成更加充分有效的共识。在这个过程中,既要关注产出,还要关注产能。具体的方法会在第二章分享。

明确基于共同目标的团队任务和工作重心,有利于达成以下几个目的。

- 凝心聚力,增强共同目标达成的可能性。
- 团队成员清晰地了解团队所有任务及最关键的部分,从而加强在执行过程中的共担责任。
- 建立团队的计划系统,更好地规划实现团队共同目标的时间进度。
- 团队成员从"事"的维度对达成目标的难度和挑战有更加清晰的认识,更好地连接"人"的维度——个人的目标和发展方向。
- 领导者和团队成员在互动的过程中,了解员工的思路和想法,清楚产能与产出的匹配情况,为团队的产出产能规划奠定基础。
- 领导者和团队成员之间基于任务和工作重心更深入地探讨,增进大家对共同目标及达成路径的理解,增强相互信任及相互依赖的关系。

◆ 明确你与团队成员的任务和工作重心

前文提到的盖洛普咨询公司在 20 世纪 90 年代针对上百万名员工进行调查之后,找到了优秀员工最关心的 12 个问题,也是他们最看重的 12 个需求,其中两个是"知道工作对我的要求""1 年里我有机会学习与成长"。研究人

业务领导者的人才管理

员发现了一个普遍存在的问题：大部分企业的业务领导者在人才管理上都得了"高山症"。所谓高山症，就是人才管理的基础还没有夯实，却忙着面子工程，导致"头重脚轻"。业务领导者整天忙着员工培训、职业发展，但是员工最重要、最基础的诉求其实是：我要知道工作对我的要求。你没有看错，几乎所有的研究最终都得出一个结论：若想激励员工，最基础也是最重要的一点，就是清晰地传达对他的工作要求。

曾任惠普公司全球副总裁、中国区总裁的孙振耀先生分享过他刚成为惠普公司员工时的一次经历，从中可看到"清晰地传达对员工的工作要求"会对员工产生怎样的效果。

> 1977年，作为计算机系的三年级学生，我来到台湾省惠普计算机中心，成为这里的一名合同制员工。上班伊始，主管经理就用了足足半天的时间，和我讨论我这份工作的"职位说明"。他告诉我，这份工作是做什么的，有什么样的价值，最重要的工作内容是什么，以及公司对这个岗位的评价标准。
>
> 看着主管经理不厌其烦的样子，当时我感到难以理解：对一个刚入门的合同制员工，为什么也要这么郑重其事？如果需要我做什么，直接吩咐不就行了吗？
>
> 开始工作后，我才发现这里的环境和我设想的大不一样。在惠普公司，即使是一个合同制员工，也有很大的发挥空间。主管经理给我设定了工作目标，但他并不是手把手地教我如何去做，也没有干涉我的工作方法，而是鼓励我自己动脑筋，想出达成目标的方法。在完成工作的过程中，每当我感到迷惑或困难，向他寻求帮助的时候，他就会耐心地与我一起分析症结所在，分析各种解决之道的优劣，协助我找到正确的道路。
>
> 在这种宽松和谐的环境中，"听命行事"的被动性渐渐消失，工作主动性油然而生。在取得几个小成绩之后，我也跃跃欲试地勾

画了一些工作目标，希望能够更好地体现团队价值和个人能力。[1]

在业务领导者与团队成员就团队的任务和工作重心达成共识之后，下一步动作就是明确自己与团队成员各自的任务和工作重心。这个动作的目的是让员工成其目标的主人。这就需要团队成员基于岗位职责，从团队的任务和工作重心中选择应扛的某项任务或某项任务的一部分。如果某项任务有多个团队成员各自承担其中的一部分，就必须明确由某位团队成员担任该项任务的主责人，以确保该项任务执行过程中的完整性。

这是一个将大目标分解为小目标的过程，需要团队成员一起通过有效的自我分解与团队目标对齐，从而将团队共同目标分解到每个团队成员的身上（包括业务领导者自己）。

下面再来看一个给下属强压指标的技术部经理遇到的困惑。

> 徐经理是一家服装制造工厂的技术部经理，两年前在工艺主管岗位上成绩突出，个人技术能力非常强，被提拔为技术部经理。在这两年里，徐经理每年在进行部门目标分解的时候，总是感觉很"头疼"。当她把制造总监布置给她的技术部指标直接分配给团队的工艺主管、样衣主管和工时主管时，她发现团队成员都很抵触。她很困惑：这些目标不就是职责范围内要完成的工作吗？而且设置一些挑战目标也很正常，没有压力就没有动力，更何况这些目标只要全力以赴就可以达成，为什么团队成员还要讨价还价呢？

不希望下属在目标上讨价还价，就需要给予员工更多的自主权。一个领导者之所以成就卓越，往往不是因为他无所不知、无所不能，而是因为他懂得汇集团队的智慧，并为大家主动积极参与创造环境和氛围。徐经理之所以感到困惑，是因为她没有明白不仅要共识团队的任务和工作重心，还要

---

[1] 孙振耀. 知易行难的"目标管理法"——如何培养员工领导力（上）[J]. IT经理世界, 2006（22）.

共识团队成员的任务和工作重心。

这个共识的过程既要满足"事为先",向团队共同目标对齐,又要满足"人为重",确保互赖关系发挥作用。领导者一方面要以团队的任务和工作重心为基石,直接进行任务领取或以终为始进行任务分解;另一方面必须确保团队成员充分参与,主动积极地表达自己的思路和想法,确保他们为自己的目标承担责任。

在上述案例中,徐经理在明确团队成员的任务和工作重心的阶段剥夺了团队成员的自主权,造成了团队成员的抵触和抗拒。

明确团队成员的任务和工作重心这个动作最终是为了明确任务,让每个任务的责任都有对应的团队成员来负责。最终的成果是每个团队成员都非常清楚自己的目标、任务和责任。

明确领导者与团队成员的任务和工作重心,有利于达成以下目标。

- 帮助团队成员有效提升个人效能,增加工作目标的达成率。
- 创造团队目标和个人目标之间的关联,帮助团队成员找到工作的价值感和意义感。
- 明确领导者和团队成员在实现共同目标的过程中各自承担责任,增强执行过程中的相互担责和主动反馈。
- 领导者与团队成员明确各自在实现共同目标的过程中能创造的价值,增强相互理解和信任。
- 领导者将完成团队共同目标和员工个人发展有机融合在一起,如给有发展潜力的团队成员交办挑战性任务。

第三节 人为重:让人才有成就

"人为重"需要业务领导者为团队成员负责,视人为人,避免将员工当作机器和工具。"人为重"需要业务领导者了解团队成员,将组织需要和个人需要结合起来，在实现团队目标的过程中，帮助团队和团队成员不断获得成长与发展。只有团队对组织做出贡献，才能帮助团队成员实现自我价值，实现个人的成长和发展。

业务领导者在这个"成就人"的过程中，需要与团队成员进行有效互动。从"事"的维度来看，有效互动是指确保与团队成员在目标、任务和责任上达成共识，在执行过程中进度信息及时反馈到位，事后进行及时有效的复盘。从"人"的维度来看，有效互动将帮助业务领导者与团队成员建立相互信任、相互依赖的合作关系，促进团队成员之间的相互协作。

业务领导者还需要帮助员工发挥自己的长处，挖掘自己的潜力，不仅在业务上实现卓越绩效，还在人生和职场中获得进步和发展。人是环境的产物，业务领导者需要在互动过程中为团队的成功和成长培育有利的土壤。

◆ 了解你的团队

"人为重"，就是放下自己、了解他人。业务领导者需要主动积极地与团队成员进行一对一、一对多和多对多的互动，了解和掌握团队成员的过去、现在和未来。转换视角，从"我打算怎么做"到了解"你希望我怎么做"，塑造一种客户思维，唯有如此，业务领导者才能与团队成员建立起相互依赖的伙伴关系。彼得·德鲁克在其著作《21世纪的管理挑战》（*Management Challenges for the 21st Century*）一书中给出了管理者与下属成为合作伙伴的建议。

> 企业越来越需要采取管理"合作者"的方法管理"雇员"，而合作关系（Partnership）的定义也指出，在地位上，所有合作者都是平等的。合作关系的定义还指出，不能向合作者发号施令，他们需要被说服。因此，管理人的工作日益成为一项"销售工作"。在销售的过程中，我们不会首先问："我们想要什么？"而是会问："对方想要什么？他们有什么样的价值标准？他们的目标是什么？他

业务领导者的人才管理

们需要什么样的结果？"[1]

业务领导者需要了解团队的每个成员，了解他们的个人信息，如他们是谁，来自什么地方，毕业于什么院校，性格是外向还是内向，风格是活泼还是沉稳等。业务领导者还需要掌握团队成员的工作经历，如他们之前在哪些公司（行业）工作过，之前任职过哪些岗位及做得怎么样，在目前岗位上是胜任还是精通等。除此之外，业务领导者还需要掌握团队成员的工作意愿和期望，如他们对工作内容有什么期待，对团队和工作环境氛围有什么期待，对自己的职业生涯发展有什么规划等。

严主管是国内某互联网公司的业务团队主管，个人能力突出，成绩斐然，在整个产品线都鼎鼎有名。于是产品线总监就提拔他担任一个30多人攻坚团队的负责人，承接了公司某重大攻关项目。这是一项艰巨的挑战。

一次，公司总部某位副总裁到严主管所在产品线考察工作，点名要和严主管聊聊，尤其是了解他们这支攻坚队伍的情况。产品线总监觉得对严主管而言，这是一个很好的展示机会。于是，严主管花了好几天来做汇报材料，整整准备了20页汇报材料。在汇报会议上，严主管还有一些小紧张。当严主管刚刚介绍到第三页的时候，副总裁就打断了他。副总裁说，这些项目上的情况他已经非常了解了，他希望严主管能介绍一下团队的相关情况，比如团队成员都是哪里人，从哪所学校毕业的，他们目前的工作状态怎么样，他们在这样一个挑战项目中都有什么样的成长。结果，严主管一下子蒙了，因为他没有准备这方面的信息，他这段时间全心全意地投入到项目的攻关中，并没有投入精力去了解团队成员的个人情况，因为他觉得这是浪费时间。于是副总裁就停止了严主管的汇报，让他回去好

---

[1] 彼得·德鲁克. 21世纪的管理挑战[M]. 朱雁斌，译. 北京：机械工业出版社，2018.

好准备一下，下次再汇报。

回到团队后，严主管投入了很多时间与团队成员交流，既有工作进展信息，也有就餐时间的个人情况了解，两周下来，严主管体会到了副总裁的深意。之前把精力都投入业务上，与团队成员主要沟通的是任务分配，以及卡壳问题的解决方案，缺乏与团队成员的情感互动，缺乏对团队成员的了解。他们都是活生生的人，而不是完成任务的机器和工具。

通过严主管的案例，可以看到人与人之间存在关系连接。团队成员都会有"集体归属"的需要，如果业务领导者不投入时间去了解自己的团队成员，不与团队成员建立"情感账户"，那么就很容易陷入"将人工具化"的工作状态。

那么，作为一名业务领导者，到底该了解和掌握团队成员的哪些信息呢？我们设计了一张"了解团队成员情况清单"供参考，如表 1-2 所示。

表 1-2　了解团队成员情况清单

主题	分类主题	必须了解的内容	可以了解的内容
人	基本信息	姓名，籍贯，学历，毕业院校，婚否，是否有孩子（有几个），是否有居所	业余爱好等
	性格	内向/外向，以事为中心/以人为中心	DISC 或 MBTI 类型等
工作能力	知识和技能	岗位胜任程度（新手、胜任和精通），岗位对应知识和技能的掌握程度	行业对应知识和技能的掌握程度
	工作经历	之前工作的企业，之前做过的工作岗位，之前的工作成果	负责过什么类型的项目
	才干（特质）	是否具备岗位对应的才干，如抗压能力、学习能力、沟通协调能力等	是否具备行业对应的才干
工作意愿	投入度	目前岗位的工作投入度，任务完成的满足度，对薪酬的满意程度	对物质和精神的需要（方向）
	职业规划	未来 3 年的职业发展规划及配套能力发展规划	长期职业方向

业务领导者的人才管理

◆ 与团队成员有效互动

别再给员工讲道理了，没人听！领导者要想与团队成员有效互动，有3个关键动作必须做扎实。第一个是倾听，倾听员工的心声，倾听员工解决问题的思路和方法；第二个是发问，通过发问帮助员工认清形势和问题，促使员工思考解决办法；第三个是反馈，包括正向反馈和建设性反馈，通过有效的反馈更好地促进员工的成长。

提高团队生产力的关键在于业务领导者是否能够识别并消除员工在日常互动中遇到的障碍。事实上，业务领导者花费了大量的时间进行互动及非正式讨论，但效果并不理想。现实往往是很多员工不得不参与冗长而无效的会议，甚至很多时候会因为讨论的内容和方式感到受挫。如果企业或组织能够计算出低效沟通产生的资源浪费，就会得出结论：业务领导者应优先改善与团队成员互动的质量。

下面总结了5条常见的互动陷阱，以避免业务领导者掉进去。

1. 缺乏过程，直接得结论

业务领导者大多数都是从优秀员工晋升上来的，完成任务及解决问题的能力往往非常突出，同时基于业绩压力，他们习惯快速做出判断，并直接给出解决方案。这种互动往往效果极差，团队成员的自主性得不到满足，感受自然不会太好。

2. 互动过程缺乏层次感和颗粒度

业务领导者因为掌握的信息多、视角广，往往比较容易从更加宏观、更加全面的维度看问题，而团队成员相对局限在自己的岗位上。如果互动过程中缺乏必要的层次感和颗粒度，就很容易出现鸡同鸭讲的现象，业务领导者与团队成员之间缺乏有效的澄清和共识，造成相互不理解。

3. 过于聚焦于事，仅依赖逻辑与理性建立影响

随着社会的发展，"95后"加入员工队伍，职权影响力不断下降。业务

领导者越来越需要依靠个人影响力而非职权来影响他人。业务领导者在与下属互动的过程中，如果过于聚焦于事情本身，通过逻辑和理性来处理争论或冲突，就会忽略团队成员的个人需要，导致团队成员的抗拒和不认同。其实，业务领导者完全可以通过更柔和的方式来建立稳固的团队中的人际网络，并打动有个人需求的利益相关者。这就需要业务领导者视人为人，在互动过程中关注团队成员的个人需求，如被尊重、自主权等。

4. 员工做得好的时候忘记及时给予认可

评价下属表现的时候，业务领导者往往评判比较多；而当员工做得好的时候，业务领导者却常常忘记及时给予认可。甚至有些业务领导者认为，下属做好是应该的，是对其岗位负责的需要，从而忽略了团队成员个人成就感的满足。

5. 辅导时只见树木不见森林

业务领导者常常纠结于如何才能有效地为下属提供适时辅导。他们对下属发展方向的建议总是停留在表面，常常导致团队成员错失了解自身不足的机会。

如果业务领导者能够具备并运用相关技能进行有效的互动沟通，不但能够避免任何损坏双方关系的行为，而且能够把握机会，有效地建立互信关系。在组织中，业务领导者与团队成员的互动必须满足两个方面的需要：一是工作的实际需要，也就是完成工作任务，达成工作目标；二是个人需要，也就是员工作为一个人而非工具的需要，主要包括成就、自主和归属 3 种内在满足感。

下面来看一个案例。

> 周经理是一名软件工程师，专业能力非常强，同时乐于助人，公司同事都特别认可他，于是公司领导提拔他担任部门经理。周经理上任之后遇到了各种挑战，有些同事开始疏远他，之前闹过矛盾

业务领导者的人才管理

的同事还给他递交了辞职报告。

最近，周经理遇到一个很棘手的问题：他的部门负责的一个研发项目进度严重滞后，关键问题出在他的一位下属身上，而这位下属之前和他的关系非常要好，他俩是同一期应届毕业生，并同时加入公司。周经理想找他谈谈心，但是不知道从何入手。

在上面的案例中，周经理晋升为部门经理之后，就从团队成员转型为业务领导者。对业务领导者而言，经常会遇到类似的情形——之前的同事现在成了下属。很多业务领导者会说："我晋升到目前的管理岗位已经有一段时间了，可是还没有把握好与团队成员（之前是同事，现在是下属）有效相处的方式。"甚至有位伙伴，他的同事是他的大学同学，大家是一同进入公司的。他内心一直有一个担忧：如果以领导的身份去要求这些下属，会不会遇到抵触，会不会破坏之前良好的关系？这种担心完全能够理解。因为这种担心正是人际互动过程中，对互动对象的个人需要缺乏有效把握的体现。这就有点像一对热恋中的情侣，男方第一次去拜见女方的家长，总会有一种担忧，一种对沟通是否有效、表现是否能让未来岳父岳母满意的人际需要的担忧。

这显然是一种正常的现象，也说明作为一名新晋的业务领导者，周经理还未掌握有效互动的方法，缺乏相关经验。基于工作实际需要，周经理必须解决工作上的问题：让进度滞后的研发项目快速回到正轨。这就意味要弄明白问题到底出在哪里，目前可以采取的措施有哪些，负责该项目的下属是否清楚问题所在，需不需要再投入新的资源等。

由于项目进度滞后往往并不是下属主观故意的结果，所以周经理与这位下属沟通时，要确保维护其自尊，做到对事不对人，这样才能确保沟通有效地开展。另外，因为之前两人是同事关系，现在是上下级关系，对周经理而言，要坦诚地表达自己对对方的信任，期望对方能快速担起责任，通过快速有效地解决问题来维护自己的影响力。

工作中的有效互动能够创造人与人之间相互信任、相互依赖的合作关系。领导者需要投入时间和精力去与团队成员进行有效的互动，推动员工基于工作需要在目标、任务、进度和结果上的共识，推动员工基于个人需要在成就、成长和归属上的满足。

◆ 为团队的成功和成长培育有利的土壤

"事为先、人为重"，为团队的成功和成长培育有利的土壤，就是帮助领导者通过改善团队的环境和氛围来激发团队成员承担责任，推动实现团队的卓有成效。

绩效结果的产生是一个复杂的过程，不仅受个人能力、意愿的影响，更受到组织内外环境的影响。哈佛大学的研究人员发现，在 1 052 名投资分析师样本中（所有人都是明星分析师），46%的人在跳槽至别家投资银行后，很难再出现之前的高业绩，即使 5 年之后也是如此。①

员工的表现是自己决定的，还是环境决定的？很多研究表明，人是环境的产物。员工的绩效表现也是环境的产物，受到所在组织的流程、资源、团队和文化环境的综合影响。如果你的下属普遍存在绩效结果迟迟无法提升的问题，那么改变机制和环境往往比改变员工个人更加有效。

优秀的企业都以对员工慷慨的信任，获取了员工的责任感和奉献精神。

> 惠普公司联合创始人帕卡德说："我跟休利特创办这家公司之初，就有一个坚定的信念，那就是，我们坚信，只要培育合适的土壤，每个加入惠普的人，都不是天生就想着消极怠工、偷奸耍滑、无所事事的；他们都希望和别人合作，承担责任，做出有价值的成果。"

在这段话中，帕卡德说了员工担责的前提：培育合适的土壤。如果员

---

① Stephen，M.Bobinson. The Risky Business of Hiring Stars[J]. Harvard Business Review，2004，5.

业务领导者的人才管理

工表现不尽如人意，作为组织首先要"优化土壤"，而不是给员工扣上各种帽子。

当然，这不是说要对员工无原则地信任。最巧妙的做法是谷歌对员工20%时间的管理。

谷歌允许员工拿出20%的工作时间做自己喜欢做的项目。同时，谷歌采取了一个助推措施：每周提供一个时间段，大家可以"路演"自己准备做的项目。谷歌的建议是，如果没有一个同事被你的项目吸引，愿意加入项目，那么这个项目还是暂时不要考虑了。

这个做法很巧妙，兼顾了个人兴趣和组织/团队的目标。

阿里巴巴集团的"花名"和"倒立墙"也是一种塑造员工归属感的环境氛围。

很多人都知道阿里巴巴集团的"花名"企业文化。因为马云是一个金庸迷，他要求每名员工都从金庸的武侠小说里选择一个武侠人物当作自己的花名。马云自己就选择了"风清扬"这位华山派武林高手的名字做花名。现任首席执行官张勇的花名则是"逍遥子"。

淘宝公司有一面"倒立墙"。每当有新员工加入淘宝的时候，人力资源部就会要求他到"倒立墙"去倒立。这是马云在创立淘宝之初就定下的规矩，淘宝的每名员工都需要学会倒立。淘宝的员工见面的时候还会询问彼此倒立的时间。马云希望通过倒立，让淘宝的员工学会"换一个角度看世界"，同时"倒立"这个动作如果一个人很难完成，就会寻求同事的帮忙，这对于增强团队协作也非常有帮助。

团队环境还涉及组织的一些机制，对业务领导者而言，哪些工作中的环境是可以创造的呢？主要包括以下几个。

- 基于组织价值观的团队文化。

- 绩效精神与绩效管理。
- 在资源上给予员工足够的支持。
- 通过培训、辅导和教练赋能员工。
- 鼓励内部协同和敢于创新。

人力资源作为最重要的产能，拥有发展属性。发展员工并不是纯粹地提升员工的技能，更重要的是将组织的需要与个人的需要融合起来。一方面要确保团队的成功，另一方面要确保团队及团队成员的成长。

通过塑造团队的环境氛围，就能为团队的成功和成长培育有利的土壤，从而有利于达成以下几个目标。

- 推动建立绩效精神，提升团队成员的成就感。
- 团队在产能建设上能够得到实质性的发展和壮大，推动更高效的产出。
- 提升团队成员的归属感和集体荣誉感，增强团队成员的事业心。
- 推动团队成员之间相互学习和共同成长，激活创造力。

第四节　看似管理别人，实则管理自己

领导者要问问自己："成为一名领导者，对我而言到底意味着什么？"只有这样才能从内心找到成为领导者的动力。很多领导者的眼睛总是"往外看"，一直盯着员工，觉得员工不是这里有问题，就是那里有毛病，总感觉员工不尽如人意。其实，很多问题只需要转换一下视角就能迎刃而解。向内看，把员工的行为当成自己的一面镜子，思考一下："面对这种情况，我可以做什么？"

一旦把员工当成工具和机器，领导者就容易事必躬亲和陷入单边控制模式。显然，这会让管理变得机械化，而团队成员作为"人"的需要得不到满足，绩效也很难实现卓越。如果把组织与员工的关系简单地理解为雇佣关系——组

业务领导者的人才管理

织通过付费来购买员工的劳动，领导者就容易成为甩手掌柜。显然，一旦领导者成为甩手掌柜，团队成员就会缺乏积极性和敬业度，业绩也很难持续。领导者需要把握好自己的管理动作的层次感和颗粒度，避免走向事必躬亲和甩手掌柜的极端，确保团队成员承担起"正确的责任"。

人们一旦晋升为领导者，就意味着拥有一个团队，无论这个团队的规模有多大，都需要在领导者的带领下实现团队目标和为组织做出贡献。那么，领导者的力量源自何处？源自人的内心。管理就是一种心力修炼，领导者需要在带领团队的过程中锻炼出强大的内心。所谓管理，看似管理别人，实则管理自己。

◆ **走出单边控制，拥抱"人与人是不一样的"观点**

大部分业务领导者都有过"掐死"下属的冲动："为什么你的表现就不能像我期望的那样呢！"怎样才能改变下属？怎样才能让下属表现得更好？业务领导者经常抱怨下属有这样那样的问题，而且在指出下属的不足时，还总是被对方抵触。用一句话来总结就是："一眼望过去，都是歪瓜裂枣。"

这种现象本身很正常（就像员工老是抱怨老板一样），但其中不正常的是，很多业务领导者抱怨的并不是员工的绩效，而是员工的工作方法或行为。很多业务领导者都纠结于这个问题："为什么他们就不能像我一样呢？"

下面来看一个案例。

> 葛经理是一位专业造诣很高、自我要求极严的某公司设计部经理。最近他与你聚了一次，聊到了自己工作中的困惑：不知道如何管理下属小周。小周是葛经理部门的一名能力突出同时个性也很突出的主力设计师。小周责任心非常强，但是在葛经理看来，她身上有一个"顽疾"，那就是特别固执。
>
> 例如，小周习惯每次只做一件事；葛经理给了她一些很实用的建议，可她就是不听；每次重要的设计任务完成后，葛经理都会帮

助小周复盘,并指出一些可以改进的地方,但是不知为什么小周不但没有感激,反而有很强的抵触情绪。

葛经理感觉自己已经快被逼疯了,不知道该拿小周如何是好。他征求你的建议,你将如何给他支招?

在"业务领导者的人才管理"课堂上,学员对这个情景案例的反响每次都非常热烈。很多学员反馈自己就是葛经理,同样有一个和小周很相似的下属。也有一些学员反馈自己有点像小周,遇到了像葛经理这样的上司。还有很多学员给葛经理出主意,如提出明确的要求、严格奖惩;招一个与小周的性格完全不同的员工,使小周看到自身的不足,等等。

经过一番讨论,我们通常会告诉学员,这是一个真实的案例。后来与小周沟通,我们向她坦率地提到了葛经理的烦恼,没想到小周反而气不打一处来。她说:"葛经理才是最固执的!明明我已经有了很大的进步,可是葛经理就是一叶障目,老是说我需要改变;这家伙简直是个完美主义,每次我都已经做得挺好的了,他还要以复盘的名义挑刺儿,往往就是一通批评;这家伙还是个施虐狂,经常用轻蔑的语言完全否定我!"小周觉得葛经理应该去看看心理医生。

现实中,有很多业务领导者都陷入了单边控制的陷阱:老是想着改变员工的行为,甚至希望员工的行为像自己。这是一种妄念。基于单边控制模式去管理下属往往和期待下属为结果负责相互矛盾。有很多业务领导者,当你问他:"要不要让下属参与进来,是不是鼓励团队成员之间保持开放、协作并共担责任?"他们往往都会点头认可。可是一旦面临挑战性局面,业务领导者就会加强控制,努力确保一切都在自己的掌控之中。这样一来,业务领导者往往会纠结于指责和批评员工的方法与行为,却忽视了帮助下属明确清晰的目标和成果,从而导致员工抗拒,更加不愿意承担责任。

什么是单边控制?为什么业务领导者容易陷入单边控制的陷阱呢?

单边控制模式最初是由唐纳德·舍恩和克里斯·阿吉里斯提出的,他们发现，本体的傲慢导致产生了单边控制模式。

单边控制基于以下 3 个假设建立。

- 我是绝对理性的：我看到的是事实的本相。
- 别人不是理性的：别人看不到真相。
- 犯错就应该接受惩罚：对失败的恐惧会促进成功。

业务领导者之所以容易陷入单边控制的陷阱，主要有以下 3 个原因。

- 业务领导者往往是从优秀的业务执行者晋升上来的，很多时候他们觉得自己掌握了唯一正确的方法，在工作中很容易用评判的眼光来看待团队成员的工作方法和工作行为，不是这里有问题，就是那里有瑕疵。他们认为只要每个人都按照他们的方法去做，一切都会焕然一新。同时，他们觉得自己多年来总结的高超技法都倾囊相授了，团队成员应该会感激他们，因为他们认为这是在帮助团队成员成长。

- 业务领导者认为一旦放开决策权或参与权，团队就更加容易陷入冲突和争论，因为团队中每个人的想法往往都是不一样的。在业务领导者看来，这种冲突和争论会降低效率。因此，业务领导者都倾向于尽量避免冲突，或者当团队成员质疑时，也不屑于认真地解释和澄清。久而久之，团队成员会习惯业务领导者的单边控制。当然也会有一些个性比较强的团队成员选择离开。

- 业务领导者往往缺乏基本的界定结果的能力，尤其是当面对团队成员需要明确区别目标、小目标、任务和行动这 4 个层级的颗粒度时，业务领导者往往把握得不太准确。不要轻视"对下属提出正确的要求"，这可不是一件简单的事情。很多业务领导者经常呼吁员工要有责任心，要尽力做到最好，也会大谈自己的想法，却没有为下属设立清晰的目标、成果及对应的衡量标准。

业务领导者需要学会拥抱"人与人是不一样的"观点。过多地干涉员工的自主性，只会带来抗拒和关系的破坏，关键还是要遵守"事为先、人为重"

的理念和原则。"事为先",意味着业务领导者可以在目标、结果上与团队成员达成共识。"人为重",意味着在具体的行动方案上给予团队成员合适的自主权,而不是坚持认为自己的方案唯一正确。这样做,可以释放团队成员的自主性,避免团队成员成为工具,激活员工作为"人"的主观能动性和创造力;同时还能保证团队的方向不至于偏离轨道。由于盯准了,正确的成果,业务领导者就能抵制诱惑,避免用固定的模式(通常也是他们自己喜欢的模式)来修正每个人的行动风格。这样做还有一个巨大的价值,那就是让团队成员承担起正确的责任。业务领导者需要明白,人们只有承担了责任才会成长。

◆ 避免走向事必躬亲和甩手掌柜的极端

在中国历史上,"事必躬亲"表现最典型的就是诸葛亮。诸葛亮在管理蜀国期间操劳过度,积劳成疾。而过度操劳又是因为他"事必躬亲""亲理细事,汗流终日"的做法。很多业务领导者会说:"与其给下属一周时间来做方案,并且做出来的方案漏洞百出、各种瑕疵,还不如我自己花 2~3 小时做出一份优秀的方案。"业务领导者往往会陷入事必躬亲的陷阱。这里的事必躬亲并不是说每件事都由业务领导者亲自动手完成,而是每件事他都会操心,思考具体的工作方法和行动步骤。因此,事必躬亲本质上是一种单边控制,这种行为会扼杀团队成员的创造力和积极性,长此以往会形成团队成员对业务领导者的依赖,从而被动地成为"工具人"。

下面来看一个案例。

> 林经理是一家服饰品牌公司的采购部经理。最近她很烦恼,她带领的部门最近 3 个月有多名员工离职。她的上司找她沟通,建议她多给下属一些机会。在林经理看来,她已经不能再投入更多的精力了,因为她感觉自己已经倾尽了全力。几乎每位下属的工作,她都会提前帮助对方思考清楚,然后一字不漏地告诉对方,可是下属

做出来的结果还是跟她预期的不一致。于是，有很多工作她需要交代好几次，才能达成有效的成果。例如，下属小侯在与供应商就合同中交付不合格的处理流程上，总是不能理解她避免影响生产交付的考量。时间一长，林经理就不耐烦了，只要小侯做得不好，她就会狠狠地批评他。

林经理觉得自己已经"鞠躬尽瘁"了，手把手帮助下属成长，虽然偶尔也有脾气不好的时候，但是她觉得下属也不至于选择离职。她很烦恼，不知道上司让她给下属一些机会指的是什么。

在这个案例中，林经理并没有意识到自己已经陷入了事必躬亲的陷阱和单边控制的心智模式。对人类的内在驱动力而言，自主性是一个关键的需求，尤其是"95后"和"00后"员工，他们的个性化特征更加明显。在工作中，他们迫切希望有自己的想法和主张，有自己独特的工作方式。林经理要确保的是团队成员追求的目标和团队目标保持一致，而不是团队成员的工作方式、工作行为甚至工作的呈现方式与她期待的完全一致。

同样，企业中甩手掌柜型的业务领导者也很多，而且他们往往会标榜自己为"授权型"领导。很多时候，"充分授权"和"甩手掌柜"只隔了一层窗户纸。

某大型房地产集团华南区域的总经理曾总业绩突出，华南区域营业规模近百亿元。集团安排他另外开拓西南区域的市场。为更好地投入筹建工作，他在原来的华南区域提拔了几名高管，并充分授权。结果半年不到，华南区域的运营情况急转直下。曾总很困惑，于是召集华南区域高层复盘反思。经过研讨发现，主要问题之一出在事业部新提拔的常务副总身上。

这位常务副总之前从事建筑行业，之后在集团华南区域担任工程部总监。他表现非常突出，积极性非常高，于是曾总提拔他担任华南区域的常务副总。问题是，这位常务副总之前未曾担任过业务

第一章 重启定位

一把手。正好当时房地产市场快速增长，要想支撑业务高速增长，就必须果断地拿地，因为只有有了土地才能开发楼盘。对房地产公司而言，购买土地的资金占公司资金的大头，所以"拿地"的决策往往涉及金额非常大。加上当时各个城市的地价涨得飞快，这位常务副总面对竞争对手更高的报价，有些拿不定主意，稍一犹豫，就导致优质地块被竞争对手抢去。整个华南区域类似的情形越积越多，最终几乎到了不可收拾的地步。

对于有意愿、没能力的下属，业务领导者拍拍他的肩膀，说"我用人不疑，疑人不用，相信你一定会做好，尽管去做吧！"这样看似大度授权，实则是偷懒，做了甩手掌柜。针对能力强、意愿高的团队成员，充分授权往往效果非常好。但是针对意愿高、能力弱的团队成员，充分授权很容易让业务领导者变成"甩手掌柜"。一旦下属面对某些重大事项缺乏经验或能力不足时，就很容易犯错。业务领导者需要针对不同能力、不同意愿的团队成员，采取针对性的管理方式。

很多时候，业务领导者都面临一个两难的境地。如果在工作中事必躬亲，就会被同事或领导反馈不愿意给下属机会，不懂得授权，不会用人，也会遭遇下属离职率高的困扰；如果在工作中放手做"甩手掌柜"，又会被同事或领导反馈不擅长管理，过于养尊处优。

那么对业务领导者而言，到底该如何选择呢？无论是事必躬亲还是做甩手掌柜，都不是我们倡导的。这是一个自我管理的修炼，需要业务领导者对"事"和"人"进行有效的匹配。对于不同能力的下属，业务领导者需要采用不同的领导方式，准确拿捏其间的分寸与主次。

事必躬亲和甩手掌柜带来的不利影响如表1-3所示。

表 1-3　事必躬亲和甩手掌柜带来的不利影响

影响对象	事必躬亲	甩手掌柜
业务领导者	1. 身心疲惫，陷入单边控制的心智模式 2. 团队建设乏力，后备人才缺乏 3. 与团队成员关系紧张	1. 脱离业务一线，对现场情况掌握不全面 2. 业务目标有可能无法达成 3. 与团队成员的伙伴关系松懈
团队成员	1. 员工沦为"工具人" 2. 员工积极性和投入度下降 3. 员工能力得不到成长	1. 员工压力大，无法达成目标 2. 员工能力得不到有效支持

业务领导者需要基于员工的任务来评估员工的能力和意愿，再决定事必躬亲还是做甩手掌柜。

这里就存在基于两个条件的评估，第一个是团队成员承担的任务，第二个是团队成员完成该项任务的能力和意愿。如果团队成员意愿高、能力弱，业务领导者需要先采取"事必躬亲"的管理风格，一旦团队成员的能力有了一定的提升，就可以开始尝试部分放手。如果团队成员能力一般，意愿也一般，业务领导者需要给团队成员下达更明确的任务指令，同时还要照顾团队成员的自主性和情绪感受。当团队成员的能力和意愿都比较高的时候，业务领导者就可以尝试做甩手掌柜，逐步给团队成员充分授权。如果团队成员的能力强而意愿不高的话，业务领导者就要解决激励的问题。

业务领导者在大是大非、"体察民情"和识人、用人方面必须事必躬亲，而在历练员工的经验时要大胆授权。

首先，对于涉及法律或价值观等大是大非的事情，业务领导者一定要事必躬亲，因为法律和价值观方面的问题往往是公司和团队的底线。

其次，对于关爱团队成员和"体察民情"，业务领导者也必须事必躬亲。这就是"人为重"原则的体现，也是业务领导者与团队成员之间建立互赖关系、提升团队凝聚力的关键所在。

最后，选对人，是保证组织和团队正常运转的最佳方法。选对人、用对人，永远是业务领导者人才管理的头等大事。因此，在识人、用人方面，业务领导者要全力做到事必躬亲，因为如果用错了人，任何决策都无异于空中楼阁。

彼得·德鲁克在20世纪30年代末受邀成为通用汽车公司的管理顾问，并有机会参与该公司所有的高层会议。在一次会议上，他发现CEO斯隆带着经营高管团队成员花了几小时的时间，讨论一个基层主管的人选问题。他很不理解。会议结束后，他追上斯隆，质疑他的做法。

结果，斯隆给他上了意义非凡的一课：

"公司给我这么优厚的待遇，就是要我做重大决策，而且不失误。请你告诉我，哪些决策比人的管理更重要？我们这些在14层办公的，有的可能确实聪明盖世，但要用错了人，其他决策无异于在水面上写字。

"落实决策的，正是这些基层员工。至于花多少时间讨论云云，那简直是'屁话'（他最常挂在嘴边的用语）。如果我们不用4小时好好地安排一个职位，找到最合适的人来担任，以后就得花几百小时的时间来收拾这个烂摊子，我可没这么多闲工夫。"

◆ 管理就是一种心力修炼

成为领导者，不仅是技能的提升，更是人生的一次成长。管理就是一种心力修炼，这往往需要业务领导者通过发自内心的感受、体验，从而产生对更高人格的领悟。

"你经历过的最大挫败是什么？"这是一位民企董事长面试时必问的问题。在某个重要职位的面试中，一位候选人在各个方面的表现都很优秀，但被问到这个问题时，他想了一会儿才回答："到目前为止，我的生活和职业生涯都十分顺利，还真没有经历过什么挫败。"最后，这位董事长还是放弃了这位候选人。面对我们的不理解，董事长反馈道："我需要为这些核心岗位找到成熟、练达、心力强大的领导者。基于我多年的经验总结，技能可以通过培训的方式提升；但要形成强大的心力，必须经过挑战和挫败的淬炼。"

然而，并不是所有人都能够从失败的经历中得到教训。情商大师丹尼尔·戈尔曼（Daniel Goleman）研究发现，"失败的领导者通常都缺乏自我认知"。低效的领导者不肯承认自己的弱点，他们不愿反省，失败时不愿承担责任。这样的领导者可能很聪明，但正是因为缺乏自我认知，导致他们在面对新的挑战时很难成功。

心力修炼其实就是一个不断"照镜子"的过程，是一个不断在反思自我的过程中获得人格成长的过程。卓有成效的领导者很清楚自己的强项与短板，谈论并思考自己的局限和失败，并从中吸取经验。不论在顺境还是在逆境中，卓有成效的领导者都坚持学习、适应并适时做出反应。卓有成效的领导者用心观察与思考，不断发展自我。他们保持清醒的头脑和开放的心态，不断塑造更成熟的人格，提升自己的心力。

下面来看看阿里巴巴集团中层"三板斧"的其中一板斧——"照镜子"。

阿里巴巴集团认为，中高层管理者最容易出现的问题包括"屁股决定脑袋"的本位主义、"捡了芝麻丢了西瓜"的急功近利、短期目标与长期目标的平衡、"山头林立、各自为战"的圈子利益、大团队的战略与小团队的发展的取舍。主要的解决方法是"揪头发""照镜子""闻味道"。

其中，"照镜子"指的是修炼管理者的胸怀。做自己的镜子——找到内心强大的自己，体会到内心强大的自我，可以在痛苦中坚持自己、成就别人。做别人的镜子——在一个管理团队中，彼此就是对方的土壤，彼此成为对方的镜子，是一件非常有挑战的事情。人们希望通过别人的镜子看到更真实的自己。为此，大家首先要学会如何做一面镜子。以别人为镜子——只有既能够自我照镜子，又学会了做别人的镜子，才有可能以别人、以环境为镜子，真正从多个不同的角度去发现自己、认知自己。

中国中化集团原董事长宁高宁先生在《关于员工管理的九个顿悟》一文中讲了几个关于"心力修炼"的关键观点，下面分享一下。

很多管理者眼睛往往向外看，一直盯着员工，觉得员工这要提升，那要改进，总感觉员工不尽如人意。其实，管理者只要改变视角，静心顿悟，很多事情就能迎刃而解。如果换个角度，多审视自己，把员工当作一面镜子，照照自己，管理者就会发现，最后需要提升的只有自己。

1. 管理者眼中的员工状态，其实就是自己的表象

成功的管理者看到和吸引自己的都是别人的努力，他们对别人的负面因素无暇顾及，感受到的全是别人的努力。近朱者赤，近墨者黑。管理者感受到的员工状态，其实就是自己的表象，只是看别人容易，读懂自己难。其实，别人就是一面镜子，照到的全是自己。

2. 特别不喜欢的，就是自己最需要提升的

如果员工经常跟你对着干，那说明你人格魅力不够，或者你的能力没有得到对方的认同，又或者你平时也是如此对待对方的，这些都是你需要提升的方面。例如，团队执行力差，可能是因为没有相应的管理制度；员工经常因家事耽误工作，可能是因为管理者不够关怀员工；不能容忍员工评议，可能是自己确实存在某些不足，等等。当你直面"不喜欢"时，就会发现自己最需要提升的方面。

许多业务领导者经常有如下几个困惑。

- 为什么下属那么固执？
- 为什么下属总是需要被人"用鞭子抽一下"才动一下，总是需要领导

推着他干活？
- 为什么下属不担责，遇到什么事都是请示汇报，自己不能做决定？
- ……

如果业务领导者感觉"问题都出自下属""下属总让人不如意"，那就要"照镜子"了。我们列出了一些常见的业务领导者认为下属让人"不如意"的表现及对应的管理方式，以帮助业务领导者学会"照镜子"，发现团队成员问题背后的领导者的问题，如表1-4所示。

表1-4　常见的业务领导者认为下属让人"不如意"的表现及对应的管理方式

下属让人"不如意"的行为表现	业务领导者可能采取的管理方式
不愿意沟通，不愿意和业务领导者分享信息	业务领导者总是喜欢给出负面评价，并打击他们，或者对他们的意见信息从来都不反馈
不尊重业务领导者的感受	业务领导者总是命令他们，不让他们参与管理
不愿意担责，无论大事小事都向业务领导者请示汇报	业务领导者不愿意授权，或者嫌弃他们的工作效率和能力，总是把他们的任务拿来自己做
总是缺乏自信心	业务领导者给他们的建议多过鼓励
经常被激励，却很难被满足	业务领导者从来没有让他们选择自己真正想要的东西
不愿意在业务领导者面前说真话，或者隐瞒问题	业务领导者曾经对他们犯过的错误反应过度

我国古代伟大的教育家孔子对反省的见解持正面的态度。他认为反省不仅能安定社会，对个人自身的内心修养更是助益良多，由此能让人们提升境界，成为有道德的人。子曰："见贤思齐焉，见不贤而自省也。"这句话的意思是，见到贤者的行为，便对照自己的表现，看看有哪些地方贤者做得很好，而自己做得不对或不够好，进一步想到要效法和学习对方的长处，改正不良的行为；见到不好的表现，也对照自己的表现，看自己是不是也会有这种表现，借此找到自己的问题，加以改正，即可达到舍不贤而向贤、弃恶从善的目的了。

业务领导者需要时不时地停下反省一下，对最近这一阶段自己所做的事情及所带领团队的成功和失败经历进行一次照镜子的反思，在反思的过程中寻找自我的价值和意义。

回到本节一开始的那个问题："成为一名领导者，对我而言到底意味着什么？"

业务领导者的工作成果，除了达成目标、发展团队，还有一个最重要的部分，那就是发展自己。因此，成事、成人和成己都是业务领导者的工作成果。

从本质上说，业务领导者成事（挑战工作目标）、成人（带领团队前行），核心的目的是成己，即对自我的探究和对幸福感的追求。当然，这并不是一个很舒适的过程。然而，幸福从来都不来自享乐。业务领导者在成事、成人的过程中必须不断地看见自己。看见自己，业务领导者就会把工作中的所有挑战视为完善自己的"修炼"；看不见自己，所有的困难就变成了消耗能量的负累。

"事为先、人为重"，成事和成人是成己的基石。在成就卓越绩效和帮助团队成长的过程中，业务领导者要修炼心力，成就自我。

第二章

凝聚共识

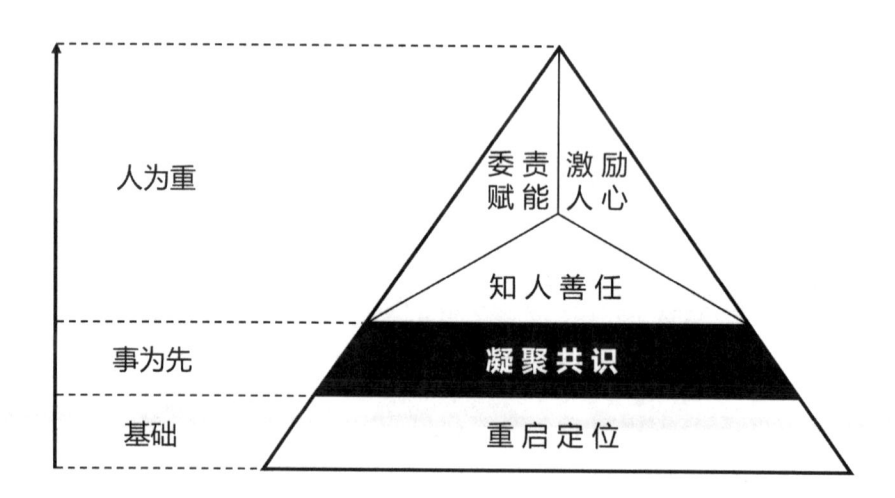

```
人为重 ── 委责 激励
        赋能 人心
        知人善任
事为先 ── **凝聚共识**
基础 ── 重启定位
```

本章导引

凝聚共识需要秉承"事为先"的原则。

"事为先"意味着业务领导者需要为团队树立正确、清晰的目标，让所有的团队成员围绕共同的目标而努力。但是，众多组织在实际推动的过程中，却违背了"事为先"的原则——团队常常是围绕业务领导者转的。诚然，相比团队中其他成员，业务领导者拥有更强的能力与更多的资源（如推动工作的权力、了解更多的信息等），但随着业务越来越复杂，业务领导者的精力无暇顾及方方面面。这时，如果团队仍然围绕业务领导者的命令转，看似效率颇高，实则会对团队的产能造成伤害，最终影响团队工作的成效。

- 员工不了解工作的最终产出与价值，会影响他们的持续投入度。
- 削弱员工对结果的责任感，遇到问题时，他们更容易把责任"上交"领导。
- 降低员工对目标实现的方式、方法的自主思考能力。
- 团队/员工之间的目标缺乏关联，相互不担责，遇到协作问题都要通过领导协调，让问题处理的效率大大降低。

要想避免以上困扰，业务领导者需要把使命与目标放到团队管理的中心，让所有的团队成员充分参与到目标的制定、分解和执行中来；识别并扫除团队成员在目标承诺与执行过程中的主要顾虑、堵点，高效地达成结果。

第一节　从正确地做事，到做正确的事

很多业务领导者刚走上领导岗位时，内心都会有一个朴素的想法："我

现在成了团队中要担当最终责任的那个人，所以我应该按照自己的方法来推动工作并管理团队。"

为了使团队执行效率更高，业务领导者开始向下属发号施令，布置大量的具体任务。同时，为了帮助下属更加高效地完成各项任务，有些业务领导者还会制定一些有利于操作的规范与标准。但是，在实际中，常常出现一些令业务领导者疑惑的情况。

- 明明已经交代清楚的工作，为什么成果总是与要求大相径庭？
- 为什么很多工作看起来就像走过场，团队成员一点也不上心？
- 为何自己和团队每天忙忙碌碌，产出却不甚理想？

要想成为卓有成效的业务领导者，必须优先确保团队的工作方向是正确的，即团队的工作是能够为组织创造价值的。

◆ 优先明确目的和成功标准

卓有成效的业务领导者要兼顾效率与有效性。效率是指"正确地做事"，有效性则是指"做正确的事"。效率和有效性当然不应偏废，但这并不意味着效率和有效性同等重要。彼得·德鲁克认为在效率和有效性无法兼得时，应首先着眼于有效性，然后设法提高效率。人们对体力劳动喜欢谈效率，也就是"正确地做事"的能力。但只有"做正确的事"，知识工作才能有效，而这是用来衡量体力劳动的任何标准都无法衡量的。[①]

知识时代的工作者与工业时代的普通工作者有一个区别：知识时代的工作者的工作任务不是标准化的，需要自己界定，而且可能会不断地变化，工作者每次都可以创新并做得更好；而工业时代的普通工作者大多是生产一线的工人，他们的工作是高度标准化的，需要按照标准完成工作任务，不需要突发奇想，因为这些突发奇想很可能会降低整个生产的效率，甚至导致质量问题。

---

① 彼得·德鲁克. 卓有成效的管理者（珍藏版）[M]. 许是祥，译. 北京：机械工业出版社，2009.

第二章 凝聚共识

正如前文所述，卓有成效的业务领导者应该聚焦于"做正确的事"。要想期望工作有成效，就必须明确哪些事情是值得做的，哪些事情对组织的成功来说是至关重要的，要在哪些事情上投入资源，不断地在不同的目标选项中做出权衡。

团队中每个人对"正确的事"都可能有不同的理解，需要业务领导者予以清晰的描述，这个描述就是下文中提到的目标。"目标"从字面理解是"目的"和"成功标准"的结合。目的代表了各项工作的最终价值，即"我们为什么要做这件事"；成功标准则是衡量结果的标尺，即"如何衡量我们的目的是否达成，达成到什么程度"。

对目的与成功标准的不同理解，会导致员工的工作行为和最终结果走向不同的方向。

某保险公司的很多业务人员在入职 2~3 年后业绩出现了断崖式下跌。公司通过数据分析发现，这些业务人员在入职的最初 1~2 年内，业绩增长主要依靠挖掘身边的亲友资源。2~3 年之后，随着身边亲友资源的枯竭，业绩增长开始乏力。

公司随后对此现象做了深入剖析，发现造成以上问题的根本原因出在领导者对业务人员工作目的和成功标准的设定与宣传上。

之前，只要业务人员的经济业绩（如签约保单额、客单价等指标）突出，就会获得公司的物质奖励，并被树立成为标杆。很多业务人员为了完成经济指标、拿更多的奖金，涸泽而渔，依赖人情关系，发动身边的亲友买保险。

在目的方面，领导者很少谈及保险事业在帮助客户做好风险防范、资产配置、创建美好生活方面的长远价值。在成功标准方面，领导者普遍忽视传递面向未来的成功标准：能够与客户建立长期的信任关系（客户的复购率、客户的转介绍等）及新客户的储备。

公司调研发现，这些目的与成功标准的缺失，反映到业务人员的行为层面，表现为：业务人员花了很多时间向亲朋好友推销保险产品、说服客户，在真正了解客户家庭情况、与客户保持情感互动、为客户持续提供支持服务、对客户-产品进行匹配度分析、持续学习保险及资产配置产品知识等方面却很少花时间。最终导致在入职2~3年后，很多业务人员的业绩出现断崖式下跌。

目的与成功标准是否具体、是否得到团队的共识，会影响团队合作的成效。常常上下级之间、平行部门之间为了一件事争论很久之后，才突然发现大家争论的不是同一件事情，或者不在一个层面、一个维度。

> 某公司在讨论年度目标时，高层领导提出了"打造行业领导品牌"的宏伟目标。销售团队想当然地认为，所谓"行业领导"，肯定是营收方面排在行业前三，销售额要冲高；技术研发部门认为，所谓"领导"，就是能够引领行业技术前端，能够设计出市场认可的爆品；市场与品牌部门则认为，所谓"行业领导"，不是低势能的业务叠加，而是能够占领行业高地，锁定前20%的高净值客户，实现高质量发展……结果每个部门各做各的，整个组织的资源、力量分散，业绩结果也没能达到预期。

在描绘目的与成功标准时，业务领导者如果总是提出类似"成为××行业领导品牌""实现业绩重大突破"等高度概括、笼统的目标，员工就容易不知所措或造成理解偏差。团队成员身处不同岗位和角色，倾向于"屁股决定脑袋"，会从本位主义去理解目标。他们有着差异化的经历和认知模式，对"领导品牌""重大突破"等关键词语有不同的理解。这就需要业务领导者尽量使用具体的、可量化或可行为化的语言来描述目的与成功标准。

◆ 什么样的目标才是好目标

在明确目的和成功标准时，很多业务领导者的惯性想法是：好目标应该是精确量化、科学合理的("跳一跳"就能实现的)。但现实是：世界上不存在绝对科学合理的目标。"科学合理"大多数时候来源于人们对目标清晰度和可完成度的自我预测。但即便领导者参考了往年的绩效表现、团队的能力状况、市场的发展趋势等因素来审慎地制定量化目标，在拍板的那一刻，仍然是基于人的主观决断的。

如果业务领导者年初制定了一个目标，年底各部门考核100%达成甚至超额完成，但企业已经被同行超越或被市场淘汰，这样的目标恐怕难以称为好的目标。只考虑自身小团队的利益、现有的资源和能力，并以此来判断目标是否合理，可能会产生短视结果，为目标穿上"紧身衣"(这一点我们将在本章第三节重点阐述)。

反过来说，如果业务领导者面向不确定的未来，制定了一些极具挑战性甚至有些天马行空的目标，各部门努力奋斗却没有100%实现，是否就说明这些目标不够科学合理，不是好目标呢？不一定。目标的完成是很多因素共同作用的结果，有时代原因，也有运气的成分。业务领导者要承认目标的完成与否存在自己无法控制的原因，但只要目标制造了持续的张力，推动团队向着正确的方向力出一孔，为组织发展积蓄了产能，就是一个好目标。华为常务董事余承东为终端业务制定的目标就是一个"好目标"的典型例子。

华为终端业务在余承东的带领下，用了8年的时间发展到了世界领先水平。华为终端业务的成功其实来自余承东在接手业务时为终端团队设定的一系列愿景目标。他将愿景目标分解为7个小目标。

1. 从ODM白牌运营商定制向OEM华为品牌转型。
2. 从低端向中高端智能终端提升。
3. 放弃销量大但不赚钱的超低端功能机。
4. 启用华为海思四核处理器和Balong芯片。
5. 开启华为电商之路。

6. 启动用户体验 Emotion UI 设计。

7. 确立硬件世界第一的目标。①

面向赢得行业和市场竞争，余承东描绘了激励人心的未来，并从不同维度界定了成功的标准，为当时正在起步的终端团队明确了共同努力的方向。

在 2012 年余承东提出这些目标时，华为终端业务的市场占比不高，技术层面也亟待突破。在当年看来，这些目标有些天马行空，甚至大家认为有"吹牛"的成分。但在今天看来，余承东确实带领团队将"吹过的牛"一一实现了。组织成功的背后，是领导者能够站在未来看现在，为团队指明共同努力的"灯塔"。

综合而言，好目标应能激发团队对未来的想象力，它有两个衡量标准。

（1）事为先：目标是否能够引导团队赢得市场竞争。

（2）人为重：目标是否能够得到团队成员的共识与承诺。

组织业绩的增长主要靠抓住战略性的市场机会。对一名业务领导者来说，不论其职级高低，工作重点都应该是通过策略行动和资源的有效配置来帮助组织赢得市场竞争与创造客户。面向组织的发展，提出志存高远的要求，是好目标的首要特征。

业务领导者基于外部竞争的需要所制定的团队目标，通常伴随着高不确定性、高压力，所以在制定目标的过程中，业务领导者只有与下级保持持续沟通、对目标实现路径进行充分探讨，才能使目标成为团队坚定不移的信念。正如前文所述，余承东基于华为终端业务的未来所制定的目标之所以能够实现，除了因为目标本身志向高远、激励人心，还因为这个目标经过内部的反复沟通讨论，得到了终端团队的支持与认可——大家愿意为了远大的目标而持续奋斗。好目标的第二个特征就是：必须得到团队成员的共识与承诺。业

---

① 相关资料来自余承东新浪微博。

务领导者和团队一起对目标本身及实现路径的探讨与澄清,可以促进团队力出一孔,并增强团队完成目标的信心。

◆ 好目标总是由外向内看的

既然好目标需要引导团队赢得市场竞争,业务领导者就要认识到组织的目标并不只向内看——组织需要解决什么问题,而应该首先向外看——客户需要什么结果。业务领导者在制定目标的时候必须由外向内看,即从客户和市场的角度来审视自己所经营的事业,只有这样才有可能得到一个有效的答案去引导团队的共识,包括引导整个团队的资源配置和努力的方向。

具体而言,客户的需求是组织存在的根本意义。组织通过满足客户的需求获得自身的发展。关注组织的客户需求,意味着业务领导者要把精力聚焦于帮助组织"抓住机会",而非"解决问题"[①]。目标有时不仅需要响应客户的需求,还需要重构并创造客户需求。

> 空调行业是一个比较成熟的行业,该行业的发展格局在持续变化。中国市场从2000年的400多家空调企业,到今天稳定在20~30家空调企业,消费者对空调品牌的选择从最初的功能性选择,如注重制冷、制热效果,到今天对各个方面提出了越来越多的需求。
>
> 当年奥克斯、格兰仕等企业进入空调行业,其竞争方式是依托强大的供应链体系,让整个行业的价格越发透明,将价格优势发挥到极致,让消费者花更少的钱购买商品。之后,很多空调企业注意到客户除了关注空调的价格,对使用成本也非常敏感,所以变频和节电技术在行业内成为重要的目标方向。
>
> 伴随着越来越多的年轻消费者成为空调产品的消费主力军,需求越发多元化,包括空调的防直吹功能(避免消费者因长期使用空

[①] 彼得·德鲁克. 卓有成效的管理者(珍藏版)[M]. 许是祥,译. 北京:机械工业出版社,2009.

调造成的不适感）、洁净功能（净化空气、避免长期使用）、智能化需要（使用物联网技术，提前远程控制空调，使消费者在下班前远程打开或预约打开空调，到家就能享受空调带来的舒适感）。正因为关注到年轻消费者需求的转变，才使得很多空调企业有了弯道超车的机会，从边缘创新，逐渐占据客户心智。

正因为业务目标来自客户需求，所以越来越多的企业开始关注建立持续与客户互动的能力。例如，使用 UGC（User-generated Content，即由用户来一起贡献和创造产品和内容）模式来主动寻求客户的反馈，避免部门内部闭门造车。企业的大量研发、创新、市场等目标往往来源于客户的反馈（甚至是不满或投诉）。

制定目标时向外看，不仅适用于业务部门领导者，也适用于承担职能工作（如财务、人力、供应链、品质等）的领导者。对于职能部门领导者，向外看意味着他们在管理职能工作时，不能只站在职能部门的视角设置机制或推动工作，而应该站在"能为业务部门的成功提供什么支持"这个视角，减少陷入"专业深井"式的自嗨——觉得自己的解决方案特别专业，控制了潜在的风险或提高了运作的效率。他们需要反思自己的解决方案是否能帮助组织提升市场竞争力，是否能更好地服务于业务的整体发展。职能部门领导者制定目标时的视角和出发点会在很大程度上影响他们与业务部门的合作成效。

2014 年，某石化零售企业的业务部门负责人反馈：现在省内各地市加油站的一线职工待遇几年都没有调整，士气低落，甚至存在大规模员工流失的风险，结果将严重威胁各地市经营指标的达成，希望总部考虑对加油工的工资进行普调。人力资源部门测算之后发现，工资普调会突破总部的工资限额，并造成公司利润大幅下滑，影响公司在全国石化体系内的考核排名。调整或不调整都有阻力，人力资源部门陷入两难的境地。

通过讨论，大家一致认为，只有让公司整体业务得到快速发展，才有可能显著提高员工收入。最后人力资源部门的解决方案聚焦到以下几个方面。

- 增加公司油品销售，采取小站委托经营来激发站长更好地发挥主观能动性。让优秀站长竞聘成为经营主体（离职承包日常经营），让他们关注经营、成本控制、现场管理等，激发他们的活力，优化站场成本结构，增强主动营销意识，实现责任共担、价值共创、利益共享。
- 增加非油品销售（如燃油宝、玻璃水、矿泉水等），大力鼓励一线员工在非油品销售方面主动营销，实现突破。非油品销售的利润增长部分用来反哺员工的收入。
- 对加油工（大多数都是派遣人员）进行统一管理，整体外包给 2~3 家人力资源服务企业，既能降低管理成本，又能将节约的费用反哺员工的收入。

当所有与会代表由外而内、由远及近地重新定义了目标之后，大家的共识越来越多，好的思路也不断涌现。通过一系列调整，该企业当年实现业绩层面的"三个增长，两个下降"：总体销售收入增长，员工人均劳效增长，员工平均收入增长；一线员工总数下降，薪酬总额下降。

制定目标时向外看，需要站在系统之外看目标，把重点放在机会上。以机会为中心，是一种向外看、向前看的做法。只有这样，领导者才能不受限于组织现有条件，敢于提出挑战性目标，并创造条件去实现目标。如果希望在制定目标时能够充分向外看，业务领导者必须明确回答以下问题。

- 组织的客户是谁？他们对组织有什么期待？
- 哪些战略性机会的实现会对整个组织和团队的绩效产生重大影响？
- 组织和团队的目标是否优先围绕帮助组织赢得市场竞争或创造客户

价值来制定？

- 我的团队能够为上级部门/业务部门实现目标贡献什么？

最后，基于"人为重"的原则，那些具备外部竞争视角的团队目标，需要被清晰地传递给下级员工，不断与他们达成共识。因为员工在接受目标时，更容易站在自身完成任务难易程度的视角，只见树木不见森林，由于对整体目标缺乏激情而减少投入。好的目标不应该是少数领导者的"游戏"，而应该与团队所有成员密切相关。想要检测这一点，业务领导者可以尝试回答以下问题。

- 目标是否规划了团队所有人为之努力的方向？
- 团队是否感受到了目标对客户/公司/自己的意义与价值？
- 目标是否被清晰地定义（具备目的与成功标准），并被下属充分理解？
- 目标是否让团队成员备受鼓舞，并得到了他们的认可？

第二节　聚焦目标：让团队力出一孔

业务领导者不仅要由外向内地为团队树立清晰、正确的目标，还要协调团队成员，围绕统一的目标，各负其责，做出差异化贡献，把事做成。

换言之，业务领导者不仅要关注产出——完成团队目标，还要关注团队产能——尽力提升团队完成目标的效率，让团队整体的产出大于个体产出之和。

本节将从目标聚焦、上下同频和左右对齐3个维度分享如何在设置与分解目标时确保团队能够力出一孔。

◆ 力出一孔的主要障碍

对绝大多数制造业企业而言，降本工作是一项持续性工作。某企业在分解降本目标时，会硬性规定各部门（包括供应链、设计、生产、安装、运维等部门)的降本目标,并且请每个部门围绕各自的降本目标设定降本举措。

各部门都投入了大量时间和精力探讨,也制定并执行了众多细化的降本举措。但是到了年底,财务部门一统计,企业的整体成本却并没有降低。为什么会这样呢?

该企业通过分析发现,如果降本工作是每个部门各忙各的,很多降本举措就会带有浓重的"本位主义"色彩——降本举措不是为组织整体降低成本,而是为了把自己部门的成本转嫁到下游部门。例如,采购部门为了降低原材料成本,选择了中小型供应商,站在采购部门的角度,货品成本确实优化了,但是同时可能造成企业的供货周期受到很大影响,导致交付成本(如生产重排计划、调线)、违约成本甚至部门间的协调成本升高,最终"吃掉"了采购部门为降本做出的努力。同样,设计部门的降本举措,如果只停留在自身部门的角度,就可能会增加供应链部门开发新的合格供应商的成本或供货难度,从而推高产品的最终交付成本。

跳出部门看整体,问题显而易见。业务领导者在目标设定过程中常常缺乏聚焦及和其他部门目标的关联,订立了一大堆目标,却成效甚微,甚至团队的力量相互抵消。要想避免团队"忙碌而低效"的结果,就需要通过目标的牵引,推动团队力出一孔。

另外,力出一孔也是组织克服团队产出与产能限制的重要举措。从产出看,今天几乎所有的工作结果都是多部门/多岗位共同作用的结果;从产能看,组织的资源(人、财、物等)总是有限的。只有把团队的力量聚集起来,让上下级之间、平行部门/团队之间围绕同一目标,协调各自的节奏,持续努力,才能达成那些具有高挑战性、高不确定性的目标。

业务领导者的人才管理

◆ **力出一孔需要聚焦目标**

富兰克林柯维公司在一项针对全球数百家公司和政府部门的雇员调查中发现,只有 1/7 的雇员能够说出一个以上本部门最重要的发展目标。对于上级领导最重视的 3 个目标,15% 的人表示一个都不知道。另外 85% 的人也好不到哪里去,他们凭感觉说出的目标常常与上级领导心中的目标相去甚远。距离部门领导越远的底层员工,对部门目标的认识越不清晰。[①]

为什么会这样呢?研究发现,原因是人们的目标常常过于发散,总是什么都想要。业务领导者尤为如此,他们会不断地把很多新想法和好点子直接交办给团队成员,并且反复提醒他们,这项工作很重要。其实对于很多目标和工作的重要性,业务领导者也缺乏充分的论证,目标与工作或者来源于他们灵光乍现的想法,或者只是追随他们过往的惯性做法。这种习惯性的目标发散,对业务本身危害巨大。

> 某城市有一个著名的商业街区,身处市中心的黄金地段。该街区原本定位为城市夜场集聚地,集聚了众多知名的酒吧。市场与招商团队每年都承受着较重的经济指标和街区文化传播、营销策划(定期策划和推动主题文化活动)等压力。
>
> 市场与招商团队的负责人就琢磨:这个商业街区位置很好,临近城市地标性旅游景点,白天人流量也很大,只做夜场生意,白天没有产出实在可惜;如果白天也有很高的业绩产出,团队的经营指标压力就会降低不少。基于这样的想法,他指导招商团队开始引进越来越多的快餐连锁企业、文创企业、茶馆、咖啡馆等。
>
> 这么做确实解决了短期营收指标的压力,而且餐饮连锁企业的招商比酒吧的招商要容易得多。此外,整个街区招商方向的改变,

[①] 克里斯·麦克切斯尼,肖恩·柯维,吉姆·霍林. 高效能人士的执行 4 原则[M]. 张尧然,杨颖玥,译. 北京:中国青年出版社,2013.

也减少了在街区文化运营与流量推广方面的开支和精力,正所谓"一举两得"。

但是好景不长,街区中混杂的业态逐渐稀释了原有的调性,街区的艺术、社交属性被不断削弱,越来越多的酒吧因为高昂的租金而搬离这里。丧失了原有的定位,缺少了酒吧的积聚效应,整个街区的酒吧生意不可避免地走向衰败。

该街区的创始人在对外交流时,不止一次感慨,他当年犯过的最大错误就是盲目地逐利,什么钱都想挣,导致客户层面的认知混淆,最终也影响了生意的根本。

业务目标追求过多,希望在这些目标上达到同样的成功结果,就好比用10根手指在一张纸上同时戳出10个洞,很难。盲目的业务多元化常常造成产能资源的分散,每个业务部分的产能投入都不充分,进而影响最终的业绩产出。

目标的发散还会导致团队的精力被分散。精力的分散并不意味总能带来更好的成果,多目标/任务处理能力看似迷人,但是由此带来的问题也很明显。根据斯坦福大学社会心理学家克里夫·纳斯(Clifford Nass)的研究,在多任务处理实验中,神经回路需要先浏览、略读,然后才能扩展加强处理多任务的能力,但与此同时,深入阅读和思考的持续专注能力被削弱了。[1]

每天被各种事情推着走,不需要花费太多精力思考工作的意义与优先级,也不需要平衡产出与产能,见招拆招地应付各项工作,可能是业务领导者"最轻松"的工作方式。但长此以往,会削弱业务领导者对目标与问题的深层次思考能力。

业务领导者的挑战在于:要带领员工在日常事务的包围下去执行对团队最有价值的战略性目标,帮助员工梳理工作的优先次序;抑制住自己把一堆

---

[1] 克里斯·麦克切斯尼,肖恩·柯维,吉姆·霍林. 高效能人士的执行4原则[M]. 张尧然,杨颖玥,译. 北京:中国青年出版社,2013.

业务领导者的人才管理

"好想法"不假思索地转变为员工工作的冲动。如果业务领导者不能让团队始终围绕部门的核心目标开展工作，那么业务领导者和员工的时间很快就会被琐碎的事情占满，忙碌而低效。

丰田公司曾经对核心的技术岗位人员进行了分析，了解他们每天的工作时间都花在哪里。公司发现，这些核心的技术岗位人员通常将很多时间花在开会、做报告、填写表格等诸如此类的事情上，而真正投入新技术研发、与客户深入接触等核心工作上的时间严重不足，这对团队的产出与产能都造成了负面影响。

丰田公司通过重新设计岗位工作内容（如为他们缩减部分报表或汇报工作，将行政性工作分离出来分派给其他岗位等），确保这些非常重要的技术岗位人员能够把时间聚焦在那些最重要的任务上。最终，研发成效有了大幅提升。

目标聚焦还会影响团队的敬业度。最近几年，我们在与很多离职员工或敬业度评价较低的人群沟通时，有几个反馈令我们印象深刻，而这些反馈都直指业务领导者在目标设定方面的一系列不良行为。

- 目标没有充分沟通就匆匆执行，执行过程中不断变更，让团队成员做了大量无用功。
- 上级领导来什么活就派什么活，缺乏明确的工作重心。
- 很多"紧急"的插单任务，令团队成员难以判断手头各项工作的轻重缓急。
- 领导者总是谈一些空洞抽象的想法，很少谈及目的与成功标准。
……

业务领导者聚焦目标，就意味着需要在那些周而复始的日常事务之外，找到对组织和团队最有价值的工作，集中自己和团队的精力去完成。这是一项很有挑战的事情，需要业务领导者做出一些行为层面的调整，具体如下。

1. 聚焦组织机会，不断强化团队认知

业务领导者需要识别出外部的战略性机会，并且在团队中不断强化团队成员对目标的认知。例如，在团队例会上，在审视团队成员的工作计划时，在给团队成员做绩效面谈时，不断强调团队聚焦的目标，而不是讨论过于琐碎的例行工作目标。

2. 对层出不穷的好主意说"不"

团队中好主意的数量通常会超出团队成员的执行能力，所以决定并坚持"不做什么"比"做什么"更重要。例如，有些上级领导会突然提出一些天马行空的想法，业务领导者应该就这些想法背后的目的和成功标准主动与上级领导沟通确认，从而分辨上级领导是随口一说还是经过了深思熟虑，从而避免无效投入。当员工偏离了团队的核心目标，大谈特谈自己的创新想法时，业务领导者要及时提醒他们"应该做什么"，帮助员工重新梳理工作的轻重缓急。

3. 聚焦需要勇于舍弃

杰克·韦尔奇（Jack Welch）在 1981 年上任通用电气 CEO 的时候，请教了彼得·德鲁克一个问题：通用电气 100 多项工作应该怎么办？德鲁克反问了他一个简单至极却又足以传世的问题："如果我们还没有进行这项工作，现在我们该不该开始这项工作？"这个问题最终帮助韦尔奇做出了"数一数二"这个著名的决策，即通用电气下属各事业部的业务如果不能在行业中保持领先，就必须大胆砍掉。当环境发生变化时，业务领导者要敢于做出调整，要看到过往的成功可能会成为拥抱未来最大的障碍。正如史蒂夫·乔布斯（Steve Jobs）说的："我对我们放弃做的和选择做的事情同样感到自豪。"

◆ **力出一孔意味着上下同频**

要想让团队力出一孔，仅有聚焦的目标还不够，还需要团队成员围绕共

业务领导者的人才管理

同的目标承担各自的责任，做出差异化贡献。业务领导者在分解团队目标与工作时必须遵循一个基本原则：每项工作都必须为达成总目标而展开。在组织中，员工要实现的每个重要的目标，都必须为实现更高层的重要目标服务，只有这样才能减少责任缺位、摩擦和不必要的重复劳动。目标如果缺乏向上的同频，员工精力就容易分散，会倾向于做自己喜欢/擅长的工作，而忽略"我应该为公司/团队目标的实现提供什么"。

很多组织的目标规划是自上而下逐层"压目标"，下级员工被要求无条件接受并执行上级领导下达的目标任务。这种方式会使工作的价值和意义层层递减，最终传递到基层员工层面，目标就变成了单纯的数字，"建教堂"变成了单纯的搬砖。

允许员工参与团队重要目标的制定和分解，不仅能有效地发挥集体智慧，提升决策质量，更能极大地增强全体成员的自主感。简单而言，人们对自己亲自制定的目标更有责任感，而这些目标也可以为实现组织的整体目标更好地发挥作用。

字节跳动公司在推动上下级之间目标同频方面做得非常彻底。在字节跳动公司，想知道CEO在忙什么太容易了：任何员工都可以在内网直接看到CEO的目标与关键成果（Objectives and Key Results, OKR）。更准确地说，任何员工都可以在内网看到其他人的工作计划，知道他们最近两个月的主要精力放在哪些事情上。

在"CEO面对面"、部门业务沟通双月会上，张一鸣（字节跳动公司原CEO）会公开自己的OKR进度。他会给自己过去两个月的OKR逐项打分，对没做好的地方会直接告诉大家，对哪项业务不满意也会直言不讳，从不遮遮掩掩。

字节跳动公司将"坦诚清晰"的价值观体现在追求目标和成果信息的高速流动上，内部提倡"不要包装结果，不要投上级领导者所好"；鼓励员工对目标和工作开展群聊，不要单聊。正是这样的管理方式促进了字节跳动团队的力出一孔和对外部机会的快速响应。

要推动上下级之间目标同频，需要进行"自上而下+自下而上"的目标沟通。首先，应由业务领导者系统总结团队过去的工作业绩及差距，结合客户与上级的要求明确团队的目标方向，为团队后续的目标讨论奠定基调，这是一个自上而下的过程。

其次，业务领导者需要邀请团队成员围绕团队的整体目标选定对自己最重要的目标，并请他们阐述各自目标的价值（如何支撑上级目标的达成）、成功标准（如何衡量目标是否达成）、行动计划等，这是一个自下而上的过程。

最后，目标的沟通通常需要上下同频多轮，才能达成真正的共识。共识之后的目标需要转变为行动计划和考核标准方能执行落地。下面我们将用一张图（见图 2-1）来展示目标是如何上下同频的。

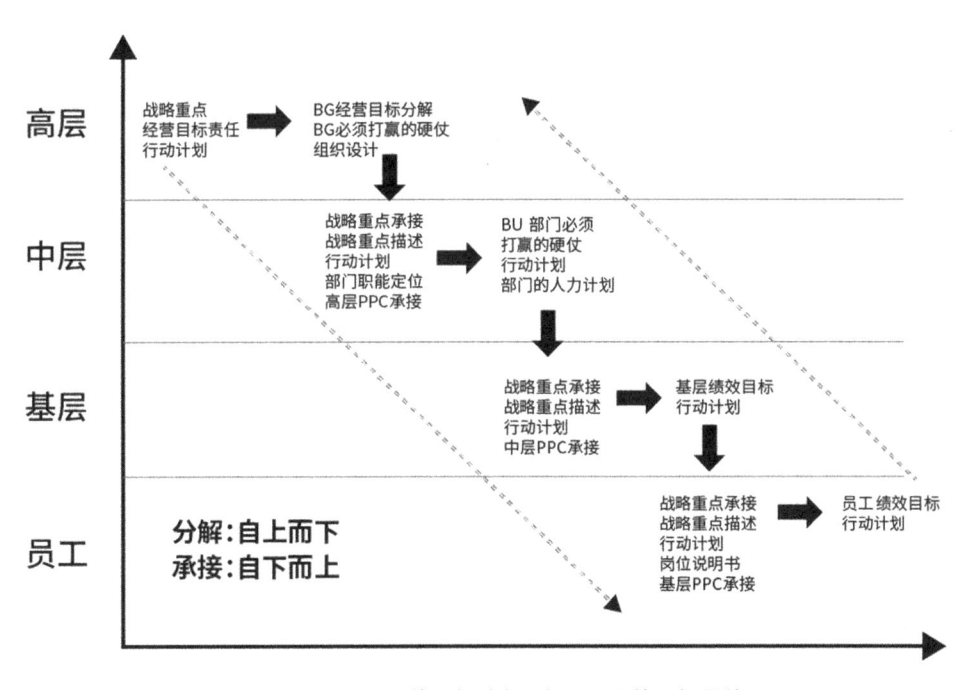

图 2-1 自上而下的目标分解+自下而上的目标承接

注：PPC——个人绩效合约；BU——业务单元；BG——事业群。

在目标上下同频的过程中，并不需要谈论目标如何达成等细节问题，而应该优先明确"我们要做什么、为什么做"。无论是领导者还是员工，都需要从以下4个关键领域对"要做什么"达成共识。

1. 承接战略与品牌定位

战略与品牌定位就是建立并发挥组织的核心竞争力，塑造在客户心目中的差异化形象。它为组织和团队的工作明确了努力方向，并规划了目标边界，让团队"有所为，有所不为"。

优秀的组织会将某一方面做到极致，并占领客户的心智模式——成为客户心中某方面价值的"代言人"。例如，电商行业的关键竞争因素概括起来就是"多、快、好、省"4个字。如果客户的核心诉求是"快"，大概率会选择京东；如果客户希望消费成本更低，可能会选择拼多多；如果客户希望商品选择更加丰富一些，可能就会选择天猫、淘宝。但没有任何一家电商企业宣称自己在"多、快、好、省"4个方面能够做到面面俱到。因为过于发散的目标往往会消耗组织过多的资源，最终推高经营成本，而客户通常不愿意为过高的成本买单。

2. 承接组织战略核心工作

组织战略核心工作的达成（如推动商业模式转型、产品升级、多元化经营、跨区域扩张、信息化建设等），需要差异化的能力和资源支持。而这些能力与资源通常分散在组织的各个部门之中，需要通过目标将其有效联动起来。

同样是完成业绩增长的目标，有些公司依托发展更多不同行业的客户，有些公司针对同一客户不断提供新的产品，还有些公司从单纯的销售产品转向销售解决方案。无论选择哪种目标路径，都需要多部门的鼎力支持。例如，选择第一种业绩增长方式，需要营销部门开发新的获客渠道；选择第二种业绩增长方式，需要研发部门持续升级产品的细分功能；选择第三种业绩增长方式，则需要市场部门、技术部门主动分析细分市场中客户的差异化需要，设计整体解决方案。

3. 承接职能专项

职能部门也有自上而下的专项工作，如优化配置财务信息化系统、启动一项专项人才的甄选与培育工作、产线的新增或改造、供应商扩展与评审标准的切换等。这些专项工作对组织的产能建设至关重要。这些专项工作尽管都是由职能部门发起的，但在执行和落地的过程中，必须得到其他部门的全力支持。因此，在目标上下同频时，必须加以讨论并融入各部门的目标与计划之中。

4. 承接组织与人才发展

公司的核心目标除了业务维度，还应该包含人才维度。人才发展是组织产能建设的核心目标，而不只是实现业务产出的手段。

人才发展是一项系统工程，需要各部门及各级领导者充分担责，并通过目标牵引，有计划、有组织地开展。寄希望于各级领导者自发培养，并自觉自愿地向重要岗位输送人才，往往收效甚微。

对一个组织而言，人才发展工作的目标包括培养未来之星、加速团队的胜任、提升员工敬业水平、提升人均劳动效率、落实团队知识贡献、吸引关键人才、激活人才等。国内外众多优秀企业都投入了大量的时间与精力在人才发展相关的目标分解上。

> 时任华为轮值 CEO 徐直军在一次采访中谈到，华为公司在人力资源工作上花的时间应该是最多的，公司高管团队花费大量的时间开会，讨论的不是业务，而是人力资源相关的议题，如怎么把团队激励起来、怎么把各级领导者的积极性调动起来等。

◆ 力出一孔呼唤横向对齐

彼得·德鲁克在其著作《管理的实践》(*The Practice of Management*)一书中写道："企业的每一分子都有不同的贡献,但是所有贡献都必须为了共同的目标。他们的努力必须凝聚到共同的方向,他们的贡献也必须紧密结合为整体,其中没有裂痕,没有摩擦,也没有不必要的重复努力……尤其是每一位管理者都必须把工作重心放在追求企业整体的成功上。"[1]

今天,组织面对的外部市场环境快速变化,各项工作的复杂性与不确定性持续提升。这导致部门/岗位之间的相互依赖性日益加深,大多数目标都需要多部门/多岗位群策群力才能达成。

正因为以上的变化,团队目标管理的方式也将从以领导者个人为中心逐步演变为以团队目标为中心。以团队目标为中心,意味着所有团队成员共同参与目标的制定,主动对齐团队目标,明确自己和其他团队成员应该担负的目标责任。这么做不仅可以加深员工对团队目标的理解,更有利于团队成员之间的高效合作。为了帮助大家更加清晰地审视这一变化趋势,我们在图 2-2 中对比了传统的目标管理模式和目标横向对齐模式。在如图 2-2(a)所示的传统的目标管理模式下,下级只对上级领导负责,彼此之间不担责;在如图 2-2(b)所示的目标横向对齐模式下,所有人都对共享的目标担负责任。

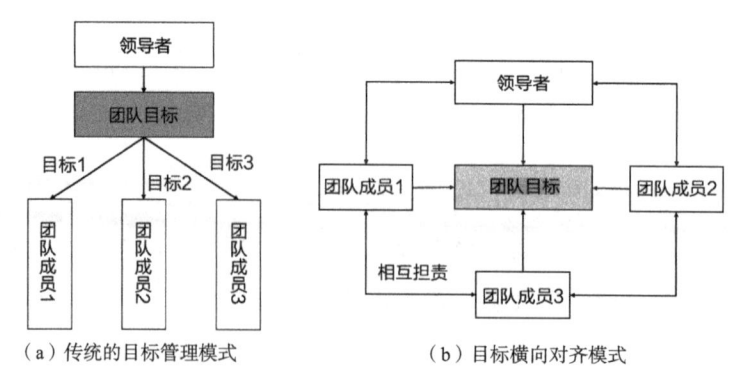

图 2-2 从以领导者为中心到以团队目标为中心

---

[1] 彼得·德鲁克. 管理的实践[M]. 齐若兰, 译. 北京:机械工业出版社,2018.

今天，如果把组织内各个部门分为前、中、后台（前台是面向客户的业务部门，中台是与产品/服务交付直接相关的部门，后台是职能支持部门），推动目标横向对齐的方法如下。

首先，请前台经营部门分享生意层面的目标与打法，并向中台和后台提出明确的资源与协助需求。

其次，中、后台部门要针对前台经营部门的需求，做出反馈并承诺计划。

最后，团队共同探讨并明确整体目标实现过程中彼此的角色与关键任务。

下面以一家服装公司为例，向大家展示如何通过目标分解和横向对齐，将各部门的责任紧密相连。

某服装公司制定了年度业绩目标：营业收入从 15 亿元提升到 20 亿元。这一目标的达成需要各部门充分担责，做出贡献。因此，该公司在内部召开了目标研讨会，推动各部门之间横向对齐，首先明确各部门的关键角色，让彼此的工作更好地咬合。

- 设计部门：提前做好消费者市场和流行趋势分析，投入更多精力到服装品类的设计中，争取诞生爆款。
- 生产、供应部门：思考产能和供货问题，在市场端进入销售旺季之前，必须有足够的备货和补货产能。
- 渠道、商品部门：分析不同层次、不同商圈的店铺到底应该配置什么样的商品，从而最大化地促进商品销售。
- 人力资源部门：考虑因为营收的扩大带来的人员合理配置问题，设置更有吸引力的激励政策等。

经过内部研讨，该公司聚焦营收的增长目标，明确了公司生意层面的 4 项战略性工作：战略性市场的打造、重大节日的有效突破、渠道的全面更新和零售人才的培养。

这 4 项工作是公司层面的战略性工作，需要多部门各担其责。因此，该公司采取了如表 2-1 所示的目标-责任分解表，为每项战略性工作都设置了一个主责部门（表中用▲表示），另外每项任务还设定了若干参与部门（表中用√表示）。各部门领导者一同探讨：围绕战略性工作，自己部门能够给予怎样的支持？最终，通过内部的目标对齐，该公司明确了各部门的关键目标与年度重点工作。

表2-1 目标-责任分解表

战略性工作	各中心/部门支撑战略落地									
	品牌	产品	零售	商品	渠道	形象	电商	信息	人力资源	财务	供应	总经办
打造战略性市场，深耕广深，突破西南	√	√	▲	√	√	√			√	√		
"双11""双旦"等重大节假日的有效突破		√	▲	√	√	√	▲	√				
渠道的全面更新，入驻时尚百货和奥莱渠道	√		√		▲	√		√	√	√		
零售人才的培养			▲					√	√			√

需要注意的是，目标分解不是"分拆数字游戏"——从总目标开始层层进行简单的加减组合。"分拆数字游戏"无法让团队成员看到实现目标的完整路径，也无法让团队成员看到不同部门/岗位之间工作的相互关系。目标分解也不应该成为业务领导者的"独角戏"，而要让团队成员有机会参与进来。

富有成效的目标分解应该强调团队合作和团队成果。业务领导者需要明确自己和团队应该做出什么贡献，才能协助其他业务单元更好地达成目标。在目标分解的过程中，通过聚焦、上下同频和横向对齐的方式，形成团队相互支撑的目标体系，最终推动战略目标的达成。

第三节 好目标应能创造对未来的想象力

正如前文所述，好目标应能引导团队赢得市场竞争。对目标进行持续管理，就是要调动团队的激情，将那些难而正确的目标达成，提升组织未来的产出和产能。

但今天，很多企业所谓的目标管理，已经退化为对关键绩效指标考核表中数字的纠结，目标管理的过程沦为上下级之间的博弈。例如，受制于企业中不当的机制，大部分业务领导者在制定目标的时候，都会想方设法把目标定得保守一些、稳健一些，以便在绩效考核中拿到理想的分数。这和目标管理的本意背道而驰。

成功的业务领导者对自己和员工都有高期望，并以此来释放彼此的潜能。本节将向读者展示如何通过高远的目标持续激发团队的斗志。

◆ 目标管理的"前世今生"

彼得·德鲁克于1954年在其名著《管理的实践》一书中最先提出了"目标管理"的概念，其后他又提出了"目标管理和员工自我控制"的主张。德鲁克认为："并不是有了工作才有目标，而是相反，有了目标才能确定每个人的工作。如果一个领域没有目标，这个领域的工作必然被忽视。"[1]

德鲁克提出的"目标管理"概念得到了一批顶尖企业家的认可，其中包括英特尔公司的传奇CEO安迪·格鲁夫（Andy Grove）。格鲁夫于1971年开始在英特尔公司推行"目标与成果管理法"。他在英特尔公司的关键发展阶段，带领大家挑战了一系列看起来不可能实现的目标。

在英特尔公司，格鲁夫特别强调通过对成果的细化将目标清晰化。例如，"成为全球领先品牌"这个目标是比较模糊的。领先品牌指的是品牌美誉度、销售额，还是利润率，抑或是市场占有率、投资回报率？他认为只有清晰地界定成果，才能够让目标更好地落地。

格鲁夫有位助理，叫约翰·杜尔（John Doerr），他对格鲁夫的管理之道非常推崇，也非常熟悉。后来约翰·杜尔离开英特尔公司，成为硅谷的一名

---

[1] 彼得·德鲁克. 认识管理[M]. 慈玉鹏，周正霞，译. 北京：机械工业出版社，2020.

独立投资者。1999年，他投资了当时名不见经传的谷歌公司，并应邀为谷歌公司管理层分享了英特尔公司的目标管理秘诀。杜尔把英特尔公司的目标与成果管理法介绍给了谷歌公司的两位创始人，拉里·佩奇（Larry Page）和谢尔盖·布林（Sergey Brin），并为其起了一个朗朗上口的名字——目标与关键成果（Objectives and Key Results，OKR）。

在 OKR 诞生之前，领导者普遍遵循 SMART 原则来制定目标，即：Specific——目标必须是具体的；Measurable——目标必须是能够衡量的；Attainable——目标必须是"跳一跳"就能够实现的；Relevant——目标必须和其他目标相关；Time-based——目标必须有明确的截止日期。

谷歌公司的 OKR 与传统的目标管理的区别在于：OKR 突破了 SMART 原则的 A（"跳一跳"就能够实现），强调天马行空和想象力。好的 OKR，意味着要有前瞻性，能够面向未来，通过一个具有挑战性、激动人心的目标，引导团队把不可能变成可能。

按照谷歌公司前 CEO 埃里克·施密特（Eric Schmidt）的说法，"我们作为互联网公司，要的是扩张，而不是传统的增长"。在互联网行业，指标很多时候是指数级增长而非线性增长的，如用户数量在很短的时间内从 100 万人变成 1 亿人，这都是很正常的目标。谷歌公司的目标管理回归了德鲁克的初衷——目标要有想象力，不要变成"紧身衣"。

◆ 目标管理不能成为工作的"紧身衣"

德鲁克当初谈到目标管理时，关注的不是目标是否"跳一跳"就够实现，他提醒管理者：千万不要让目标管理变成"紧身衣"。制定目标不是为了把大家束缚起来，而是要激发大家的想象力和创造力，从而打破产出与产能的现状制约。

正如前文所述，好的目标管理"事为先、人为重"，既能达成团队的业绩成果，又能通过目标激发团队成员的信心与激情。相反，不佳的目标管理方式常常让团队穿上"紧身衣",具体表现为以下 5 个方面。

1. 目标的达成只与收入强挂钩,会让团队丧失挑战精神

大部分知识型员工在选择职业或雇主时,除了希望获得一份养家糊口的工作,还希望在公司/岗位上有所成就,希望自己的成绩得到认可。但很多企业的考核激励政策都把大家逼到了保守的境地。为了拿到全额奖金,业务领导者或员工不可避免地走向保守,把自己的目标定在一个容易达成的水平,限制了团队产能的释放。

身处传统行业的 A 公司,每年都保持着 20%～30% 的增长。而行业的年度平均增长率只有 8%～10%,甚至很多同行业企业连 5%～8% 的增长目标都没能达成。A 公司的管理者到底给员工施加了什么"魔法"?

总结起来,A 公司认为自己成功的秘诀在于:如果提出了平庸的目标,如 5%～8% 的增长目标,团队会陷入惯性思维,认为如果依靠过去的打法,很难实现这一目标;但如果将增长目标提高到 20%～30%,就会反向推动大家走出原有思维的惯性和舒适区,让大家思考是否有其他创新的方式达成目标。对于使用创新方法提升经营结果的团队或个人,A 公司也会给予超出其期望的奖励。这样大家就更愿意接受挑战性目标,用创新的方式达成目标。

在组织中,目标通常可以分为两种类型。一种是**承诺性目标**,是基于竞争需要必须达成的,常常有大量历史数据可以支撑,必须具备考核的刚性。另一种是**愿景性目标**,这类目标往往面向开创性和高不确定性的工作(没有太多经验可以遵循,成败不可预知)。愿景性目标一旦达成,会对未来的产能产生极大的释放作用。

驱动员工愿意承担愿景性目标的动力,往往来自内驱力,包括业务领导者给予员工充分施展的空间、资源的战略性倾斜、学习成长机会、过程中有力的支持等。如果希望员工承担愿景性目标并持续努力，业务领导者必须确保：一旦愿景性目标达成，就给予员工超出他们期望的激励；但如果员工经过大量的努力，由于种种原因，愿景性目标没能 100%地达成，也不要给予他们太多的负向惩罚，而应该为他们敢于挑战、勇于付出的表现"起立鼓掌"。

将这两种类型的目标分开设定，并给予差异化的目标管理方式，既保障了组织整体目标的达成，又培育了团队的挑战精神——让那些背负了愿景性目标的团队成员没有后顾之忧，全力以赴。

2. 传统的目标管理方式改变了管理的动机，限制了上下级之间的诚实对话

从员工层面看，目标结果对员工的薪酬、职务升迁有重要影响，所以目标管理的目的不再是"自我提升和解决问题"，而是"让别人相信自己的价值"。员工会努力找到工作亮点，包装自我价值，放大功劳或苦劳；对自己的问题避而不谈，进而赢得正面的业绩评价。

业务领导者在对员工业绩成果进行评价时，也常常会打出人情分——打出高于实际表现的评分。你或许会很惊讶于他们的做法，问他们为什么如此评价。他们会摊开手和你说："这些下属尽管还有很多做得不尽如人意的地方，但是他们要养家糊口，如果因为我对他们的评价影响了他们的薪水，他们会找我喋喋不休。"

不经意间，考评人和被考评者配合得如此"默契"，但对目标考评结果的客观性和真实性造成了极大的伤害。上下级在目标管理的过程中更倾向于"表演"，而非关注真实表现。这种"粉饰太平"的行为，一方面为组织的业绩产出埋下了重大隐患，另一方面也会伤害团队的绩效文化，让更多人专注于用漂亮的汇报来应付考评，而非创造高绩效产出。

3. 如果目标设定与考核过于注重短期目标的达成，那些面向未来、短期内难见效益的产能型工作就会普遍受到轻视

业务领导者投入某项工作后，成果产出不一定都能立即呈现，可能会在一个月、一个季度甚至一年之后才能呈现出来。但是，这些投入对组织未来的资源、能力的建设会产生长远的正面影响，如团队的人才培养、流程优化、氛围营造、标准化等工作。这些工作都是团队面向未来的产能型工作。

面向未来的产能型工作大多是"难而正确的事情"，需要业务领导者付出极大的时间与精力。如果忽视这些工作，就会错把手段当成目标，在处理问题时容易采取涸泽而渔的短视行为，直到耗尽团队的产能，使产出不可持续。

这样的例子比比皆是。例如，业务领导者为了完成业绩目标，凡事都冲在一线，各项工作一把抓。短期来看，整个团队的业绩指标很好，但如果忽略对团队成员的持续培养、对销售流程打法的持续细化，随着业务越来越多、越来越复杂，当业务领导者自己的精力不够，而团队也无法给予有力支持的时候，业绩增长就会异常艰难。

4. 目标管理过分注重量化，管理成本远大于管理收益

在大多数业务领导者心中，都有一个假设：只有科学地量化目标，才能够管理目标。前些年很多组织推行积分制管理办法，细化到扫一次地加几分、做一张统计表格加几分等，到了月底把所有人员的积分加总，据此衡量员工的表现。这种方式看似量化，实则隐藏了很多问题。

首先，如果业务领导者花费大量的时间和精力在工作要素量化和业绩统计上，在真正有价值的工作上却敷衍了事，就容易出现本末倒置的倾向：员工关注苦劳而不关注功劳；只关心自己付出了什么，不关心自己的付出对组织是否有价值。

其次，不是所有工作都可以被简单量化的。有些工作的结果产出有明显的滞后性。即便是同一项工作，也可能因为内外部环境、资源等的差异造成工作难度上的不同。如果考虑太多的变量，目标管理工作的成本将被迅速拉高。当管理的成本明显大于收益时，这样的工作不但得不偿失，还会把团队折腾得怨声载道。

5. 过分微观的目标管理会扼杀员工的积极性

没有证据表明，人们只要花费更多的时间在目标分解、考评上，就一定能带来绩效结果的提升。

国外做过大量的实验，想找出影响目标达成的至关重要的因素，如提升经济回报、目标未达成时给予严厉的惩罚、给予更多的资源、直接告知下属方法步骤等。但是结果令所有人都颇为失望，因为这些因素和绩效结果之间的相关性非常发散，有些因素的持续改善并不能带来绩效结果的有效提升。

但研究人员根据实验结果得出了另一个结论：目标达成较好的组织，是由大量积极主动的员工组成的。员工的积极主动性无法依赖领导者的"压力"或"命令"得到提升。德鲁克反对使用"压力"和"危机"等方式进行目标管理。他认为这些方式不仅无效，而且会形成误导，导致片面强调工作的一个方面而损害其他事情。[1]

通过目标管理提升员工的积极性，需要业务领导者做出以下行为：针对实现目标的路径、方法，经常征求员工的意见；让员工有机会按照自己的想法和方式来完成工作，而非事事都需要向领导请示汇报；在风险可控的情况下，允许员工犯错，或者容忍他们一开始的低效率。

◆ 共启愿景：提高目标的吸引力

阅读完上文，一些业务领导者可能会说："我们公司的目标确实很有挑战性，但是不靠谱！"这是今天各级管理者都必须面对的一个挑战。

那些制定了高远目标并得到员工认可的公司，往往都有共享的愿景和使命，并吸引了一批内在创造动机特别强的核心团队。领导力大师詹姆斯·库泽斯（James M. Kouzes）和巴里·波斯纳（Barry Z. Posner）在其著作《领导力》（The Leadership Challenge）一书中提出："愿景的最大作用是聚焦团队的能量。要想让每个人都清楚自己前方的道路，领导者必须向人

---

[1] 彼得·德鲁克. 管理的实践[M]. 齐若兰，译. 北京：机械工业出版社，2018.

们描绘和传递一个激动人心的、崇高的未来愿景，这些与激情密切相关——团队内心真正最关心的是什么。"①

爱因斯坦曾经说过："想象力比智力更重要。"这句话同样适用于业务领导者。优秀的业务领导者擅长思考团队的未来：在业务层面未雨绸缪；让团队因为相信未来而备受鼓舞。下面我们将以链家和贝壳网创始人左晖的案例，向大家展示业务领导者该如何走在时间的前面，规划团队的未来，与团队共启愿景。

2010年，链家已经发展成为中国房地产中介行业的领跑者，拥有数万名员工，年度净利润超过 10 亿元。但创始人左晖并不满足于此，他敏锐地发现互联网能够解决房产买卖双方之间的信息不对称问题，这将深刻地改变房地产交易的格局。

于是，左晖组织高管团队在北京召开了一次内部研讨会，会议的议题很简单："如何'干掉'链家？"参会的高管被分成势均力敌的两队，一队负责用互联网思维来'干掉'链家，一队作为传统中介公司琢磨如何应对。在团队相互研讨的基础上，左晖带领大家明确了行业未来的发展方向：真实、及时的房源信息，便捷的信息搜索与共享。

经过数年的艰辛准备，2018 年"贝壳找房"悄然上线，向购房人呈现了国内数据量最大、覆盖面最广、维度最全面的房屋信息数据库之一——"楼盘字典"，数据向全行业开放。"贝壳找房"围绕购房人/租房人的核心诉求，坚持"100%真房源"（真实存在、真实在售、真实价格）的愿景初心，推动了整个行业生态的转型。

从原有链家辉煌的线下门店模式跃升到互联网找房模式，需要极大的勇气和投入。左晖曾说："这个时代企业经营者的宿命，就

---

① 詹姆斯·M. 库泽斯，巴里·Z. 波斯纳. 领导力：如何在组织中成就卓越（第6版）[M]. 徐中，沈小兵，译. 北京：电子工业出版社，2018.

是去干烟花背后真正能提升基础服务品质的苦活、累活。"坚持做"难而正确的事"的信念也激励、影响了链家与贝壳网的无数员工和整个房屋租赁行业的从业人员。

业务领导者在为团队展示不一样的未来之前，还需要和团队共同反思过去。反思过去可以让团队跳出眼前的局限，回到工作与任务的初心。业务领导者花时间与团队探讨人生主题、模式和信仰，可以强化团队在"为什么认为某件事情重要""未来为什么必须实现某个目标"等认知层面的共识，同时为各项工作目标植入价值感。

一家非营利性组织有一支30多人的电话外呼团队，负责向会员单位发出邀请，为各类慈善项目做捐赠。这显然是一项艰巨的任务，每位外呼话务人员每天都会遇到无数次回绝，而他们的待遇在行业中也属于中下水平。团队的流动性看似"不可避免"——年度流失率超过70%，能够在这个岗位上坚持超过2年的员工凤毛麟角。该组织团队士气低落，接收的外部捐赠也极其有限。

领导者们尝试过很多方式，如为员工创建更好的办公环境、提供下午茶、给大家设立一些突破性的奖励（当然物质奖励的额度非常有限），但是收效甚微。直到有位新领导者上任，做出了一项重要的调整：在新员工入职培训时和每季度的例会上，安排一些被捐助者与外呼团队员工进行面对面沟通，请被捐助者谈一谈接受慈善项目的捐助之后给他个人或家庭带来的一系列改变。在被捐助者分享完之后，这位领导者会邀请老员工谈一谈自己在从事这份工作的过程中遇到了哪些障碍，当时自己的想法是怎样的，是什么让自己坚持了下来。

这项举措坚持了一年之后，改变在潜移默化中发生了：管理者发现外呼人员平均花在和会员单位电话沟通上的时间翻了一倍，募集的善款翻了3倍，而外呼人员的年度流失率也从之前的超过70%

下降到 24%。

通过以上案例，你会发现，这一切的改变源自外呼人员建立了新的自我身份认同和职业使命感。很多外呼人员认识到自己的工作可以帮助很多弱势群体。每天的电话沟通不再是例行工作任务，或者是养家糊口的手段，而是在帮助别人。很多员工更愿意为了帮助别人而选择坚持。

业务领导者需要投入大量的精力与时间思考未来：解决完当前的问题，完成当前的任务、项目之后，下一步团队要做什么。业务领导者要看到发展的趋势，并与团队成员讨论未来的发展，倾听各方面的声音，让团队成员知道要走向哪里。

业务领导者不能独自寻找团队的未来愿景。尽管员工普遍希望自己的领导者有前瞻性，但是他们不希望上级领导将愿景强加到自己身上。他们希望了解通过达成组织的愿景，自己的抱负如何实现，自己的梦想如何达成。换言之，员工真正希望看到的是他们自己出现在领导者所描绘的未来画面之中。只有这样，员工才能感受到他们的工作不是完成上级领导交办的任务，而是一份事业，充满了意义，能够让他们的人生与众不同。

当然，并不是所有的业务领导者天生就具备描绘愿景的能力，大多数都需要后天的实践与训练。业务领导者可以从以下几个方面做起。

- 让员工有机会接触终端客户或看到自己的成果应用。
- 花时间和员工探讨企业使命、员工工作的内在价值。
- 花时间和团队一起想象那些令人兴奋的可能性。
- 将愿景的达成和员工个人需要的实现连接起来。
- 使用故事或亲临现场的方式，让愿景充满画面感。
- 用员工过往的成功经历来增强他们实现愿景的信心。
- 让别人参与到对未来愿景的展望中，不要让它成为简单的自上而下的宣贯过程。

德鲁克认为，目标不是命运，而是方向；目标不是命令，而是承诺；目标不决定未来，而是调动企业的资源和精力去创造未来。目标管理要兼顾"事为先"和"人为重"。

"事为先"意味着业务领导者需要从愿景出发，由远及近地审视自己的工作，兼顾短期产出与长期产能，而非把所有的精力都聚焦于完成冷冰冰的数字指标；"人为重"则要求业务领导者能够激发团队面向未来的创新性与活力来实现目标，而非依赖员工的"恐惧"与"压力"来管理员工。

第四节　共识目标实现的路径

在前文中，我们向大家介绍了目标从何而来，以及如何通过目标激励人心。正如惠普公司创始人戴维·帕卡德（David Packard）在《惠普之道》（*The HP Way*）一书中说的："没有任何管理原则比目标管理原则对惠普的成功有如此大的贡献。"

但现实是，尽管大多数组织都设定了宏伟的目标，然而只有少部分组织的目标能够达成。作为业务领导者，你是否对下属有过以下抱怨？

- 很多在大会小会上强调多次的重点工作，下属为何总是行动迟缓？
- 为何员工总是习惯性地对目标进行讨价还价，缺乏完成目标的创新想法？
- 团队每天都忙忙碌碌，为何关键目标却毫无起色？

总体来看，目标管理上接战略，下接行动，执行起来"知易行难"。本节将向业务领导者呈现如何将一个方向性的想法逐步落实为可执行的行动，并推动目标的达成。

◆ 从关注结果性目标到关注策略性目标

说到团队目标，业务领导者最先想到的是量化的结果性目标。之所以设置结果性目标来衡量员工的工作产出，是因为结果性目标易于衡量和统计。

例如，对一个销售团队而言，合同额、营业收入、毛利率等指标就是易于衡量的结果性目标；对客服团队而言，用户的满意度也是常见的结果性目标。

但是，结果性目标也存在局限性，这些目标通常需要事后统计才能精准测算，这意味着当你得到这些数据的时候，导致这些结果的事情早已发生或结束了。

因此，业务领导者在管理团队目标时，除了要关注结果性目标，还要留心结果性目标实现的过程和路径。过程目标的达成往往与团队自身的努力息息相关。如果这些过程管理到位，对最终的结果也会产生正向的影响。我们将与过程和路径相关的目标称为策略性目标。达成策略性目标就是推动组织的产能建设，只有产能得到提升，持续的产出才能有所保障。

在团队中，业务领导者设置结果性目标并不难，但真正实现结果性目标极具挑战性，需要很多策略性目标做支撑。举个例子，有家酒店希望通过两个月的时间，将入住客户给出五星评价的比例从52%提升到75%。该酒店客房部经理不能只关注最终五星评价的结果，因为几乎所有的客户都是在入住之后，甚至离店后才会对酒店进行综合评价的。一旦出现差评，结果往往无法更改，客户也不会再给酒店第二次机会。因此，客房部经理更应该考虑的是客户为什么要给予酒店五星评价，如更便捷的入住手续、更高的客房提供率、客房服务的及时响应及有效解决等。这些目标就是与客户五星评价比例（结果性目标）相关的策略性目标。

如果你希望结果性目标都能实现，那么最好的方式就是找到影响最终结果的策略性目标，在这些方向上持续努力。在实践中，我们发现领导者与团队共同对策略性目标进行深入探讨，不仅能帮助团队聚焦力量，还能增强团队成员达成目标的信心。

国内某知名羽绒服领导企业2013—2017年一直处在功能类服装细分市场的前列，但多年以来业绩增长缓慢，库存压力巨大。该公司的决策层领导发现，尽管公司的业绩仍在缓慢增长，但是这些增长依赖大量低势能店态的销售额叠加，越来越多的门店开到了商超；有些店铺为了去库存，部分产品甚至卖出了"骨折价"……这些都与品牌中高端的形象定位严重不符。

面对以上问题，2017 年，公司内部经营层经研究决定，公司必须踏上"二次创业"之路，启动重大的战略与品牌转型——"聚焦主航道，抓住主流人群，提升品牌势能"。

在 2018 年度的战略解码会议上，公司决策层面对各大区的分公司总经理，提出了年度目标要求：提升品牌势能，逐步关停区域内低势能店铺，重构自身的渠道体系，实现全年营业额收入 100 亿元（2017 年度全年营业额为 50 多亿元）。

目标宣布的同时，分公司总经理纷纷表示目标太激进，完全不可能实现。甚至有人提出："我们现在是羽绒服行业的第一名，而且与第二名之间已经拉开了'一个身位'的距离。假设我们更加激进一点，把第二名收购了，也达成不了 100 亿元的目标。"

面对分公司总经理的质疑，事业部总经理帮助大家分析解惑："今天所有的运动服饰品牌，如阿迪达斯、耐克、安踏，到了年底都会推出羽绒款；那些时尚女装也有冬季羽绒款。所以，今天我们的竞争对手不仅是那些只做羽绒服饰的厂商！咱们这个行业市场还是比较分散的，大量的市场份额集中在那些生产四季服装的品牌手中。"说完，他拿出一份调研数据。数据表明整个中国区一年的羽绒服市场份额是 1 000 亿元，市场的增长不能说没有空间，关键要想清楚怎么去获得市场。

尽管提供了市场数据作为佐证，仍然有多位分公司总经理表示，虽然市场有空间，但是在自己负责的省区很难有这么大的提升空间。公司决策层领导继续和大家分析："过去我们认为羽绒服只是一种功能性服饰，防寒保暖最重要，而且如果我们延续原有的渠道策略，不断在低势能渠道（如超市）开店，我们瞄准的客群是中老年人，那就注定了羽绒服是低频消费。想让业绩快速增长、持续增长非常难。如果我们不关注年轻人市场，10年之后，我们将无生意可做。因为年轻人有高频消费的潜力。公司未来在产品设计方面会更加年轻化，渠道也向时尚百货、综合体、旗舰店、奥莱等年轻人喜欢的渠道倾斜。"

公司决策层领导接着分析："另外，各个区域的营销人员也要注意一点，那就是要分析你们的客群，实现商品和渠道的匹配。例如，传统认为北方地区应该是羽绒服销售的重点地区，但是我们可能会忽略很多有潜力的市场，如南方的沿海地区。大家觉得这些地区每年最低温度都在 8~10℃，当地人不会买羽绒服，这可能是我们的惯性思维。南方经济发达地区有大量的外来人口，每到年底，大家都需要回老家过年（很多消费者老家在北方），可能会买羽绒服；南方家庭年底最喜欢的是去风景与南方差异较大的地区旅游消费，全家可能都会备上一件羽绒服。还有，南方地区尽管冬季温度没有那么低，但是湿度大，体感温度比较低，我们的机会就是设计外观时尚、但羽绒填充量不大的薄羽服装。每个区域都必须花时间和精力来分析自身的市场，并且看到消费升级带来的新机遇，抓住消费场景。还有儿童羽绒服市场，一定是高频消费场景，孩子都在长身体，替换羽绒服的频率也比较高。我们要结合自己省区的情况，找到战略性的市场机会。"

通过对策略性目标的持续沟通，越来越多的分公司总经理增强了实现年度经营目标的信心，加上公司整体的品牌升级投入（渠道、产品、装修、陈列和明星代言等手段），2018 财年该公司营收大增 30.28%。所有员工都对未来的发展信心满满。

该公司的成功一方面来源于高层领导对整体战略方向的敏锐把握，另一方面来源于高层领导不断在公司内部层层推动目标共识。面对挑战性目标，硬压往往很难奏效，业务领导者必须投入大量的时间与精力，在策略性目标、实现目标的路径方面与团队持续沟通。通过对策略性目标的深入探讨，可以让团队看到那些"貌似不可能实现的目标"背后的成功路径，这将大幅提升团队成员对实现结果性目标的信心。

其实，早在 1992 年，罗伯特·卡普兰（Robert Kaplan）与大卫·诺顿（David Norton）教授就在他们发表于《哈佛商业评论》的一篇文章中提出了"平衡计分卡"的概念。他们认为，传统的财务会计模式只能衡量过去发生的事项（滞后的结果统计），无法评估企业前瞻性的投资（领先的驱动因素）。因此，必须将组织的愿景转变为一组由 4 个维度组成的绩效指标架构来评价组织的成果。这 4 个维度分别是财务、客户、内部运营、学习与成长。

组织可以通过上述后 3 个维度来诠释实现财务维度目标的策略。平衡计分卡的使用，推动组织在追求财务业绩之余，把产出和绩效驱动因素有机地串联起来。

◆ **目标分解的 4 种常见方式**

在传统观念中，目标分解的过程就是把大目标分解成众多小目标，继而将小目标关联到要完成的具体事情与行动，最终找到不同的责任主体加以承接和管理。鉴于此，我们根据不同的管理逻辑，将目标分解方法分为 4 种类型。

1. 物理分解法

物理分解法是指将一项指标直接转移给下一级，或者按照指标的物理特性，运用简单的运算法则（加减乘除等），将其破解成多个指标，并相应地分配给下一级。例如，某公司年度经营目标为 5 亿元。如果按照物理分解法分解目标，业务领导者可以从客户区域、产品线、客户行业、业务类型等多个维度将目标分解到团队或个人，形成部门或个人明确的目标任务。

尽管物理分解法简单易操作，但也存在明显的局限性。

（1）对于某些目标，无法简单量化并通过加减方式分解，如产品研发目标。

（2）为了确保上一层级目标的达成，在将目标分解到下一层级时，会层层加码，无形中增大实现目标的难度。

（3）各责任主体独立分解自身的目标，目标之间的相互支撑关系难以充分体现。

2. 因素分解（结构分解）法

对于复杂的目标，往往需要多个参与方协作完成分解。这个时候可以使用因素或结构分解的形式，将每个参与者需要做的工作明确分割出来，便于进行对应的任务分配。

具体做法是：对目标达成的过程进行分析诊断，找到各个参与方需要完成的任务，按照这种方式对目标任务进行分解。详细的分解方式可参照前文图 2-3 所示的目标–责任分解表。

3. 因果分解（过程分解）法

因果分解法是指基于完成任务的步骤，根据时间维度（过程发生的先后顺序），将过程分解为若干环节，由每个环节的责任人承担该环节所需要完成的里程碑任务。

因果分解法的意义在于对某些整体完成要求较高（如达成工程类销售订单）、完成链条过长（无法整体掌控）的目标，可以将过程拆成难易程度不同的若干任务，形成专业化分工，专注某一环节的成果产出（阶段性里程碑）。例如，可将完整的销售过程分解为潜在客户信息收集、客户拜访与需求诊断、解决方案制作、商务谈判与合同签订、完成订单交付等不同环节，为每个环节设置一系列目标。

相比物理分解法，因果分解法和因素分解法的共同优点在于考虑了在实现最终结果性目标的过程中，不同部门/环节的差异化贡献，对那些有明确流程和打法的工作目标分解，有非常好的支撑作用。但是它们存在与物理分解法同样的问题：过分强调自上而下目标分解的"事"的逻辑，缺少对实现目标的个体的连接。

4. 层级递进法

层级递进法是一种将以上 3 种分解法结合在一起，用一个固定结构（DOAM）对目标进行拆分的方式。这种方法背后的逻辑如下。

- 员工的重要目标都需要与上级领导的目标方向（Direction）对齐。
- 每个目标方向都必须有清晰的目标描述（Objective）。
- 要想让目标落地，需要有若干具体行动策略（Action）加以支撑。
- 对于每项行动策略，都需要有清晰的衡量标准（Measure）——何时做、由谁来做、做到什么程度。
- 如图 2-3 所示，对于重要的目标，需要上下级力出一孔，即所有下级的目标必须完全承接上级的重点目标。这时，上级的行动策略就会成为下级的重点工作方向，而上级的衡量标准则成为下级的核心目标。

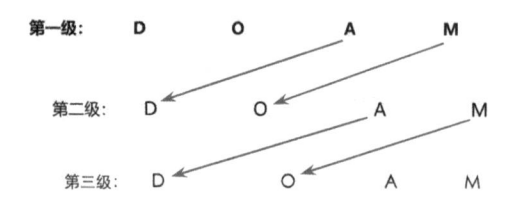

```
第一级：   D        O        A        M
                             ↙        ↙
第二级：   D        O        A        M
                             ↙        ↙
第三级：   D        O        A        M
```

D-方向（Direction）：要做什么事情；
O-目标（Objective）：要做到什么程度；
A-行动策略（Action）：用什么方法达成目标；
M-衡量标准（Measure）：如何衡量策略已达成。

图 2-3　层级递进法拆解示意

使用层级递进法，关注的重点不仅是目标的高低，更是通过上下级共同探讨，对达成目标的方式加以选择。业务领导者在目标分解的过程中必须与员工充分互动：向员工提出有价值的问题，帮助他们拓展思维，自己找到路径方法；在员工选择过多、发力分散时，提醒他们聚焦某些策略并坚决执行；在员工毫无想法时，为其指明方向。

在面对高挑战性、高不确定性的目标时，业务领导者常常使用层级递进法来解决难题。一方面，这类目标任务很难依赖某个部门/员工独立完成，常常需要多部门/多岗位群策群力；另一方面，团队成员对于实现目标的路径可能存在巨大的分歧或完全没有想法，如果只把结果性目标抛给员工，缺乏对策略性目标的探讨，员工可能会按照自己的惯性想法做无用功，或者手足无措，被巨大的压力压垮。

使用层级递进法，也是在目标管理中关注"人"的发展。通过上下级的充分聚焦和探讨，既可以帮助员工提升思维格局，创新思路打法，又可以关注员工的心理需要，减少员工在目标推动过程中的无力感与挫折感，增强他们的安全感和达成目标的信心。

最后，即便是经过上下级充分探讨达成共识的打法，在执行时也并非都能100%达成预期目标，但通过层级递进法沟通共识的目标，更容易得到员工的支持，哪怕最终未能成功，这个实践的过程也将成为团队宝贵的经验。

◆ 目标管理的避坑指南

组织在推动目标分解及责任下沉时，经常遇到这样的场景：大家花费了很大的精力，也使用了上述4种分解方法，拆解出很多目标，创造了一堆工作，但是成果与产出总是不尽如人意。有些业务领导者甚至开始自我怀疑：我们每年花费这么大的成本和精力去共识目标和路径是否值得？这项工作有价值吗？如果有价值，为什么产出总是寥寥无几？

其实，最大的问题可能在于对目标分解过程中的细节的把握。很多时候组织只是执行了目标分解的流程，并没有对中间的关键环节进行深入探讨，就急匆匆地"填答案交作业"。基于我们的经验，在目标管理的过程中存在以下4个"深坑"。

1. 目标缺乏向上对齐

这个问题在之前的章节也和大家谈过多次，各级业务领导者或员工在订立目标时，首先必须关注自己的目标能否支撑上级领导核心目标的落实。但实际情况是，大多数业务领导者和员工都会追随自己的惯性来确定目标。例如，上一年有哪几项核心目标或重点工作，今年常常会不假思索地再列上去，甚至有些员工会把比较容易达成的目标（而非组织最需要的目标）作为衡量自身价值的标准。

如果坚持采取层级递进法，你就会发现，通过"自上而下+自下而上"的探讨，团队成员都开始关注"我应该做出怎样的贡献，才能支撑团队目标的达成"。业务领导者在推动团队成员将目标向上对齐时，可以采用以下方式。

- 抓住一切机会（如团队会议、绩效面谈、述职），分享和共识团队的核心目标。
- 在布置任务时，坦诚沟通目标的背景、和往年的差别与变化，以及达成目标可能遇到的困难，帮助员工更好地理解目标任务。因为，对下属来说，有些趋势、变化他们未必能够感觉到。
- 在共识变化的基础上，请下属思考，要想实现团队目标，有哪些与往年存在差异的路径、方法，他应该为团队目标的实现贡献什么。
- 将下属的个人目标与团队目标关联起来。

2. 没有考虑多种可能性，过分依靠单一的分析视角

解决问题的路径可能来源于很多方面。人们在分解目标时常常会犯的一个错误就是：只从单一的视角去寻找策略性目标。很多问题都是系统的问题，解决系统的问题可以从"人、机、料、法、环"等多方面思考，而非头痛医头，脚痛医脚。

例如，某经营团队承接了总部提升销售毛利的指标，业务领导者可能会从不同的维度着手，如控制不必要的营销费用、大力推动老客户的采买（降低获客成本）、调整产品结构、指导团队销售高毛利的产品、增加附加服务进而涨价等。

如果再往细处分析，提升销售毛利的障碍可能是现有激励考核机制中存在错误的引导，或者团队成员对高毛利产品的销售打法和渠道缺乏梳理等。尽管看起来都是要提升销售毛利，但不同的团队面临的问题及原因大不相同，需要对多种因素和可能性进行细致的分析，不能只追随过往的惯性去推动目标。

3. 在海量数据中"游泳"，缺乏聚焦和深挖

和第二个坑相比，第三个坑走向了另一个极端：看似对目标思虑周全，实则缺乏聚焦，什么都想要。结果常常是资源缺乏，团队力量分散，分解出很多琐碎的工作，但是没有达成结果性目标。

为什么会有那么多策略性目标，而且大家觉得每个目标都很重要呢？原因在于分解目标时深挖不足，很多原因分析和策略都停留在表面。在推动团队探讨问题时，业务领导者必须学会追问至少 5 个"为什么"。当你问第一个"为什么"的时候，大多数人回答的都是表面信息；当你问第二个"为什么"的时候，大多数人回答的都是抱怨的话，向你大吐苦水；当你问第三个"为什么"的时候，大多数人回答的都是指责的话，讲的都是别人的问题、客观上的困难；直到你问第四个、第五个"为什么"之后，才能逐渐看到问题的本质。

某制造型企业的客户要求的交付周期普遍都非常紧张（行业特性所致）。该企业经过内部的分析调研，认识到整个交付周期的瓶颈就在供应链采购这一环节。

正值年底，各部门都在确定年度部门目标。该企业希望在新的一年供应链采购能够大幅提高物料供应效率。为此，供应链负责人

给团队提出了一个颇具挑战性的目标：物料的齐套率（基于产品物料分解表和各类物料准时达到率）达到93%。

这个目标看似很有挑战性，要知道上一年度物料的齐套率只有84%，如今一下子要提升将近10%。生产总监在联席会议上提醒大家：这个目标可能不是一个好目标。

他说："咱们要分析一下去年16%不能齐套的物料到底都是什么。我们的生产工艺是有先后顺序的，如果咱们16%不能齐套的物料都是关键部件或优先装配的物料，那么其他物料的齐套率无论有多高，对提升交付准时率都不会有任何帮助。那些后加工物料如果先到，会占用资金，占用场地，对组织反而有害。"

20世纪80年代，以色列物理学家、企业管理大师艾利·高德拉特博士（Dr. Eliyahu M. Goldratt）提出了约束理论（Theory of Constraint，TOC）。他认为，在一条业务链中，如果其中一个阶段的产出取决于前面一个或几个阶段的产出，那么产出率最低的阶段决定了整个系统的生产能力。

回到前面的案例中，要找到最有价值的目标，就要分析业务的瓶颈及关键成功因素。这位供应链负责人提出的93%的齐套率当然颇具挑战性，但是对于解决及时交付的问题，他并没有抓住本质与重点。业务领导者在制定目标的时候，需要深入分析，找到最有价值的目标与工作，并聚焦资源加以完成。

4. 以手段替代目标

业务领导者都擅长布置具体的任务和工作，但很多业务领导者都缺乏对目标的思考。用手段替代目标也是分解策略性目标时经常掉入的深坑。

多年前，一家医药公司曾在一线销售团队内部推动绩效改进项目。

当时该公司的销售团队遇到一个问题：很多刚刚入行的一线销

第二章 凝聚共识

售人员很难成长和实现业绩突破，有些人长时间都不能开单。领导者对他们也提出了明确的要求：每周必须打 10 通电话（给陌生医院或医生打电话），并拜访 3 家医院的重点科室。

一线销售人员执行了，记录表上写满了拜访记录，但是业绩产出并不明显。

为解决这一问题，该公司请来了一些"神秘访客"，跟随一些年轻的销售人员，观察他们是如何拜访医院科室的。"神秘访客"发现，很多新销售人员都会躲在角落等待，当医生没有病患问诊时，赶紧冲过去，掏出自己的名片，向医生滔滔不绝地介绍公司的药品。每当这时，医生都会显得不耐烦，很快就把他们打发出来。回去之后，这些销售人员为了表明自己没有偷懒，就在自己的工作日志上记录"今天拜访了××医院××科室，推销公司新药"。

问题开始逐渐明晰：业务领导者只给业务人员提出了动作要求（如每周的电话量和拜访量），对每次拜访的成果要求却没有明确的设定，这对刚刚入行的销售人员而言，会导致他们的拜访目的性不强。很多销售人员只是做了"标准动作"。

该公司业务部门的领导者普遍认可：一次陌生拜访很难和医生形成信任关系，可能需要多次接触，每次接触的目的和成果都应该有所差别，具体如下。

第一轮拜访，核心目的是拿到相关医生的联系方式，建立初步信任（别让他们讨厌你，对你留下良好的初步印象）。

第二轮拜访，最重要的目的是了解医院或科室对药品的基本准入要求，如果有些要求差别很大，就需要通过其他渠道努力。

第三轮拜访，目的是了解竞争对手产品在其科室的用量、使用后的反馈等。

该公司迅速做出了调整，给新人提出了清晰的目标，再加以场景化的培训与实践，新人的胜任周期缩短了，成材率和业绩也提升了。

正如上述案例中所描述的现象，业务领导者在分解策略性目标的时候，常常用手段替代了期待达成的阶段性成果。这样的实例比比皆是，如职能部门负责人会以年度编制××制度、规范作为团队的核心目标，这也是较为普遍的错误。相比编制制度，执行和推进制度更有挑战性。通过制度去控制风险、提高组织能力、提升团队协作效率等，这些才是职能领导者工作的核心目标，而制度充其量只是各种手段中的一种（而且我们认为不是最有效的一种）。

要避免此类问题，最好的办法就是不断追问以下两个问题。

- 这项任务背后最核心的价值是什么？
- 如何证明这项任务达成了预期的效果？

目标管理从来就不是一项轻松的任务，其过程就好比盖一栋楼房。前期应该花费大量时间来讨论如何设计，前期投入的工作量可以保障在施工过程中减少改动与返工。在目标管理中，如果不花费充分的时间和精力探讨目标的标准、成功的路径，就会在后期花费更多的时间补救层出不穷的问题。

第五节　推动下属对目标责任的承诺

好的目标得不到充分的执行与落地的另一个原因在于：业务领导者容易忽略团队中人的视角——所有的目标都需要人来完成。

管事和管人尽管不可分割，但管理方式截然不同，因为人并非完全理性的，而是多样化的。"让团队从内心拥抱目标，并愿意100%地付出去达成既定目标"这件事在任何时候都极具挑战性。有时员工会被挑战性目标吓倒，面对不确定的未来，彷徨不前；有时员工在执行目标的过程中会因遇到障碍而退缩，甚至站到业务领导者的对立面，抵制目标与任务；还有些员工在执行目标的过程中慢慢偏离目标，又回到惯性的老路上……

这个时候，业务领导者需要识别员工在目标执行过程中的困惑与抵抗、堵点与难点，并加以扫除，从而让员工不断强化对目标的承诺。

◆ **识别员工对目标任务的常见抗拒**

大多数业务领导者都有过这样的困扰：明明是一件对公司整体有利或对员工个人发展有帮助的工作，为何员工不愿承担？明明自己已经将任务安排得很妥当，甚至连步骤都规划好了，为何员工总是行动迟缓？

行为经济学家丹尼尔·卡尼曼（Daniel Kahneman）研究发现，人们在生活和工作中存在大量非理性行为。卡尼曼在《思考，快与慢》(Thinking, Fast and Slow)一书中把人脑分成了两种思考模式，分别为快思考和慢思考。快思考模式就是人们的直觉思考、本能反应。例如，遇见老虎，人们的本能反应就是立即逃。当人们本能感觉到某件事有风险、有困难时，会拒绝去做。本能思考的好处是可以帮助人们快速处理许多简单、重复的问题和行为。

慢思考大多是理性思考，通过逻辑推理进行量化分析。面对未知和复杂的问题，人们的大脑可能会开启慢思考模式，开始分析推理和反复权衡，这个思考过程比较慢，但不容易出错。开启慢思考模式需要集中注意力，有时会让人们感觉身心疲惫。

实际上，大脑是懒惰的，能不思考就不思考，能调用快思考就不调用慢思考，正是这种机制导致了人们很多时候都是非理性的。

基于以上研究，在目标执行过程中，员工也会优先启动快思考模式——担心失败、害怕利益受损、惧怕投入更多的精力等，对很多具有高挑战性、高不确定性的工作会拖延或直接拒绝。业务领导者如果不能打消员工的这些担心或抗拒，就很难以长远收益（这些需要调动人们的慢思考）来打动员工。如果业务领导者总是采取硬压的方式来制定目标，就很难让员工做出真正的承诺。有时员工口头表示没有问题，内心其实并不认可。

基于我们的经验，员工的担忧与抗拒主要来源于以下几个方面。

1. 不理解

真正敢于向领导者承认自己并不理解目标或任务的员工其实不多。大部分员工都是内心犯着嘀咕，口头却说没问题。他们一方面不想在领导面前表现出自己理解力不佳，另一方面也可能是为了照顾彼此的颜面。这样的目标承诺往往并不牢靠，表现在行为上就是：尽管口头答应，但工作总在拖延。

对业务领导者提出的目标不理解，背后的原因主要有两个：不了解目标和不认可领导所说的事实。如果不了解目标与任务产生的背景、工作的价值与意义，很多员工就可能会产生抵制情绪。另外，如果领导者和员工之间就目标任务的重要性或优先级没有真正达成共识，也会影响员工对目标责任的承诺。例如，负责营销的领导者认为外部环境发生了变化，今年必须在销售的策略打法上做出调整，但是员工可能没有感受到外部市场带来的紧迫感，内心还会认为以前的营销方式挺好的，调整就是瞎折腾。如果员工存在这样的想法，无论业务领导者的策略设计得多么细致，员工的执行也会大打折扣。

要让员工更加理解目标，业务领导者必须在以下几个方面做出调整。

- 及时和员工分享自己知道的目标信息并及时解读目标信息（目标产生背景、成功标准、完成目标对团队及员工个人的益处等）。
- 通过开放的对话，了解员工对长短期目标、目标前景的认知。
- 描述目标时减少含糊抽象的表述。
- 让员工有机会参与目标规划和路径分析。

2. 害怕失去

员工不愿意承担具有挑战性的目标，常常是因为他们使用了快思考模式。在快思考模式下，人们容易担心利益受损，不容易看到长远收益。员工基于快思考模式，有很多"害怕失去"的东西，包括权力、既得利益、成长的空间、自我的标签、他人的信任等。面对同样的目标与任务，每位员工害怕失去的东西可能完全不同。

员工之所以产生"害怕失去"的担心，有时是因为上下级之间、组织与个人之间的信息不对称——员工不了解公司某些工作安排的目的和原因，造成了误解；但更多的时候是因为管理者对员工的需要缺乏必要的了解，很多目标与任务安排只考虑事，未考虑人。

例如，有些领导者在新员工的任务安排上没有规划，来什么事就安排新员工干什么。很多新员工，特别是成就动机比较高的新员工，对未来发展有自己的规划，如果领导者不假思索地安排目标与任务，新员工可能认为自己就是在"打杂"。他们会害怕失去技术标签，影响未来发展。

在一家互联网企业，人力资源部门收到一位员工的离职申请。该员工进入公司时，能力表现很好，热情也很高，大家判定他是有想法、敢担当的高潜员工。但该员工在加入公司半年之后就提交了离职申请。

他的上级领导向人力资源部门抱怨他"不好管"：给他安排的工作他经常不愿意干，或者总是按照自己的想法干；和他分享了很多实用的工作技巧，但收效甚微。

当人力资源部门和员工做离职交谈的时候，员工反馈道："自从我进入部门，先后接手了3位本部门离职员工的工作，部门只要有人离职，领导就会将他们的工作安排给我。而且这些工作很多都是难度不大但需要耗费大量时间的重复性工作。我感觉自己在公司工作的半年时间里，专业技术方面没有任何成长，都是在吃老本。我很希望能够参与一些技术含量更高的项目，提升自己在开发方面的专业能力。"

很明显，这位员工之所以不愿意接受上级领导安排的任务，是因为他有深层次的职业发展的担心。但他的上级领导对这个问题甚至从来没有觉察到，更不用说做出有针对性的调整了。

这样的现象充斥在管理工作的方方面面。很多组织在内部搞竞聘,但是报名的员工常常并不是组织最看好的员工,难道那些高绩效的员工都没有发展的欲望吗?背后的原因还是"害怕失去"。有些员工可能会担心现任领导如何看待自己,会不会误解自己对现状心怀不满,如果没有竞聘成功,回到原来部门会不会被穿小鞋等。还有些员工会担心自己能否胜任更高级别的工作,会不会被其他同事嘲笑自不量力等。如果组织真心希望优秀的人才敢于挑战,愿意竞聘新岗位,就应该在竞聘之前做大量的沟通工作,打消潜在候选人的后顾之忧。

要避免员工因为害怕失去而裹足不前(不愿意接受并执行挑战性目标),业务领导者需要在下达目标之前做好以下工作。

- 经常与团队成员交流,带着同理心倾听他们的需要。
- 亲身体验员工在损失、恐惧和压力下感受到的威胁。
- 和员工一起分析最坏的结果,就最坏的结果建立必要的预防机制。
- 设置一些机制上的保障或承诺,打消员工的顾虑。
- 告知员工组织目标的达成能给他们带来的收益。
- 让员工参与对未来目标实现路径及方法的规划。

3. 担心能力不够

第三种抗拒产生的原因常常是对自己能力的不自信,认为目标与任务过重,已经超越了自身的能力范畴。这些担心有时与员工的个性相关。例如,尽责性高的员工,工作认真负责、自驱力强,但是对高风险、高不确定性的任务会有天然的抗拒。如果他们觉得自己做不好,就不会轻易做出承诺。有些员工其实是具备相关能力的,但总是自我怀疑,很难跨出艰难的第一步。

不仅员工担心自己的能力不足,有时就连业务领导者也会担心员工能力不足,无法承接挑战性任务,因此常常不太敢给员工"压担子"。但是,大量的管理实践证明,人总是先承担责任,才会在某些能力上有长足的进步。当员工对自己的能力有所担心时,业务领导者可以从以下几个方面强化他们的信心并帮助他们提升自己。

- 通过员工过往的成功经历来强化他们对自己能力的信心。
- 将复杂的任务进行分解，让员工承担其能力范围之内的部分；其他部分由业务领导者或团队其他成员共同分担。
- 和员工一起探讨工作的具体方式、方法，给他们赋能。

◆ 在目标执行过程中强化员工的责任承诺

打消员工顾虑，让员工愿意做出责任承诺很重要。但是，在目标执行过程中，员工有时也会对责任承诺产生动摇。例如，员工在目标执行过程中遇到了很多难点和堵点、外部环境发生了显著变化或外部其他方面出现了不同的声音，都可能影响员工责任承诺的履行。

在目标执行过程中，该如何强化员工的责任承诺，确保员工始终围绕目标开展工作呢？彼得·德鲁克对这个问题的建议是，"给予员工必要的信息，推动员工基于信息反馈的自我管理"。

今天，外部环境变化很快，几乎所有工作都很难在年初全面规划清晰，或者不折不扣地按照年初既定的打法100%地执行。在执行过程中，组织需要不断应对内外部的变化，敏捷地做出调整。反映到业务领导者的日常行为上，主要通过定期的目标回顾会议和随时随地的反馈等方式开展。

1. 目标回顾会议

建立有规律的会议机制，对过去的表现和未来的行动计划进行周期性沟通，通常可以显著促进员工在目标执行过程中的责任履行。正如前文所述，业务领导者基于结果性目标规划了目标实现的路径，需要通过任务计划来履行。

如果没有定期的目标回顾会议，重要目标很快就会被日常事务所替代。如果缺乏对目标的持续回顾，员工就会"脚踩西瓜皮，滑到哪里算哪里"。

召开目标回顾会议，"事为先、人为重"。"事为先"意味着领导者既要跟进目标达成的进度，还要识别目标执行过程中的卡点与难点，协调资源加以解决；"人为重"意味着业务领导者需要通过对目标与执行的回顾和探讨，帮助员工提升专业知识技能，引导他们从高层次和新的视角思考，并给予他们精神层面的支持（如现场表扬）。

召开目标回顾会议必须遵守的基本原则是：定期召开，直接责任人到场，聚焦最有价值的目标。真正有价值的目标回顾会议不需要花费过长的时间，对一个 8~10 人规模的团队而言，每周花费 15~30 分钟即可。要想召开富有成效的目标回顾会议，业务领导者必须用心设计会议流程。

- 提前准备好目标回顾的相关资料。
- 先回顾上周的重点目标遗留问题，再开启本周的目标回顾。
- 请大家谈论自己所做的事情与团队核心目标之间的关系。
- 充分沟通目标和计划在推动过程中的堵点、所需要的资源支持等。
- 将会上的共识和决议落实成具体的工作计划，并加以推动。
- 策划与庆祝团队的阶段性成功。

2. 随时随地的反馈

很多员工都抱怨过这个问题：为什么要花时间和精力写周计划和月总结？最近几年，我们对这个问题有了一个新的觉察：问题并不在于编写计划和总结本身，而在于员工提交的周计划和月总结总是石沉大海，无论他们写得很细致还是糊弄事，上级领导者都没有任何反馈（无论是表扬还是批评指正）。久而久之，计划和总结工作就变成了"鸡肋"——员工感觉领导者创造了工作，却没有创造价值。

德鲁克在其著作中谈到员工"基于目标的自我管理"时，谈到了一个要点："每位管理者都应该具备评估自己绩效所需要的信息，而且应该及早收到这些信息，这样才能及时修正做法，以达到预定的目标。这些信息应该直接提供给管理者，而非他的上司；这类信息是自我控制的工具，而不是上级控制下属的工具。"[1]

今天由于信息收集、分析和整合的技术大幅进步，业务领导者获得这些信息的能力大幅提升，越来越专业的信息化手段可以让员工的绩效表现"实时在线"。工业制造企业会使用车间看板来向员工提供反馈，关于产品交付的质量、交期进度等信息一目了然；在零售行业，如互联网电商企业，来自电商平台的一系列实时更新的数据更是能够不断告诉员工自身的工作表现。

在正确的目标管理方式下，压力不是来源于业务领导者不断的督促，而是来源于员工自身的紧迫感。下面我们将通过如表 2-2 所示的某电商团队在线客服岗位的目标通晒表，向大家呈现如何通过科技手段给予员工自我管理所需的信息反馈。

> 某电商企业的在线客服岗位是承担着营销职能的重要窗口岗位，需要在线解答客户的各类问题，引导客户采买。这个团队人数众多，且业绩差异较大。该企业采用后台数据实时通晒的方式，有力地推动了员工对目标的承诺和履行。
>
> 该企业的具体做法如下。首先，明确作为一名合格的电商客服的核心目标（注意此处包含前面谈到的结果性目标和策略性目标）。其次，为每个目标方向树立公司的红线要求（就是员工必须达到的底线，如果低于此线，说明员工在相关工作方面需要加强）。最后，为每项指标建立基本排名，让员工了解自己在客服团队内部的实际表现。三步下来，让员工主动关注自己的目标承诺，压力来源于自己的实际表现和承诺目标之间的比对、自己的表现和团队的要求之间的对比。

---

[1] 彼得·德鲁克. 管理的实践[M]. 齐若兰，译. 北京：机械工业出版社，2018.

表 2-2　某电商团队在线客服岗位的目标通晒表

接待量(人)		30秒应答率(%)		响应时间(秒)		回复消息(条)		满意度(%)		邀评率(%)		咨询转化率(%)	
姓名	结果	姓名	结果	姓名	结果	姓名	结果	姓名	结果	姓名	结果	姓名	结果
张三	156	张三	100	张三	12.5	赵六	18.2	张三	100	李四	73.4	赵六	19.7
王五	138	李四	95	李四	13.6	张三	17.6	李四	100	张三	70.0	王五	17.5
李四	117	王五	95	王五	14.7	周七	15.1	周七	100	赵六	64.5	周七	16.0
周七	115	赵六	93	赵六	16.5	王五	14.0	赵六	99	王五	51.9	张三	15.8
赵六	113	周七	88	周七	18.2	李四	11.8	王五	97	周七	50.8	李四	13.4
标准	112	标准	90	标准	15	标准	15	标准	100	标准	60	标准	15.5

让工作中的目标进度可视化、实时在线化，可以促使员工时刻关心自己的目标，自主寻找差距，逐步建立数字背后的逻辑，最终强化员工的自我担责。当然，作为业务管理者，除了提供给员工自我管理的必要信息，还应该给予员工达成目标、克服障碍的有力支持。

回到上个案例，如果有一名在线客服的几项指标长期处于未达标状态，他的上级领导就会及时介入并提供支持与帮助。

例如，这名在线客服每天的接待量和 30 秒应答率都处在团队前列，但是平均回复消息数很多（回复的消息越多，说明越没能快速把握客户需求的要点），咨询转化率排在团队末尾。上级领导需要判断这名员工需要怎样的支持。接待量和 30 秒应答率排在团队前列，说明这名员工的工作态度没有大问题，他非常希望帮助客户解答问题。但是回复消息数很多和咨询转化率低说明该员工可能对产品知识掌握不足，或者在销售的成单技巧上有明显的短板。

作为上级领导，在快速发现了这名员工的绩效堵点之后，就需要给予他有力的支持。这位上级领导的实际做法是，请产品部门的伙伴向这名员工介绍产品知识，请资深销售人员向他传授营销的成单技巧，从而帮助他提升自身的能力，并达成业绩目标。

推动员工对目标、结果的责任承诺是一项双向持续沟通的过程，而非业务领导者单方面发号施令。在推动员工履行责任承诺时，业务领导者要看到员工并不是"完全理性的人"，他们或许有很多超出逻辑和理性的顾虑与担忧，这些潜在的抗拒因素必须由业务领导者加以破除，团队才能更好地拥抱目标与要求。

业务领导者在推动目标落地的过程中，需要主动关注员工的表现，持续提供及时的反馈，给予支持，扫除障碍。这样做既能有力地支持团队达成既定目标，又能促进团队成员的持续成长，最终实现事与人、产出与产能之间的平衡。

第三章

知人善任

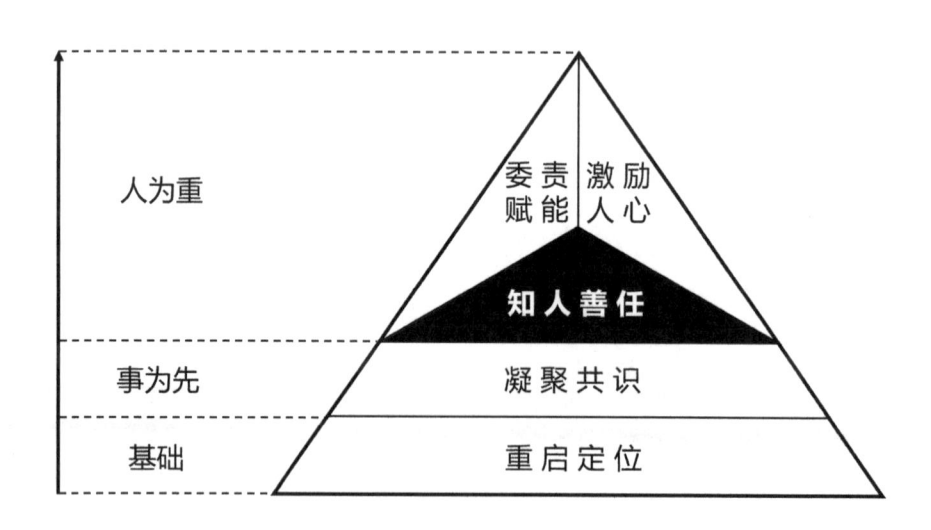

```
人为重 ── 委责/赋能 | 激励人心
          知人善任
事为先 ── 凝聚共识
基础 ── 重启定位
```

本章导引

挑选到合适的人才到底有多难？

一项全球范围内的调查显示，即使在企业内部提拔熟悉的人才，选拔成功率平均也只有35%。也就是说，企业每做出3个人事决策，仅有一个是成功的，一个是差强人意的，还有一个可能是完全失败的。

彼得·德鲁克在他的著作中不止一次谈到，"做出正确的人事决策，是掌控组织运转的最佳方式"。选拔合适的人才能够让企业的工作事半功倍；如果企业选错了人，就会付出15倍于员工工资的成本代价（包括企业为此支付的薪酬、解约的成本、造成的业务机会损失、给组织/部门带来的损失等），来收拾错误人才决策带来的烂摊子。[①]

挑选人才时需要遵循"事为先、人为重"的原则。"事为先"，意味着用什么样的人取决于企业的工作目标与任务要求；意味着精准、有效地判断人才的能力与特质，不仅依赖领导者的感觉，更重要的是了解和掌握人才曾经做过什么、怎么做的。而"人为重"意味着优先发挥员工的长处，为组织目标做出贡献。

优秀的业务领导者在选拔人才时都保持着以下几个良好的工作习惯。

- 仔细分析岗位的关键任务，提炼并设计职位标准，基于任务选拔人才。
- 选拔人才，"气味相投"很重要。
- 专注于团队成员的优势而非劣势，将团队建立在成员的优势之上。
- 选人要克服主观因素的影响，避免按照惯性和第一印象评估人才。
- 根据过去预测未来，精准识别考察对象的长处，识别优才。

[①] 杰夫·斯玛特，兰迪·斯特里特. 聘谁——用A级招聘法找到最合适的人[M]. 任月园，译. 深圳：海天出版社，2009.

业务领导者的人才管理

第一节　基于任务选拔人才

组织基于什么标准选拔人才？

有的业务领导者回答："公司有岗位说明书和任职资格说明。"可现实情况是，这些资料长久不变，外部竞争格局、业务打法、内部流程却在不断迭代，过去的标准很难衡量现在与未来需要的人才。

还有的业务领导者回答："依靠原有经验和感觉。"但是感觉很难被复制和传递。不同的人基于自己过往的经历来看同一个候选人，容易得出差异非常大的结论。

今天，要想选拔合适的人才，首先需要对岗位的任务、任务背后要达成的目标有清晰的界定，即基于任务选拔人才。

◆ **80%的用人失败是因为缺乏清晰的人才标准**

为什么一些看起来能力突出的人才在加入新公司后的实战中失败，而一些貌似不符合招聘条件的人却获得了巨大的成功？在 VUCA 时代，组织面临激烈的外部竞争和快速迭代的行业，无论从外部招聘人才还是从内部选拔人才，成功率往往都不太高。其中 80%的用人失败都是因为缺乏清晰的人才标准。

如果组织或团队层面缺乏统一的人才标准与要求，每位业务领导者都会追随自己选人、用人的习惯与标准。

- 有些业务领导者喜欢放宽标准，把人先用起来，继而用工作业绩"赛马"。
- 有些业务领导者喜欢选拔那些面面俱到的"全才"，哪怕没有合适的人才，也不愿放低或调整人才标准。
- 有些业务领导者喜欢表达意愿强、工作灵活度高的下属。

- 有些业务领导者喜欢踏实肯干、尽责性比较强的下属。
- 有些业务领导者"见才起意",总觉得"外来的和尚会念经"。
- 有些业务领导者坚持认为人才应从组织内部提拔,因为这些人才的思想同一性和文化契合度更好。

……

很明显,以上业务领导者选人、用人的标准或习惯不尽相同,有些标准甚至是相互对立的。必须承认,今天外部环境的快速变化,让人们在选拔人才时困难重重。例如,面对没有成熟经验可以借鉴的创新业务,到底按什么标准选人?企业在行业内已经处于顶尖地位,到底该如何选人?很多候选人的优点和缺点同样明显,该如何取舍?等等模糊的人才标准往往会让人才选拔工作走向两个极端:要么对人才求全责备,迟迟找不到合适的人才或错失优秀人才;要么找到一些有明显短板、特长也不够突出的候选人,这些人真正入职之后对组织的贡献极其有限。

坊间流传一个故事。几年前,字节跳动的HR发布的产品经理招聘信息中有这样一条要求:"具备5年以上互联网产品经验,具有日活跃用户数量千万级以上的产品规划和产品迭代实施经验。"

创始人张一鸣看到这条招聘要求后,非常生气,直接跟HR说:"按照这个要求,陈林(曾任字节跳动创新业务负责人)、张楠(曾任字节跳动CEO),我们公司一大批项目经理,一个都进不来,连我自己都进不来。别说日活跃用户数量千万级的产品了,他们加入本公司前,连百万级甚至十万级的产品也没做过。你们必须重新审视对人才的标准,让优秀的人才能够进得来!"

到底该如何建立清晰的人才标准?业务领导者需要回归到"事为先"视角,思考岗位和人才背后的工作要求。请每位业务领导者以团队中的某个核心岗位为模板,尝试回答以下问题。

- 为什么要在这个岗位上招人?

- 这个岗位为整个组织创造什么价值？
- 哪些价值代表了这个岗位的核心价值？
- 要创造××核心价值，需要完成哪些具体任务？
- 如何衡量这些任务的达成，从而衡量人才是否胜任？
- 具备何种技能、特质的人才能持续在这个岗位上创造卓越绩效？

如果业务领导者能够明确地回答以上问题，说明其对这个核心岗位的工作任务已经有了清晰的定位。这是明确岗位人才标准的基础。人才选拔的本质不是找到"最优秀的人才"，而是找到"最合适的人才"。所谓"合适"，最朴素的标准是：这个人才能够围绕组织期待的核心任务达成绩效目标。

只有优先明确岗位的关键任务要求，才能避免"面试提问原子弹，上岗之后拧螺丝""高射炮打蚊子"的现象，才能帮助业务领导者拓展选才范围，实现精准高效的人才选拔。

◆ 从关键任务到人才选拔标准

建立清晰的人才标准是提升招聘效率和效果的关键一步。建立清晰的人才标准，需要对岗位的工作职责、任务、绩效产出进行务实的梳理。当然，组织并不需要对所有的岗位都进行细致的梳理，而应该聚焦在那些任务可分析性高（有规律可循）和多技能应用、人才供应困难的关键岗位上。

对岗位要求的分析，可以遵照"业务打法—岗位任务—能力标准"的思路推导。具体而言，可以通过以下4步开展。

第一步，基于岗位所属职能及工作流程，快速定义岗位的关键任务。

第二步，将关键任务按节点拆分，明确节点核心工作。

第三步，描述各节点核心工作的成果衡量标准。

第四步，识别出节点核心工作的常见工作场景。

其中，工作场景的梳理要注意划分不同的段位和难易度。因为对于一些工作场景，伴随着经验、能力的积累，员工的应对能力会快速提升；对于另一些工作场景，员工的应对能力提升得更缓慢一些，应对这些工作场景的差异，正是区别普通人才和高绩效人才的关键。

下面我们将展示某电商企业运营岗位如何通过"业务打法—岗位任务—能力标准"的逻辑方法，界定清晰的岗位人才标准。该企业运营岗位的核心工作及成果衡量标准如表 3-1 所示。

表 3-1 某电商企业运营岗位的核心工作及成果衡量标准

节点	核心工作	成果衡量标准
项目评审	完成市场分析	通过评审： 1）决定商品能不能做 2）评估商品未来的业绩表现（中长期） 3）明确运营模式与打法 4）供应链评估
完成商品上线	解决商品上线的障碍，确保商品如期上线	商品如期上线： 1）准时上线 2）库存准备和物流确认 3）4P 策略优化
达成预期目标（销售/排名）	优化流量与销售转化率	爆款打造： 1）达成预期运营计划 2）明确商品定位和上升空间 3）单品促销及销售激励政策
维持平台的销售/排名	商品改善迭代，设计竞品策略	稳固运营： 1）控制库存红线，设置周转率 2）竞品与新品数据监控和应对 3）销售额与利润的持续稳定

下面抽取"达成预期目标（销售/排名）"节点来进一步提炼其核心工作场景，如表 3-2 所示。

表 3-2 某电商企业运营岗位核心工作场景清单

阶段	运营爆发期
节点	达成预期目标（销售/排名）
核心工作	优化流量与销售转化率
成果衡量标准	爆款打造： 1）达成预期运营计划 2）明确商品定位和上升空间 3）单品促销及销售激励政策
核心工作场景	1）销量分析与市场关注 2）品质监控 3）库存管理（断货预防与滞销处理） 4）文字描述优化 5）图片优化（图片、视频） 6）客户反馈获取和维护 7）新流量渠道拓展 8）促销活动策划 9）站内/站外广告效率优化 10）搜索流量优化（关键字排名）

业务领导者明确了核心工作场景之后，需要将核心工作场景转化为人才选拔标准。要完成一项复杂的任务，常常需要员工综合运用多项知识、技能，也需要调动其原有的相关经验。鉴于此，我们将基于"销量分析与市场关注"和"文字描述优化"两项核心工作场景来分析该电商企业运营岗位的人才选拔标准，如表 3-3 所示。

表 3-3 某电商企业运营岗位两项核心工作场景的人才选拔标准

人才标准维度	工作场景	
	销量分析与市场关注	文字描述优化
知识和经验	1）日常销售淡旺节奏（销量爆发点） 2）影响销售的常规因素 3）各种因素变化对销量的影响趋势	1）产品知识（目标人群、功能/长处/益处） 2）产品与客户接触的全触点过程

续表

人才标准维度	工作场景	
	销量分析与市场关注	文字描述优化
技能	需要基于各种影响因素综合进行销量预测	1）理解客户触点场景（消费/使用过程） 2）选择对客户有吸引力的文字描述
潜质	分析性思维	同理心
个性特质	压力容忍度（经营压力）	成就动机

看到以上复杂的分析过程，很多业务领导者可能会望而却步，甚至寄希望于人力资源部门的专业人士全权负责。这其实是业务领导者在人才选拔工作中最大的误区。因为业务领导者最清楚岗位的定位、打法、流程。同时，梳理清楚这些人才标准不仅可以帮助业务领导者选拔人才，还可以为人才培养和发展提供标准。对标准的探讨，不仅能提高人才选拔的效率（减少人力资源部门对无效候选人的推荐和面试所花费的额外精力），还能避免用错人带来的高昂成本。因此，业务领导者在工作任务和人才标准梳理上花费的时间完全值得，也非常有必要。

◆ **人才选拔标准需要排序和持续校准**

基于前文的分析，业务领导者可能跃跃欲试，想勾勒出关键岗位的人才选拔标准。基于任务分析，业务领导者可能会提炼出众多选拔标准，涵盖方方面面，如果对这些标准不加甄选就应用在人才选拔领域，无异于在招聘"超人"。

很多部门之所以招不到合适的人才，不仅是因为人才标准不清晰，还可能是因为其对人才的要求过多、过全。大量经验表明，标准越聚焦，选拔越精准。聚焦就意味着有选择地舍弃，对任务的重要程度进行排序，分清哪些任务是岗位的核心价值，必须实现，哪些是锦上添花。在选拔标准层面，要分清哪些技能对完成工作来说是无可替代的，哪些技能可以通过团队协作或

业务领导者的人才管理

短期训练得到快速提升。对于后者，可以将标准适度放宽。

只按照经验、感觉总结的人才选拔标准通常是不可靠的。人才选拔标准需要根据日常观察和实际应用情况不断校准和刷新。

某消费品公司的客服呼叫中心人才流动大，业绩水平持续波动。客服总监一直以来抱怨公司招聘团队渠道狭窄，总是招聘不到合适的人才。后来经过内部多部门沟通、分析确定，最重要的问题在于公司的人才选拔标准出现了偏差。

客服总监基于自己过往的经历执拗地认为，作为客服人员需要有较强的表达能力和应变能力，从而应对各类挑剔的客户。公司以此标准招聘客服人员，客服人员的流动性极高，同时客诉率也居高不下。为此，总部委派专家团队介入观察并分析，希望找到那些能够长久在客服岗位服务并真正高效帮助客户解决实际问题的客服人员到底具备哪些特质。

研究的结果完全颠覆了客服总监之前的观念。他们发现：表达意愿高、表达技巧强并不是客服人员必须具备的特质。表达意愿高、表达技巧强的客服人员往往容易发散思考，并带着强烈的主观判断，较少耐心地倾听客户的需要。当遇到困难和压力时，他们的灵活性又给客服工作带来了新的隐患，他们甚至会为了息事宁人，给予客户不切实际的期望与承诺。

研究还发现，能够长期在客服岗位安心工作并持续输出稳定绩效的客服人员最重要的品质是耐心和同理心。在表达方面，只要严格按照公司的既定规则和话术执行，都能顺利应对。客服人员真正要做的是倾听客户的抱怨，分析并理解他们产生抱怨的原因，帮助他们持续跟进问题的解决等。

在上述案例中，这家消费品公司在客服人员的招聘方面"一刀切"的标准，导致公司的人才招聘和保留工作都非常艰难。在将客服人员的招聘标准转换为基础特质之后，不仅拓宽了该公司客服人员人才供应的渠道，并且大幅提升了客服人员的保留率。

后来，这家公司更进一步，建立了一支"银发"客服团队：公司招聘了一些声音甜美、具有耐心和同理心的中年女性担任客服人员。这支"银发"团队不仅服务品质高，稳定性也超过了部分年轻团队。

最后需要提醒业务领导者的是：人才标准不能一劳永逸，需要根据任务的变化持续迭代。在 VUCA 时代，外部市场环境持续变化，商业模式、打法也持续迭代，甚至相同名称的岗位在不同情境下也会面临任务端的巨大差别。

> 在房地产物业板块，物业项目经理是被普遍认可的关键岗位。某房地产公司原来对物业项目经理的定位是搞好业主关系。在该岗位的成功标准中，业主的满意度占很大的权重。有热情、有耐心、有同理心、沟通能力强是当时选拔物业项目经理的关键人才标准。
>
> 但是，随着市场环境的变化，人们对物业项目经理的要求发生了变化。房地产公司希望每个物业项目都成为经营主体，每个物业项目都需要对利润负责。因此，物业项目经理过往的能力标准必须辩证地使用，那些业主满意度高的物业项目经理可能存在不计成本地服务客户的情况。面向未来，应将物业项目经理的经营思维、成本思维融入新的人才标准之中。

综合来看，要想选拔合适的人才，首先应该确保"事为先"的准则——厘清关键任务与成功标准。然后基于关键任务与成功标准落实岗位的人才标准——岗位从业人员必须具备怎样的知识、技能、潜质和个性特质。只有这样才能更好地达成业务目标。对于梳理出的人才标准，首先需要聚焦，然后需要根据任务的变化持续迭代。只有这样，才能保证人才的精准选拔。

第二节　选拔人才，"气味相投"很重要

正如前文所述，人才选拔工作的本质是找到"最合适的人"，而不一定是"最优秀的人"。衡量一个人才是否合适，不仅取决于他本人的知识、技能和个性特质，还取决于他的价值观念、思维方式、工作方式与组织之间的匹配程度。

能力很强、过往经验丰富的优秀员工，来到新公司、新团队或新岗位，也可能会面临水土不服、业绩不佳、能力无法施展的情况。

本节，我们将和领导者探讨如何识别组织与人才的"味道"，为组织选择"气味相投"的人才。

◆ "失败"的一跳

在外企工作多年且绩效良好的销售团队主管小苗跳槽去了一家国内同行企业，从事销售团队管理工作，个人业绩卓越。基于自己多年在外企的工作习惯，当业务稳定之后，小苗就开始大刀阔斧地进行销售团队的优化整合。

其间，小苗通过邮件、会议及单独沟通等形式与配合部门和销售团队中的绩劣人员进行沟通。特别是对"自负"惯了的市场部门，小苗直接将流程和配合方面的问题放到桌面上，主动给出调整建议。大家都觉得这个"空降兵"就是一个"捅马蜂窝"的，尽管业绩尚可，但这样的变革显得过于激进。

小苗的领导也善意地提醒她不要锋芒太露，有些事情欲速则不达。小苗却反驳道："我的职责是把业务做好，不是借这个平台拉帮结派。同事面子固然重要，但绝不能因此姑息包庇，睁一只眼闭一只眼，这样的友爱看似融洽，实则可悲。"

第三章 知人善任

从此领导三缄其口，其他部门的主动配合也越来越少，阻碍却逐渐增多。尽管小苗的绩效一直很优秀，但她感觉这家企业的工作氛围不符合自己的价值观，很多工作的磨合成本巨大，她也无力影响与改变身边的同事和领导，最终选择离职。

组织在进行人才选拔时，经常会出现"你的草是我的宝"的情况，或者在原公司/岗位有各种光环的明星员工或业务领导者，到了新公司/新岗位却"不过尔尔"。

同样的人才，放在不同的组织中，为什么会产生如此大的反差？真的是候选人的专业能力不够吗？更多时候问题在于工作习惯、思维方式和文化价值观念层面的巨大鸿沟。如果员工与组织在这些方面存在根本性差异，工作就会产生激烈的摩擦，从而导致进展困难。据全球领先的人才猎头机构亿康先达的一项研究，"空降兵"中大约只有1/4的人能够比较好地融入组织或获得上级的支持。[1]

◆ **选拔"气味不对"的人才，组织和个人会相互伤害**

组织文化是一个意义共享系统，它表达了大多数组织成员公认的核心价值。在上面的案例中，小苗带有明显的外企工作习惯和文化底色，如对事不对人、责任边界清晰、邮件沟通方式等。但是很明显，新公司的业务领导者和员工习惯了相互顾及颜面、温和地对待问题等。这些方式本身没有必然的对错之分，但会在很大程度上影响新人的融入和团队对新人的评价。

文化价值观的差异无处不在，即使在同行业的竞争对手之间，也可能存在巨大的文化价值观差异。例如，华为提倡"以奋斗者为本"，通过组织能力、流程体系和相互协作推动目标达成；相比而言，中兴通讯的文化表面看很内敛，却默默地拼命使劲，鼓励打造全能型人才。

---

[1] 费罗迪. 关键人才决策[M]. 徐胜宇，康至军，译. 北京：机械工业出版社，2004.

业务领导者的人才管理

再如，智联招聘和前程无忧这两个大家广为熟悉的招聘平台，文化气质也有很大的差异。智联招聘更加强调结果，过程和手段允许"各显神通"；而前程无忧对过程的管理极为规范细致，该企业的信条是"过程做到位，结果不会太差"。

文化价值观就像组织的气味，如果你误将与组织气味不同的人招了进来或安排在关键岗位，会出现什么状况呢？

一家装备制造企业，老板特别崇尚华为的管理模式，高薪聘请了多位具备华为工作背景的专业管理人才，希望这些空降人才能够一举改善公司薄弱的基础管理现状。

随着工作的深入，空降兵们普遍感受到公司都是围着老板转，各部门都只对一把手负责，相互不担责，所有工作都不是按照体系、制度运转的，出现问题时大家也都习惯交给高层评判，很少人愿意真实地表达与决策层不同的意见……

其间，尽管空降兵们做出了大量的努力，希望可以帮助组织建立一套科学的运转体系，但在组织过于强大的惯性面前，他们收效甚微。老板在这个过程中，尽管给予了空降兵们很多资源上的支持，但也不断在空降兵与元老之间寻求平衡，一方面大力推动流程、标准的优化，另一方面又陷入对组织进行绝对管控的惯性。很多变革的建议、方案在执行过程中一旦受阻，就很容易被束之高阁。

于是空降兵们也呈现出不同的状态：有些人各种不适应，感觉处处受制，有力使不出，愤然离职；有些人逐渐被企业元老同化，失去棱角，迟迟打不开局面……

凯文·凯利（Kevin Kelly）在其著作《失控》（*Out of Control*）一书中提出了鲜明的观点："我们往往过分关注了人本身，而忽略了人和环境的互动。"同样，管理学大师戴明博士有句话影响了整个日本企业界："员工是在系统当中工作，业务领导者是在系统之上工作。"就是说，如果工作结果不理想，业务领导者需要优先思考的是系统（包括组织、流程及文化等），而不是把矛头指向个体的能力与动力。

选拔并任用"气味不对"的员工，团队就容易出现内部冲突。当然，建设性冲突有利于组织创新，但是文化价值观上的差异带来的往往是破坏性冲突，它会打乱团队的节奏，甚至会影响团队的气氛，增加磨合和试错成本。对候选人而言，如果其新加入的团队的"气味"和自己完全不一致，那么他需要花费更大的精力融入。一旦融入效果不佳，就会对其职业发展产生负面影响。

大量的实践表明，什么样的文化就会吸引什么样的人才，同样，什么样的文化也会塑造什么样的人才。团队要想百花齐放，需要团队成员能力互补，但价值观最好趋同。除非组织面临重大变革，需要引入价值观差异明显的新成员，发挥鲇鱼效应，激活原有团队，大多数情形下，只有当新成员在价值观上与团队趋同时，才能更好地融入团队，快速发挥价值。

◆ 识别你团队独一无二的"气味"

时至今日，中国的人才市场正在发生一些潜移默化的变化，最显著的变化莫过于：从企业找到合适的人才转变为员工挑选一份自己喜欢的工作。优秀的候选人从不缺乏工作机会。

本质上，企业的人才争夺战，是找到并吸引对企业感兴趣、认同且愿意投入的员工。特别是对高速扩张的企业来说，找到"气味相投"的人才，能够最大限度地加速新老融合，避免企业文化被稀释，也更容易实现新人的价值。

企业要做好人才吸引工作，就必须优先识别自身团队的独特"气味"。

- 自己处在什么样的行业。
- 面对怎样的客户。
- 团队有一群什么样的员工。

- 团队崇尚什么样的价值观，反对什么样的价值观。
- 与其他企业或团队有什么不同之处。

企业体制机制是影响"气味"的第一个关键因素。例如，一个人大学毕业之后一直在外企（特别是欧美国家外企）工作，现在他面临职业生涯的第一次调整——跨入民营企业，此时文化契合度可能是影响他在该民营企业发挥能力的关键因素。很多想当然的事情或已经成为工作惯性的事情，在新企业可能完全是另一番做法。这种情况一旦出现，就会严重阻碍个人能力的发挥。

为了说明组织"气味"的差异对员工的影响，我们用表3-4对成熟的外企和快速成长的民企做了"气味"对比。对于从外企加入民企或从民企加入外企的团队新成员，业务领导者尤其要关注这些细节上的差异。如果没有一位好领导帮助新成员在这些细节上做好"转身"，即便这位新成员有超强的学习和自我调整能力，其与团队的磨合成本也会大大提高。

表3-4　成熟的外企和快速成长的民企的部分"气味"差异

成熟的外企	快速成长的民企
分工细致	有大量的中间地带
流程清晰	边打边调
产出明确	需要自己找活干，证明自己的价值
依靠体系运转，相互担责	靠能人协调，单线向领导负责
邮件文化	面对面交流，开会解决问题

企业发展阶段是影响"气味"的第二个关键因素。快速成长的企业看重开辟新市场，实现订单需求的快速增长，对于高层次人才的灵活性、市场敏锐度、业务拓展能力要求很高，同时需要人才认同敏捷的价值观，愿意接受并拥抱变化。稳定发展的成熟企业，往往更加看重高净值客户的获取、运营效率的提升，对高层次人才的战略格局、综合运营能力（提升运营效率）、风控能力更加关注，要求人才具备聚焦的核心价值观。

企业在通过展示团队独特"气味"吸引人才的时候，需要注意不要过分美化自己。很多时候，业务领导者在面试候选人时会夸大企业的优点，而对潜在问题避而不谈，这样做很有可能误导候选人。特别是对新生代员工来说，当他们踏上工作岗位，感觉到现实与预期之间有巨大的落差，常常会义无反顾地离职，并且会把这段不开心的经历广为传播。

因此，在传播组织"气味"的时候，不能报喜不报忧，业务领导者需要将可能遇到的困难、需要注意的事项在面试中提前告知候选人，甚至征求候选人的想法。尽管这样可能会"吓跑"一部分候选人，但是也更有利于吸引与组织气味相投的人才。毕竟招到不合适的人才，对组织而言成本更高。

◆ 如何识别人才个体的"气味"

在招聘或选拔时，闻一闻候选人的"味道"与组织的味道是否相同，会给后续工作减少麻烦。马云曾经对阿里巴巴集团的全体员工说："我认为我们面临两种考验：诱惑面前挡不挡得住，灾难面前挺不挺得住。这是对价值观的考验，只有通过了这个考验，才真正叫价值观。"

每个人都有自己的思维习惯、工作方法、价值主张等"气味"特性。从本质上讲，没有所谓"正确的气味"。但是，人们总会觉得有一种"正确的气味"，那就是他们自己的"气味"。如果面试官不能了解候选人的真实"气味"，将其安排在与其"气味"不一致的环境中，就会为人才选拔的失败埋下伏笔。

例如，一个发散思维倾向强的人才，喜欢提出新的想法。如果他加入了一个以务实著称的团队，领导对他的诸多想法感到不耐烦，希望他能够快速出结果，双方很快就会有挫败感，关系可能也会变得紧张起来。

到底如何才能识别出人才独特的"气味"呢？

首先业务领导者要认识到，"气味"和能力不是一回事。"气味"是一种习惯，是一个人遇到一件事情时的本能反应。而能力可以在一定程度上弥补或掩盖一个人的"气味"。在外部环境压力宽松的时候，你可能觉察不到两

业务领导者的人才管理

个人"气味"的差异，但在有压力、挑战、威胁的环境下，这种气味往往会显露无遗。

一家企业在考察财务人员的时候提出了一个挑战性问题："如果今天你在公司担任财务审计岗位，你的责任是到下属各分/子公司日常做内控检查，发现问题，向分/子公司的总经理发出问题整改，并将对方的意见和处理结果带回总部。但是有一次，你遇到一个'刺头'子公司总经理，你发现了一个重大的风险项，并要求他在整改单上签字，但是他拒不签字，这意味着你的工作无法结束，该怎么办？"99%的人会回答："坚持我自己的意见，按照原则办事。"本质上，在面试中这样的回答最保险，但是无法真正识别出一个人的"气味"。因此，该企业给回答者施压："如果你坚持意见，他拒不签字，这项工作就没法结束，你也面临失职，该怎么办？"

这个时候，你会发现答案开始多元化。有些人说："那我可能会再认真审查一下，看看他说的是否也有道理，或者我是否忽略了一些重要的细节或有差错。"有些人可能会这样说："如果是这样，那我肯定要第一时间和我的领导商量如何应对。"还有一些人则坚持自己的审计结果没问题："我就天天堵门，和这个子公司总经理摆事实讲道理。"还有一些答案很有趣："我要请这个子公司总经理吃饭喝酒，然后和他交心窝子聊聊，看看他的顾虑是什么，帮他想办法解决问题。"

你看，不同的答案背后，是否代表了人才的"气味"差异？给出第一种答案的人，有一定的自省习惯；给出第二种答案的人，有借助外力影响他人的思维习惯；给出第三种答案的人，特别执着、坚持；给出第四种答案的人，人际敏感度相对更强。

记住，"气味"本质没有好坏之分，但是从与组织价值观和岗位要求结合来看，有些"气味"对组织工作具有促进作用，有些则会成为组织成功路上的绊脚石。通过表 3-5 所示的个人"气味"特征考察表，我们发现具备"A面"或"B面"特征的人都可能具有一些典型的行为倾向，更加适合某类型的工作岗位。

表 3-5 个人"气味"特征考察表

分析维度	分析项目	"气味"特征：A 面	"气味"特征：B 面
工作	深度-广度	关注解决问题（为什么没完成，哪些方面失败了）	关注抓住机会（做成了什么，机会在哪儿）
	全局-局部	关注大局	关注细节
	合规性	喜欢框架需求（规则和例行工作，减少意外）	喜欢不确定（减少规则和限制）
	知行性	先分析再行动（在行动前研究各种可能性）	先行动再调整（先行动，收集数据，快速调整）
思维	思考习惯	发散式思考（提出新选择，扩展考虑的内容）	聚焦式思考（减少选项，快速推动解决方案）
	理性-感性	注意逻辑和理性（事实、数据）	相信直觉（直觉、预感）
	风险偏好	喜欢冒险（不怕失败，尝试新方法）	喜欢稳健（谨慎,喜欢"久经考验"的东西）
人际	情感连接	人际关系导向（有时牺牲任务以维护感情）	任务成果导向（强调任务结果而非感情）
	进取性	寻求、重视、鼓励冲突和分歧	避免、抑制冲突和分歧
	竞合偏好	竞争性（个人英雄主义）	合作性（寻求双赢结果）
	影响倾向	喜欢掌控局面（确定方向、拍板、自主性）	喜欢他人掌控局面（由他人定方向、执行决定）
	乐群性	喜欢独立工作	喜欢和他人合作

当然，组织与个体之间"气味"的差异是一种常态。表 3-5 中的"气味"特征大部分都可以通过后天的知识技能补充而被影响，绝大多数职场人士也会尝试拓展自己的"气味"特征（工作风格），以更好地匹配组织"气味"，最终提升自己在组织中的影响力。

推动人才与组织"气味相投",是"人为重"的准则在人才选拔中的应用。这意味着业务领导者一方面要在人才选拔过程中对员工和组织的"味道"加以识别与匹配,向候选人坦诚分享组织的"味道",以帮助他们做出正确的选择;另一方面要投入精力让新员工理解组织的独特"气味",且越早越好,帮助他们看到自己与组织"气味"的差异,更好地融入新角色和新团队。

第三节　将团队建立在成员的长处之上

寸有所长,尺有所短。大家都知道:没有完美的个人,只有完美的团队。业务领导者需要聚焦任务,将团队建立在成员的长处之上。

很多时候,业务领导者会反馈说:"确实需要用人所长,但工作任务还是需要达成的,如果员工只能完成工作中他们擅长的部分,那不擅长的部分交给谁去干?长此以往会不会形成挑肥拣瘦的氛围?"

其实,用人所长并不是一个"二选一"的策略,它需要和团队协同组合起来。分工的逻辑就是将团队建立在每个团队成员的长处之上,从而提升组织和团队的效率。同样,对业务领导者而言,关键是基于任务的有效拆分,选择各具长处的团队成员组合成团队去实现高绩效。

◆ 聚焦任务,用人所长

进入企业的新人或被提拔到更高岗位的人才,如果迟迟不能胜任岗位工作,未能创造出预期价值,原因到底是企业在人才选拔时考察不周还是人才上岗后对其使用不当?为什么有些企业人才辈出,另一些企业却只能依靠业务领导者拖着团队艰难地前行?前面我们谈到基于关键任务选拔人才,这需要业务领导者抑制住对人才求全责备的想法,转而关注人才的特质、能力与关键任务的匹配程度,只有这样才能让人才涌现。

第二次世界大战期间,日本偷袭珍珠港,美国全面参战。当时

第三章 知人善任

马歇尔将军临危受命，担任美国陆军总参谋长。上任前，他对陆军师级以上干部进行了一次盘点，发现绝大部分美国陆军将领都超过了退休年龄。因此，马歇尔上任后的第一件事，就是亲自挑选并破格提升4 088名年轻军官。一时间军中一片哗然，因为接班的年轻将领既没有作战经历，也欠缺指挥大部队的经验。但马歇尔坚定不移。战争结果证明，这批年轻将领为盟军取得第二次世界大战的胜利立下了赫赫战功，当然，他们之中并非个个都出类拔萃，但的确没有出过明显失败的案例。

起初，很多人对马歇尔的人才任用方式颇有微词，有人到罗斯福总统面前告状："马歇尔经常把师级干部在不同部队中频繁调换，将军们在某个部队刚刚熟悉几个月，又被调任到其他部队，不利于部队发挥战斗力。"越来越多的人向罗斯福总统抱怨，罗斯福总统找到马歇尔，与其探讨这个问题（进行一次面谈）。

马歇尔讲了一段在美国军事史上非常著名的话："今天我们在任用部队指挥官的时候，最重要的是明确他们的核心任务。在我看来，部队存在3种任务状态。

"第一种状态针对预备役部队，核心任务是搞训练，所以我往往选拔的是那些特别严格、教导有方的指挥官，尽管这些人有时候脾气暴躁、酗酒，甚至会鞭挞士兵，但是他们能够用最短的时间把新兵培养成职业军人。

"第二种状态针对钉子部队，需要在几点几分之前将敌人阻击在阵地或把军旗插上敌人的山头。对于这样的部队指挥官，我最看重的特质是坚定的意志、临场指挥的战术能力，并敢于拍板决策，从而能够抓住转瞬即逝的战机。

"第三种状态针对被'打残'了的部队。作为部队指挥官，最重要的任务是鼓舞团队士气，补充兵源，再次冲往前线战场。

"如果选拔部队指挥官时面面俱到，这个将领看似没有任何缺点，实则没有明显的长处，一旦面对各项艰难的任务，结果就会走向平庸。"

用人所长，天下无不可用之人；用人所短，天下无可用之人。

◆ **从业务盘点到人才盘点：关注员工能干什么**

面对陌生的环境或管理全新的业务与团队，大多数业务领导者的第一反应是对业务进行盘点，如明确上级领导的期待、制定业务的成功标准、评估现状和理想之间的差距、找到目标实现的路径，却很少花费时间去深入了解完成这些任务的人（团队成员），如他们各自有什么长处与短板、有什么职业期待、喜欢和什么样的人共事、最期待的奖励是什么……

基于知名领导力鉴评专家风里（李峰）老师的研究，与工作高度相关的个体差异主要体现在职业价值观、性格和能力上。业务领导者要想充分了解员工，就需要花时间与他们交流或共事，对员工的个体差异进行反复衡量。在人才盘点的过程中，有五大难题需要解决。

- 区分集体成就中的个人贡献。例如，3 名员工共事，最终工作完成得很漂亮。但不一定 3 个人都有突出贡献，可能有一个是偷懒的，一个是帮倒忙的，还有一个是力挽狂澜的。尽管分清贡献本身很难，但业务领导者还是需要小心求证与探查。
- 区分风格与能力。风格代表了个人工作的习惯和方式，而能力决定了能不能把事情做到位。例如，凡事爱表达自己的观点和想法，这是风格；表达清晰，说话到位，这是能力。两者要区分开。
- 区分业绩与能力。很多业务领导者都有这样的困惑：判断一个人是否有能力，不看业绩看什么？不出业绩，能力有啥用？但是，业绩是受能力因素和外部因素共同影响的。对于能力一般但业绩很好的员工，要做归因分析，找到支撑其业绩的真实原因。对于能力突出但业绩欠佳的员工，要给予诊断、支持，帮助他们看到业绩突破的瓶颈和盲区。
- 区分能力的种类和高低。人与人之间的天赋差异很大，这种天赋上的差异会影响员工能力习得的难易度和速度（有些天赋上的差异甚至无法通过后天的努力来弥补）。优秀的业务领导者要能识别团队成员能做什么、不能做什么。例如，销售冠军不一定都能成为好的管理者，而团队业绩卓越的管理者不一定都能成为销售冠军。
- 区分能力和动力。能力通常是显性的，而动力通常是隐性的。如果员工业绩不佳，应先排除外部的环境影响，再分析原因到底是在能力方面还是在动力方面。

业务领导者需要投入时间来摸清手中的牌：团队成员的优劣势。这就需要关注下属"应该做什么"，以及"能做什么"；同时在思考目标达成的过程中有效地将团队成员的优势与任务匹配起来。在实际用人的过程中，业务领导者往往由于没有匹配团队成员的优势，导致团队成员无法发挥出最好的状态。于是业务领导者就容易判断团队成员能力不足，从而走上"改造员工"的错误道路。

一家餐饮连锁企业的人力资源总监分享了自己企业的做法。该企业内部非常重视业务领导者的任用和培养，每年都会推动每位业务领导者进行360度评估，帮助其获取全面和重复的信息反馈，针对每位业务领导者的能力素质短板制订个人成长计划，不仅包括个人的学习改进内容，还包括组织层面给予赋能支持的内容。

但是，几年下来，绝大多数业务领导者在各自的能力素质短板上并没有取得长足的进步，即使部分业务领导者有了些许提升，也没有在绩效层面得以明显体现。甚至有些业务领导者对每年的360度评估产生了反感和抵触情绪，总觉得自己是一个被人在显微镜下观察的病人，而部门直线领导、人力资源部非常"喜欢"看到大家暴露的各类问题，对"开方子抓药"乐此不疲。

由于收效不佳，业务负责人和人力资源部共同对方案做出了调整：每年度的360度评估继续做，但是把重点放在那些高分的长处区间，并且观察这些长处为团队带来的绩效，同时鼓励那些业绩出色的业务领导者在更多的团队中分享他们的成功经验。当然对业务领导者那些已经明显阻碍组织绩效达成的短板，也及时给予反馈，更多的是让业务领导者自主调整。自从人力资源部将360度评估更多地聚焦长处之后，一举扭转了这项人才发展项目的结果。

该案例中的结果与国外的一份研究结果不谋而合。该研究面向数十位行业顶尖的成功企业家，研究者们先抛出一系列他们认为能领导组织走向成功的个人能力素质，然后评估各位企业家在这一系列素质中的集中程度。结果让研究者们有些失望，因为在绝大部分素质项上，企业家们都非常发散。可喜的是，在这些离散的项目中，研究者们还是发现了一些规律。

- 顶尖的企业家都是优点非常突出、缺点也极为明显的人。
- 绝大多数顶尖的企业家总是在 2~3 项素质上远高于常人，他们非常善于将自己的长处发挥到极致，这恰恰是他们成功的原因。

◆ **识别并发挥员工的长处**

彼得·德鲁克一生都在关注如何让平凡的人做非凡的事，最后他的觉察是：发挥人的长处。他认为"唯有依靠长处，才能实现卓越。大多数人穷尽一生去弥补自己的劣势，却不知从无能提升到平庸所付出的精力，远远超过从优秀提升到卓越所付出的努力"。

为了强调这一点，德鲁克甚至在《管理的实践》一书中举了一个"极端"的例子。残疾人工厂的招工广告是："不要告诉我们你不能做什么，我们只关心你能做什么。"简简单单的一句话，却发人深省。[1]

---

[1] 彼得·德鲁克. 管理的实践（珍藏版）[M]. 齐若兰，译. 北京：机械工业出版社，2009.

第三章　知人善任

大多数比较糟糕的管理工作都是以员工的短板为中心的（可能管理者自己并不这么想，但他们实际就是这么干的）：选人时求全责备，用人时忙着补短板。到处都是平庸的团队。管理团队的基础就是尊重和接纳一个事实：人无完人。

业务领导者时常会抱怨："用人所长的道理我认可，但是今天我的团队很多时候都不是自己选择的，我必须带着这群'歪瓜裂枣'完成各项很有挑战性的工作。你说的用人所长会不会过于理想了？"

所有的业务领导者都希望团队内都是熟手甚至天才，但这样的人才永远是稀缺的，供应也不稳定。把宝都押在这样的人才身上，一旦人才流失了，组织将很难持续下去。用人所长，不是一味迁就或在其他方面放低要求，而是面向关键任务，找到那些对此抱有热情且更容易成功的执行者。

用人所长，最难的第一步是识人所长。每位员工，无论其业绩优劣，都有擅长和不擅长的领域。这就需要业务领导者对下属充满兴趣，花时间观察并探究下属的状态，聚焦其长处领域。例如，业务领导者可以从以下几个方面观察下属。

- 在做哪些工作之前，他就已经充满了期待。
- 在执行哪些类型的工作时，他会感到很充实、高效。
- 在哪些事情上，他的求知欲很强，非常专注。
- 做完什么事情之后，他会很有成就感。

用人所长，是指让员工的长处和工作的要求、完成工作的方式更好地匹配起来。用人所长，意味着业务领导者需要开展以下工作。

1. 让员工了解自己的长处，并提醒他们天赋可能带来的"盲点"

例如，面对一位责任心超强的员工，业务领导者要提醒他：太强的责任心会给身边的队友带来拘束和压力，因为如果太想把事情做成，就容易"手伸得太长"或"种了别家的地，荒了自家的田"。这些员工往往自己并没有意识到这一点。

2. 识别如何帮助员工发挥长处

鼓励员工利用自己的长处做出新的尝试，并策划小小的成功，激励员工发挥长处。很多时候员工并没有体验过通过发挥自己独特的长处完成新任务的愉悦，面对一些新的任务挑战，他们可能有所畏惧。这个时候需要业务领导者帮助他们走出第一步，让他们看到自己的长处带来的成功。在表3-6中，我们以责任心为例，说明要想发挥员工的长处，不能只看到他们才干的优势，也必须看到他们才干的盲点，从而基于员工的长处安排适合他们的工作。

表3-6　发挥人才的长处（以责任心为例）

才干：责任	
关键词：诚信、勉力	
典型行为： 1. 言而有信，言出必行，使命必达 2. 以自身工作的高质量为豪	才干盲点： 1. 种了别家的田，荒了自家的地 2. 多任务处理的能力 3. 风险抗拒
任用建议： 1. 让他担任团队中需要严格遵守道德规范的工作。 2. 不要给他安排降低工作品质的赶工任务。 3. 定期询问他愿意承担哪些新责任，他能从自愿承担的新责任中获得动力。 4. 他做事积极主动，不需要监督就能完成分配给他的工作，因此应尽量避免对他使用过于微观的管理方式。	

3. 给予机会，开发/巩固员工的长处

业务领导者在发挥员工的长处时，总是考虑事为先：做这件事对团队而言是否更容易出成果或效率更高。但在巩固员工的长处时，也要观察员工自身的动力。例如，某位员工的文字表达能力很强，于是领导将部门内上行下传的文书、报告工作都安排给他；某位员工比较外向灵活，结果部门领导在所有的应酬活动中都将其带上……这些看似发挥了员工的长处，实则没能站在员工动力的视角，违背了"人为重"的准则。业务领导者还需要关注的一点是，员工在发挥长处完成工作的同时，能否获得成就感和愉悦感。如果员

工在发挥长处的同时，给自己带来了不快或与自己的期许有很大的背离，业务领导者必须坚决调整其工作内容，如升级工作难度和挑战性，或者转为安排同样能发挥其长处的其他任务。

4. 依据员工长处安排工作，而非简单地遵从他们的喜好

对于依据员工的长处安排工作，有一个错误的认知，那就是将其等同于按照员工的喜好安排工作。对于自己的长处，员工有时候浑然不知，其认识到自己长处的时间长短也因人而异。因此，业务领导者在安排工作的同时，可以提醒员工为什么这样安排，哪怕短期来看对方有所怨言、不理解，也是正常情况。在领导者的职业生涯中，来自员工最大的褒奖也许是："回想当年，对于您的××安排或教导，我不太理解。现在看来，它对我个人的职业生涯产生了巨大影响。"

5. 结合员工的长处，探讨适合对方的工作方式与风格

发挥员工的长处，不一定是有选择地向某交办某一类型的工作，更多的时候是结合员工的特点帮助其设计有特色的工作方式。例如，有些业务领导者认为，一定要选择那些性格外向的人做销售员。但是你会发现，身边很多不太外向，甚至还有些内向、不太善于言辞的人，依然有很好的销售业绩。换句话说，每个人都有自己的风格。优秀的业务领导者能够敏锐地发现员工的长处，并帮助他们形成自己的风格，以差异化的方式完成业务目标。例如，有些员工天生逻辑思维很缜密，那就安排他们服务对方案要求严谨、细致的客户，照样有可能做出卓越的业绩。

有些业务领导者还会担心：任务必须向前推动，员工的那些短板该怎么办？难道就扔在一边不闻不问吗？当然不是！我们不提倡一看到员工有短板就全力改造他们，特别是当这种改变与员工的个性相关或涉及很多复杂的技能时。业务领导者可以尝试用以下方式解决问题。

- 停止：停止让他们做这件事，改做另一件事。

业务领导者的人才管理

- 合作：安排那些喜欢做这件事/具备此类长处的人与他们合作完成工作。
- 干预：如果不得不让他们从事与其短板相关的工作，需要加大管理力度并让他们刻意练习。
- 转换视角：转换视角来看待他们的短板。

人才的长处与短板，没有绝对的好坏之分，业务领导者在为员工安排工作时往往需要扬长避短，给予他们更多的机会去发挥长处。而对于员工的短板，应给予必要的提醒，这样才能在推动组织达成高绩效的同时，让他们充满动力。

◆ 基于长处打造团队的合力

用人所长，还能增加团队的合力。

苹果公司的 CEO 库克最早加入苹果公司的时候，负责供应链管理。他的领导乔布斯是工业设计和商业领域的奇才，但在管理方面像个"暴君"，经常当着一群下属的面，把其中一位骂得狗血淋头，对合作方也经常提出近乎苛刻的要求。这些做法都是与传统的管理要求背道而驰的。乔布斯看上去完全不是一个所谓的"好领导"。

但库克想：我来苹果公司是为了什么呀？就是想打造世界一流的产品，实现技术引领商业的梦想，带给世界不一样的东西。想到这里，他就完全通透了：乔布斯管理"不行"，那就让我来支撑他，让他专注于工业设计、商业规划。库克认识到团队应该基于长处互补，从而找到了实现自己长处的机会。

就这样，库克在苹果公司期间，把他擅长的供应链管理做到了世界顶尖水平，乔布斯不再担心自己伟大产品的构想无法落地。在

第三章 知人善任

他们的共同努力下，苹果公司成为全球市值最高的科技公司之一，库克也不负乔布斯的重托，成为苹果公司新一任CEO。

用人所长，对个体而言就是发挥他的长处。而业务领导者通常需要带领一个团队，还涉及团队整体产出的问题，所以如果能将员工的长处进行互补，并且做到有效的协同，就能够帮助团队实现"1+1>2"的效果。

孙总是一家高端装备（工业设备）公司华中区的区域销售总监，他的团队业绩不是第一就是第二。年初，公司提拔他兼任公司西南区的区域销售总监。近两年西南区业绩一直徘徊不前。孙总到了西南区，发现团队成员能人不少，他很奇怪这些人为什么不出成绩。

孙总通过一番了解，掌握了以下信息。

- 业务骨干A，开拓客户能力非常强，90%的客户都是由他独立开发的，但近两年业绩原地踏步。他反馈自己的工作量已经饱和了，但指标每年都在涨，他既要开发又要维护。
- 业务骨干B，做事很有效率，喜欢冲在前面，不擅长解决方案，跑客户的数量一直排第一位，但转化率不高，业绩中等。
- 业务骨干C，点子多，想法多，善于创新，业绩一般，不喜欢跑客户，但那些难搞的客户往往很喜欢他。
- 业务骨干D，做事很有耐心，而且服务意识非常强，客户黏性很强，都能与他保持长期合作关系，但开拓新客户不足，缺乏支持。

在这个案例中，每位业务骨干都有自己的长处：有的点子多，想法多，善于解决客户的难题；有的能吃苦耐劳，闯劲很足，愿意向前冲。业务领导者需要意识到，只有发挥这些业务骨干的长处，才能实现团队的高绩效。但是，要发挥他们的长处，关键问题是如何让他们的长处在组织中产生协同效应，这就需要对任务和人进行有效的组合。

打造团队的合力，并没有大家想象中那么困难。业务领导者只需要通过4个步骤，即可实现基于员工差异化的长处，搭建互补性团队。

第一步是任务拆分。根据部门职能、岗位职责和工作流程拆分出若干任务模块。任务模块就是要做的事，具有一定的独立性，包括一系列动作或动作的集合。

> 华为公司的"铁三角"就有3个核心任务模块，对应3名核心组员，包括客户经理/系统部部长（AR）、产品/服务解决方案经理（SR）、交付管理和订单履行经理（FR）。
>
> - AR是相关客户/项目（群）"铁三角"运作、整体规划、客户平台建设、整体客户满意度、经营指标的达成、市场竞争的第一责任人。
> - SR是客户/项目（群）整体产品品牌和解决方案的第一责任人，从解决方案的角度来帮助客户实现商业成功，对客户群解决方案的业务目标负责。
> - FR是客户/项目（群）整体交付与服务的第一责任人。
>
> 除了以上3名核心组员，"铁三角"项目还有一些扩展角色，包括项目主谈判人、商务负责人、业务财务控制人、融资负责人、供应链负责人、项目采购负责人、项目财务控制人及公司内部的项目赞助人等。公司内部的项目赞助人是联系特定项目的公司高级领导，主要负责与高层客户交流，对项目的成功交付负责。

第二步是任务协同。基于任务单元的组合来组织团队作战，确保任务协同发挥最大的长处。

任务协同是比较重要的一个环节，第一步任务拆分更多的是偏向逻辑的拆分，而任务协同是基于业务的需要来进行有效整合。这种整合方式的主要依据就是流程，必须在设计任务协同的时候就考虑各方责权利对等，不然协同就会很难实现。例如，拜访客户的时候，AR 和 SR 各自解决或处理什么信息，各自对下一步动作的判断和决策怎么做等，都要事先明确。再如，在研发项目的前期、中期和后期，每个任务模块的关键人各自承担什么责任，各自拥有什么权限等，也要事先明确。

第三步是识别长处。评估每个团队成员对应每项任务模块的能力级别，达到一定级别即长处。

这个动作主要是对团队的每个成员进行有效的人才评价。这种评价的关键是从能力出发，具体标准是每项任务模块的能力级别，一般会采用五级法（新手、熟手、高手、高高手和绝世高手，对应到员工就是新人、胜任、骨干、专家和权威）。

第四步是匹配组合。基于业务模式来组合和匹配下属，确保人的组合满足业绩最佳化的要求。匹配本身并不难，难的是需要考虑团队成员之间相互协同的意愿。

优秀的业务领导者善于将团队建立在成员的长处互补之上，这样能够有效地解决组织中面临的普遍困境——团队成员都不是全才。就像一部由真实故事改编的电影《点球成金》（*Moneyball*），主人公是一群优缺点都很明显的棒球运动员，他们中有的人默默无闻，有的人走到了职业生涯的边缘，还有的人一身毛病。但是在球队经理的捏合下，他们各司其职，发挥优势，同样能够组成卓越的团队，取得骄人的成绩。

组织中没有完美的个人，只有完美的团队。

业务领导者的人才管理

第四节　选人的常见错误及关键应对动作

如果团队成员的产能确实没有办法满足当下组织对团队产出的需要，业务领导者就必须到团队的外部去招募合适的人选。可是业务领导者选人很容易看走眼，失败率很高！有些人在选拔过程中表现得那么耀眼，怎么一到工作中就会"露馅"？明明过往战绩尚佳，为何到了新环境却水土不服？

研究表明，选人看走眼是一个普遍现象，根源就在于业务领导者很容易被自己的主观想象所左右。几乎半数以上的业务领导者在面试一位候选人时，做出人事决策所花的时间都不足 30 分钟——比观看一档钟爱的电视节目的时间还要短。在这么短的时间内，业务领导者往往容易被各种主观心理因素所影响。在评估他人的时候，业务领导者往往更容易看到自己想象的世界。因此，业务领导者需要时刻提醒自己，避免陷入主观臆想。

本节从 5 个最常见的、容易形成主观判断的错误出发，帮助业务领导者打破思维定式，在选人的过程中克服障碍，避免"看走眼"。

◆ 错误 1：迷信标签，将背景当作能力

一位客户（某公司董事长）在与我沟通的过程中，向我反馈道，他两年前招聘了一位华为公司的营销业务领导者到自己公司担任一个事业部的负责人，两年下来成绩一般。这位负责人总希望公司完全按照华为公司的模式去做，忽略了公司的实际现状，实际带团队时很难指导下属。客户直言，这位负责人当前的表现与面试时给他的感觉不太一致。

其实，不仅在互联网行业，各行各业在招聘时，都会对那些拥有行业标杆企业工作经历的候选人高看一眼。

这就引出了一个问题：优秀企业的工作背景等于出众的能力吗？实际

上，越是在管理有序的组织中，平台和体系发挥的作用越大。早些年外企高管空降到民营企业，却大多数折戟沉沙，就是这个道理。

标签效应随处可见，在招聘中表现得尤其明显。特别是当企业一把手求才若渴时，往往会混淆候选人原来所在的平台与个人实际能力的关系。

这些年来，很多企业老板都非常崇拜华为公司的模式，因此有华为公司工作背景的员工很受欢迎。确实，作为一家走向世界的中国民营企业，华为公司的成功非常不容易。在这种情形下，华为公司的"优秀标杆"标签很容易就会被贴在华为员工的身上。国内的互联网大厂都喜欢招聘谷歌、微软、亚马逊等顶级公司出身的硅谷精英，这本身无可厚非，但是仅考虑候选人之前所在的企业显然不够，还需要深挖其在标杆企业中负责过什么项目、打过什么硬仗、怎么打的、效果如何等。

如果条件允许，业务领导者应该从标杆企业招聘高手，但是在选拔人才的时候，对于应该考察的能力特质仍然需要进行有针对性的评估，而非将候选人的工作背景直接等同于能力。

◆ 错误2：迷信光环，将经历当作能力

> 曾总拥有纺织印染行业 20 年的工厂管理经验，而且拥有在行业标杆企业多年的高层管理经验，被某公司董事长邀请到该公司新开的印染厂担任总经理。在被充分授权的条件下，曾总开始了大刀阔斧的组织变革和梳理。但是两年下来，印染厂的业绩毫无起色。下面的管理干部都在反馈，曾总只喜欢给他们下任务、下指标，但是几乎从来不深入一线，对各种问题也提不出有效的解决方案，遇到关键问题也只能谈谈以前是怎么做的，具体到公司该怎么做，却说不清楚。

这就引出了一个问题：10 年管理经验等于 10 年管理功力吗？

很多时候，业务领导者都会把在管理岗位的 10 年工作经验等同于 10 年

管理经验，而且认定这样的人具备良好的管理能力。

事实上，管理经验、年限与一个人的管理能力关联度很弱。例如，有一次我们帮助一家客户面试一个来自行业标杆上市公司的制造部总监，该候选人虽然有 8 年左右的制造部总监工作经验，但是他在面试过程中表现出来的状态就像一个刚刚上任半年的新人。

为何会出现这种情况？后来我们发现大多数原因是这样的：管理能力往往是在艰难的情境中练出来的；过于宽松、没有挑战的环境往往很难产生优秀的管理者。如果一个人没有强目标的压力，不承担实际的责任，即便他在管理岗位待了很多年，也不具备相应的管理能力。

对于上文提到的招聘曾总这个人事决策，可以总结一下：曾总显然是一个经验丰富的总经理，但是他打造团队的能力确实不强。要注意，一位业务领导者在某个岗位工作年限比较长，并不意味着他的管理能力就一定可以被复制到其他公司的相关岗位。

这里面涉及组织、团队和个人 3 个方面因素的影响。例如，组织层面，曾总之前所在的公司软硬件都非常到位，制度流程很完善，曾总只需要把目标设定清楚，团队就能比较高效地运转起来；当曾总加入一家新公司后，需要自己去打造机制，而之前他并没有打造机制的经验，所以就出现了业绩做不出来的情况。

再如，团队层面，曾总之前带领的团队自驱力很强，而且下属的个人能力非常突出，曾总很多时候只需要和下属一起对目标达成共识，必要的时候给予下属一些经验分享，下属就能高效地达成团队目标；现在这家新公司的团队成员能力很弱，需要曾总来培养，而之前曾总在这方面并没有积累太多的经验，这也会带来业绩不佳的结果。

因此，在评估候选人的过程中，业务领导者应该时刻提醒自己，候选人的任职年限并不等同于能力，任职年限并不重要，重要的是在任职期间"干了什么"。

◆ **错误 3：结果假象，将业绩等同于能力**

上面提到的两种情况还比较好理解，下面这个业绩与能力的关系就相对比较难理解了，在日常实践中，业务领导者往往难以把握和区分。

> F 公司董事长刘总有意提拔区域销售经理小张担任公司的销售总监。刘总提拔小张的理由很充分：小张所在区域过去 3 年的业绩一直在公司排名第一，甚至其中一年该区域的销售目标是 5 000 万元，到 8 月就已经完成了 6 000 万元，最终年底完成 9 000 万元。但是刘总也有些担忧：虽然小张在维护客户方面是一把好手，但之前在开拓客户方面显得韧劲不足。
>
> 遗憾的是，在小张担任公司销售总监一年后，公司业绩并没有非常明显的进步，与刘总的期望相差比较大。复盘这次人才提拔决策，刘总发现：小张所在区域销售业绩高的最主要原因是有一家大客户最近几年持续高速发展，同时该客户的两家常年供应商（F 公司是其中一家供应商）中有一家因质量问题而被取消了供应商资格，这两个因素导致 F 公司从该客户处获得的业绩连续 3 年保持 50%的增长。而这家客户是刘总以前开发的，并且他与客户高层一直保持着良好的关系。
>
> 刘总不得不再次物色新的销售总监。

这就引出了一个问题：卓越的业绩是否能直接证明优异的能力？

结果有时候就是一种假象，它很容易迷惑业务领导者，带来错误的判断。

业绩好的原因有很多。首先是运气，很多时候业绩飙升的原因来自外部环境，如行业整体向好，时势造英雄。

龙湖上海公司有一年业绩很好，但公司领导层决定将一部分奖金延后发放，一个很重要的原因就是业绩好主要来自外部因素，并不能反映团队的实际贡献。

业绩好的另一个原因，可能是平台、团队努力的结果，跟某个人的关系不大。这也给评价候选人带来了很大的挑战。

当业务领导者确定候选人在之前的公司有着非常卓越和突出的业绩表现时，不要急于做出"其能力一定非常突出"的判断，而是要提醒自己，面对如此卓越和突出的业绩，必须深度挖掘背后的关键因素，尤其是要弄清楚哪些是因为候选人的投入而发生的产出。

◆ **错误4：态度优先，将意愿当作能力**

方总是一家制造业企业的人力资源部总监，因为公司位于一个县级市，方总希望招一个愿意留在本地的人担任人力资源部薪酬主管，该岗位之前已经有连续2个人工作不满半年就离职了。

在最近一次薪酬主管面试中，候选人小李在面试中及面试后多次向方总表达了留在本地长期工作的强烈意愿。他在本地买了一套婚房，未婚妻也是本地人。

方总虽然在面试中觉得小李在工作严谨性和专业度上有一些欠缺，但被他表现出来的主动积极态度打动，因此录用了他。

但是，入职刚刚3个月，小李就多次在核算员工薪酬时犯错，导致方总在例会上被总经理两次点名批评。方总很痛苦：小李怎么就这么不靠谱呢？

这就引出了一个问题：态度真的可以弥补能力上的短板吗？

有时候，态度也会给业务领导者带来一种困惑。态度不等于能力，而且有态度也不等于能培养出能力，因为一个人的能力既受到外在因素的影响，也受到内在因素的影响。根据冰山模型来看，技能处于冰山上表层，可以训练，但是能力特质处于冰山底部，不太容易训练。

另外，态度很多时候还是一种表象，尤其是在组织中，业务领导者很多时候只是看到了一个人某段时间在某种特定情形下的表现，因而很容易把员工的态度与能力混淆。

很多业务领导者在比较员工的态度和能力时，往往会觉得态度最重要，能力是可以培养的，所以在选人的时候，如果员工能力不够，只要其态度积极，也是可以选拔的。其实这是一个误区，态度和能力都有一个底线，两者必须同时满足。其中态度的底线是价值观，而能力的底线是胜任岗位。在评估候选人的时候，很显然，企业确实需要态度积极的候选人，但这不是唯一的标准，而且不能认为"态度积极"可以弥补能力上的短板。

因此，在选拔人才时，仅关注态度是不够的，还需要从行为层面不断挖掘候选人的价值观、个性特质和内在动机。

◆ 错误5：只看能力，忽视价值观、个性与组织文化的匹配

> 丁总是一家公司的销售总监，他曾经招聘了一名销售骨干。这名销售骨干以往的销售业绩非常突出，业务能力极强，可是加入公司后业绩一直做不上去。后来丁总才发现，关键问题在于现在这家公司不允许给客户回扣，这与这名员工一贯信奉的销售理念不一致。他加入公司后不太适应这条规定，业务开展起来不太顺手。他一直试图说服丁总"不给回扣不符合中国市场的行情"。在说服丁总无效的情况下，他开始抱怨公司的政策，不能积极地融入公司，没有努力去适应公司的价值观，与公司的销售理念格格不入，最终迟迟做不出业绩。

选人时，你有关注过对方的价值观、个性与组织文化是否匹配吗？

很多时候业务领导者的目标和思路都非常清楚。如今，企业最缺的是人才，有时候一个岗位可能好几周都面试不了一个人。一旦见到合意的人选，业务领导者往往会头脑发热，一门心思想着怎样才能把人招进来。

其实评估候选人的价值观、个性与组织文化的匹配度很有必要。

与"见才起意"相比，招聘成功率比较高的企业都有一个特点：事先花

时间研究岗位的关键任务是什么，到底需要什么样的人才，尤其会研究这个岗位需要什么价值观，以及与上司的匹配性需求是什么。如果没有这些标准，员工即使能力很强，最终也可能会因为无法适应工作而没有业绩。

◆ **避免选人看走眼的3个关键动作**

以上5种常见的选人看走眼的错误，实际上都不是什么技术难题。业务领导者只要稍加注意，掌握以下3个关键动作，就能有效避免这些错误。

一是作为一名业务领导者，在评估候选人的时候，需要将获取的信息进行分类，主要包括两大类。第一类是"事"的前因后果，包括结果（绩效）、过程（行为）和条件（环境）；第二类是"人"的意愿，包括价值观、个性特质和动机。

二是在考察候选人的时候，不要成为被动的信息接收者，而要成为信息识别者。面对所有表层信息，即候选人的每个行动举措，都可以进一步深挖"为什么"（Why）和"怎么做到的"（How）。

三是在做决策前停顿一下，问自己一个问题："我看中该候选人最耀眼的3点是什么？"将这3点和前面的5类错误对照一下，如果这3点中有一点与上面提到的5种错误中的一种是一致的，就意味着需要将这一点去掉，也就意味着需要重新评估候选人。

第五节　用过去预测未来

如何才能有效地避免选人看走眼？从业务领导者层面而言，需要克服主观因素的影响；从技术层面而言，需要通过团队成员"过去的行为"预测其"未来的行为"。背后的假设就是人们的行为有很强的重复性和稳定性，这往往和人们过往的经历有关。也可以将其理解为每个人"过去做的事"成就了当下的自己，一旦人的心智模式成熟，就会维持比较强的稳定性和延续性。

这就给业务领导者识别人才提供了过去的视角。中国有句谚语叫"从小看到大",就是这个意思。

"用过去预测未来"的关键在于通过设计有效的问题来探寻候选人过往经历中的关键事件,并通过候选人在关键事件中的典型行为来推导其所具有的行为特质和特长。

由于每个人在描述自己过往经历的过程中都习惯添加一些主观观点及概括性内容,所以业务领导者需要学会不断地追问,以去伪存真,探寻候选人的真实行为事例。只有如此,才能做出接近事实的人才评估。

◆ 面试考察有效的支撑点

2020年10月27日,任正非在华为研发部门应届毕业生招聘座谈会上发表了题为"人才很关键,面试最重要"的讲话。2020年对企业而言,是充满不确定性的一年,华为在手机终端、5G设备业务上持续遭受外部打击。在面临巨大的市场环境挑战的情况下,任正非意识到引进创造性人才是华为破局的最强有力的支撑点。任正非在讲话中指出了以下两个关键点。

(一)无论是求生存,还是谋发展,人才最关键。2021—2022年是我们重要的战略攻关年,战略重心要压到前端,不仅保持正常的研发预算,还会额外增加数十亿美元的攻关经费投入。从战略格局来看,我们要有一股"新流"进来,让我们的血管中流着青春澎湃的血。

(二)要识别出真正的人才,面试至关重要。我们要重视面试官的选拔和面试过程,通过3年时间把面试达到先进水平。

第一,我们要选拔有开放思维和战略洞察能力的人做面试官,不拘泥于他们的出身和当前职务。面试官要在识别人才上有建树,如果面试官看不清谁是苗子,如何能识别优秀人才呢?

第二,面试不要简单地搞部门所有制,如果这个面试官有能力,就让他多面试几个应聘者,即使应聘者不适合这个面试官的部门,也可以列在公共需求里。

第三，培训部要加强机考平台建设，各个业务部门要提升考题水平，人力资源部门要充分利用工具进行初选。

选人是一项极具挑战性的工作，看走眼几乎在每位业务领导者的职业生涯中都发生过。任正非意识到，如果华为公司不在人才选拔中投入更多的精力和资源，就会造成巨大的浪费。要想提高面试的效果，关键在于提高面试过程的有效性，这就非常依赖面试官的精湛技能和测评工具的有效运用。无论是面试技能还是测评工具，都是通过询问的方式来获取候选人过去的行为习惯，从而对候选人的知识、技能和能力进行有效的评判，也就是"用过去预测未来"。

◆ 设计问题

业务领导者必须选择一种合适的方法来判断一个人是否符合组织或团队的需要。只有基于对过去行为的考察，才能有效识别人才。只有在面试中提出正确的问题，才能挖掘出候选人过往的实际行为，从而有效识别真才。这就是"用过去预测未来"，一种基于行为的面试方法。

无论是企业外部招聘人才还是内部选拔人才，面试都是关键的决策工具之一。面试是通过对话交流来了解候选人是否能够胜任某项工作的一种人才选拔方式，此种交流多以问和答的形式为主。很多业务领导者想当然地认为自己善于判断他人的性格，笃定自己不需要在识人上通过专业培训来提升技能。更有甚者认为识人本来就是靠经验积累的，有这种想法的业务领导者更容易被主观想象干扰。

对于面试，全球知名快消品公司宝洁公司有一套由内部人力资源专家精心设计的八大核心问题，很多公司在面试或笔试时都会借用这经典的8个问题来考核求职者。注意，这8个问题是宝洁公司各层级面试的核心问题，通常会在某场具体面试中抽取其中几个问题，并且围绕一个问题展开深入的交流。至于具体选择哪几个或怎么组合，一般根据具体招聘的部门与岗位来定。

宝洁公司的经典八问如表 3-7 所示。

表 3-7　宝洁公司的经典八问

序　号	问　　题
1	请举一个具体的例子，说明你是如何设定一个目标然后实现它的
2	请举例说明你在一项团队活动中如何采取主动性，并且起到领导者的作用，最终获得你所希望的结果
3	请你描述一种情形，在这种情形中你必须寻找相关的信息，发现关键的问题，并且自己决定依照一些步骤来获得期望的结果
4	请举一个例子，说明你是怎样通过事实来履行你对他人的承诺的
5	请举一个例子，说明在完成一项重要任务时，你是怎样和他人进行有效合作的
6	请举一个例子，说明你的一个有创意的建议曾经对一项计划的成功起到了关键作用
7	请举一个例子，说明你是怎样对你所处的环境进行评估的，并且能聚焦于最重要的事情上以便获得你所期望的结果
8	请举一个例子,说明你是怎样学习一门技术并且怎样将它应用于实际生活或工作中的

仔细分析宝洁公司的经典八问，你就会发现这 8 个问题都有一个非常明显的统一的语言特质，那就是"请举一个例子"，显然这个语言特质的出发点是为了"通过过去的行为来预测未来的行为"。举例可以将候选人的回答锁定在过去他曾经做过的事情（过去的实际行为）上。

此外，这 8 个问题都直指某项个性或能力特质，具有很强的结构性。例如，第一个问题直指候选人的目标设定或结果导向的能力特质。

因此，要提出正确的问题，就必须确保两个关键点：一是问题必须直接指向岗位要求具备的能力特质；二是问题必须基于某项能力特质来询问候选人过去的实际经历。

为了有效地帮助业务领导者快速设计出基于行为的面试问题，我们设计了一个提问的框架公式：

请举个例子或描述一种情形+该特质的行为要素或行为可能的结果（成功/失败）

为了更好地应用这个公式，下面举两个例子，如表3-8所示。

表3-8 提问结构示例

序号	考察特质	公式运用——问题
1	建立信任：与他人互动时，能使他人建立对个人及组织的信心	请描述一种情形，当团队成员与你意见不一致时，你还能客观地考虑他的意见 请举例说明你是怎样说服客户购买更多或价格较高的产品/服务的 请举例说明你在刚加入一家公司（或组织）时，是如何快速与他人互动，从而建立信任的
2	以客户为中心：确保客户是影响业务决策和活动的最重要因素	谈谈你为更好地理解客户的需求和关注而收集信息的一次经历 你采取过哪些有助于促进和支持客户导向的行动或政策？请举一个例子

为什么面试问题都要指向某项具体的能力特质呢？这就要从20世纪初哈佛商学院的戴维·麦克利兰（David C.McClelland）教授帮助美国政府挑选驻外联络官说起。在邀请麦克利兰教授研究之前，美国政府选拔驻外联络官主要是通过"驻外服务官测试"这一测试系统来进行的，该测试系统主要考察候选人的智商、学历、学习成绩及人文常识。然而实践证明，该测试系统效果很糟糕。于是麦克利兰教授通过对比分析的方法，发现决定候选人胜任驻外联络官的关键不是智商，而是以下3项核心素质。

- 跨文化的人际敏感度。
- 对他人的积极期望。
- 快速进入当地政治网络。

在这项研究的基础上，麦克利兰教授提出了著名的"胜任力素质模型"，也就是人们常说的冰山模型，如图3-1所示。

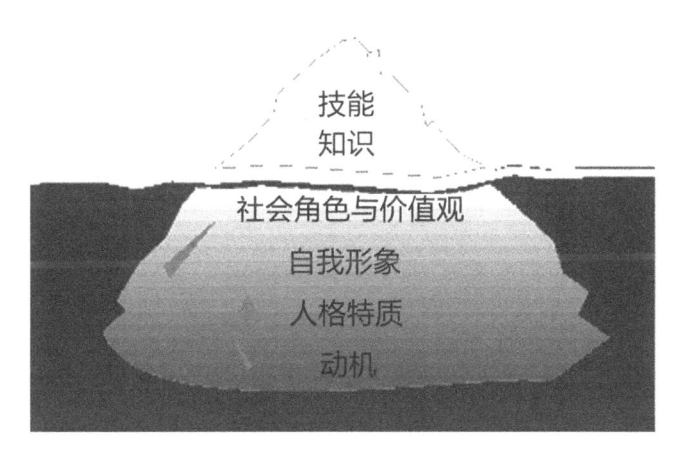

图 3-1 冰山模型

从冰山模型中可以看到，个体存在 6 种类型的胜任力素质，具体内容如下。

- 技能，指个体结构化地运用知识完成某项具体工作的能力，即对某一特定领域所需技术与知识的掌握情况。
- 知识，指个体在某一特定领域拥有的事实型与经验型信息。
- 社会角色与价值观，指个体基于态度和价值观的行为方式与风格。
- 自我形象，指个体的态度、价值观和自我印象。
- 人格特质，指个体的个性、身体特征对环境和各种信息所表现出来的持续反应。
- 动机，指个体在特定领域的自然而持续的想法和偏好（如成就、亲和、影响力），它们将驱动、引导和决定个体的外在行动。

其中，人格特质和动机都能预测个体在长期无人监督的情况下从事工作的行为。

不过，无论是关键任务所需的能力特质，还是与团队风格或价值观的匹配，考察起来都非常困难。因为这些考察项目都处于"冰山"的海面之下。因此，面试问题都要指向岗位所需要的某项具体的能力特质，通过行为、经历来验证这些能力特质。

大家都知道，在海上航行的时候，海面下的冰山部分是很难被观察到的，对人的特质和动机来说，也是如此。那怎么办呢？要了解一个人的特质和动机是如何表现出来的，最有效的办法就是观察或评估这个人的行为。对个人未来行为的最佳预测指标就是其过去的行为。你可以运用提问或现场观察的方式来记录和分析一个人过往的行为，据此推导其隐藏在海面之下的能力特质。

回到宝洁公司的经典八问，每个问题都指向一项该岗位所必须具备的能力特质。基于胜任力素质来结构化面试问题，能帮助业务领导者精准地对候选人进行面试评价，而不是获取一些泛泛而谈、概述且抽象的观点。

◆ 用 STAR 结构来描述行为

业务领导者需要引导候选人轻松自然且充分地描述自己过往的经历，并从中挖掘出标准的行为事例来佐证组织需要的能力特质、行为风格和价值观等"海面下"的素质。

为什么引导很关键？因为候选人在表达自己的时候往往会陷入主观想象中，用"未来"代替"现在"。

业务领导者在面试的过程中常常有一种"抓不住"候选人的感觉，因为有些候选人的回答往往不在面试官的预测范围内。候选人常常偏离行为面试的跑道，进行一些理论性陈述；或者陈述他"应该做的事情"，而不是他"已经做过的事情"；或者陈述的事例很不明确，让人觉得好像是他自己做的，又好像是别人做的，如候选人很喜欢用"我们"来陈述过往的经历。

这种回答对业务领导者而言几乎没有价值，因为无法证实候选人可以做到，也许他只是知道而已。"知道"和"做到"之间有着巨大的鸿沟。改变这种局面的最有力工具就是 STAR 模型，如表 3-9 所示。

表3-9　STAR模型内容

环　节	内　　容
情境（Situation）	当时的情况怎样？是什么原因导致这种情况发生的？有什么人涉及其中？周围的情形怎样
任务（Task）	你当时有什么任务？你的目的或目标是什么
行动（Action）	你对当时的情况有何反应？你实际上做了或说了什么
结果（Result）	事情的结果如何？产生了什么样的影响

案例3-1：虚假信息（与行为无关）

问：请分享一个你主动积极投入工作并取得骄人业绩的例子。

答：工作中我总是积极主动。我们部门里的每个同事都很能干，为了完成工作任务不惜付出任何代价。我坚信员工应该认识到每个人都必须是一个全面手，成为复合型人才。至于我，如果学习型技能或承担更多的责任对团队有利，毫无疑问，我会主动去做。

案例3-2：运用STAR模型进行分析

问：请举例说明，在时间非常紧迫的情况下，你是如何在截止日期之前成功完成项目的？

答：我曾经领导过一个负责西北地区通信解决方案的项目团队，为客户设计4G通信解决方案，提供全套设备。当时，客户很急，要求10月底交付，我们只有30天的时间，最后我们提前5天完成了任务。

对案例2中候选人的回答进行STAR分析，如表3-10所示。

表3-10　STAR分析示例

环　节	内　　容
情境（Situation）	曾领导过一个团队，为客户设计4G通信解决方案，提供全套设备
任务（Task）	在某个项目中客户要求30天交付
行动（Action）	缺失
结果（Result）	提前5天完成

通过使用STAR模型进行分析后，如果发现了缺失环节，可以通过追问

进行补全。只有获取了完整和逻辑严谨的 STAR 案例，才能进入下一步，给候选人的特质、行为风格及价值观所对应的行为进行评分。

◆ **追问：去伪存真，识别优才**

追问的目的是获取尽可能多的信息。追问的技巧和深度决定了招聘的质量和可靠性。追问存在两个关键方向：横向和纵向。其中，横向是为了获取完整的 STAR 行为事例；纵向则是运用剥洋葱式的深挖方式，进一步判断事件的真伪，更加全面地掌握候选人的主要行为表现细节。

下面我们将介绍一些常用的追问方式，如表 3-11 所示。

表 3-11　常用的追问方式

层次	目的	追问方式	问题示范
横向	获取完整的 STAR	STAR 4 个环节中缺什么问什么	在达成团队销售目标的过程中，你采取协作变革的背景是什么？目标是什么 在刚才你提到的项目中，你主要做什么
纵向	从行动出发进行分解，获取真实的行为	如何（How）：策略、方法和措施 什么（What）：具体的内容 为什么（Why）：行为背后的逻辑	在过去，你是如何采用一些有创意的方法来改进工作程序的 为了在会上说服你的领导，你会做什么

针对追问中最容易遇到的下述 4 种典型的无效情境，我们会一一分析，以帮助业务领导者拨开云雾，找到应对策略。

1. 当候选人开始表述主观想象的信息时

一个人在表述信息的时候很容易陷入主观想象的情境。即使面对行为面试问题，候选人依然会在表述自我信息的过程中不可避免地掺杂很多主观臆想。候选人在表达自己的时候，喜欢表达自己对某些疑难问题的独特看法，以彰显自己高明的智慧和深邃的思想。

遇到候选人的主观性观点——一些"虚"或"假"的信息，无论其观点是否正确，见解是否深邃，业务领导者都需要向下追问，帮助候选人回顾过去，找到这些观点或见解背后是否有行为、经验和实践的支撑。因为"想到"并不代表"做到"。业务领导者关注的不仅是候选人能不能"想到"，更多的是能不能"做到"，有没有"做到过"！

2.当候选人表述公司或团队的做法时

在组织中，无论是业务领导者还是员工，当他们在实际工作中面临一些需要解决的问题时，通常的做法都是遵循组织的制度和规定。这就非常容易让候选人在回答问题的时候直接表述公司或团队的做法，因为他从意识层面并不能马上区分出哪些是自己的决策和选择，哪些是公司或团队的规范。这是一种正常的反应。此外，某些公司的团队文化强调"我们"而不是"我"，还有些候选人性格比较谦虚，不太喜欢彰显个人亮点，喜欢说"我们"，这些都会导致候选人表述公司或团队的做法。

遇到这种情况，并不意味着候选人就有问题，但是业务领导者需要避免将"公司或团队的行为"等同于"个人的行为"，一定要将行为锁定在候选人"做了什么"上。在前文案例 2 中，面试官进一步提问："具体在这个订单赶交期的过程中，作为生产经理，你做了哪些重要的事？最后结果如何？"

3. 当候选人的表述只有广度没有深度、内容多而不精时

一般来说，候选人需要证明自己，所以他往往会迅速抛出自己的多次成功案例，一方面可以让自己建立信心，另一方面也能够打动面试官。这也是行为面试过程中业务领导者需要面对和思考的问题。

寻找行为事例的重点应该是关注质量。显然，缺乏质量的数量是没有任何意义的，所以前提必须是找到完整有效的行为事例，然后寻找更多完整有效的行为事例。

4. 当候选人想到哪里反馈到哪里时

事实上，大部分人的结构思维能力在临场发挥中往往会打一定的折扣，原因可能是准备不足，没有回忆清楚；也可能是候选人的心理压力比较大，影响了正常发挥。

行为都是存在层次和上下结构的，这种情况一定程度上反馈了候选人的演绎和归纳能力。但是，作为出色的面试官，业务领导者需要给候选人更多的展示机会，帮助候选人厘清行为的层次，发现和减少其他干扰，缓解候选人的压力，帮助其快速厘清思路。

全球顶尖科技公司谷歌特别重视人才选拔，坚持"只聘用最优秀的人"。谷歌坚持将80%的人力资源管理精力投放在招聘工作中。业务领导者要知人善任，找到优秀的人才，找到能高效完成团队委派的任务的人才。于是，"识人"就成为业务领导者人才管理工作的重中之重。识别一个人的能力的关键是通过他过去的经历和行为来挖掘他的特质（优势和特长）。谷歌要求业务领导者在面试反馈意见中对岗位所需要的每项要求做出针对性评价，包括对提出的问题、候选人给出的行为事例及表现出的能力特质的评价。

这就要求业务领导者在有限的面试时间内尽最大的可能去伪存真，识别优才。

"事为先、人为重"是领导者知人善任的准则。识别优才的关键是了解人才的过往经历和过往行为背后的优势与特长，也就是通过"事"来识"人"。人无完人，要找到合适的人，需要业务领导者从工作岗位的目标和任务要求出发，寻找能力特质与组织匹配的人才。业务领导者还需要通过发挥人才的优势和特长，让团队成员为组织的目标做出贡献，成就自己，成就团队。

第四章

委责赋能

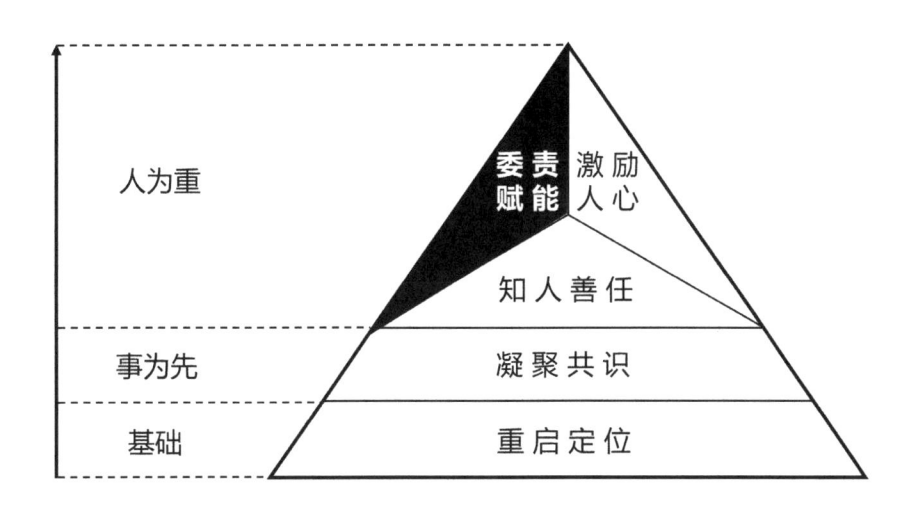

本章导引

"事为先、人为重",业务领导者不仅要关注工作结果,更要影响下属达成结果的过程。业务领导者通过委责赋能确保绩效管理从机械走向有机。当下属任务执行不力时,事必躬亲、大包大揽或做甩手掌柜都不是业务领导者的最佳做法,最佳做法是"让正确的人承担正确的责任"。委责赋能可以帮助员工在承担责任的过程中获得成长,进而通过自我贡献来为团队创造优异的绩效。

帮助下属成长是一个艰难的过程。首先,业务领导者要克服自己的心态问题。有些业务领导者内心深处一直有一个根深蒂固的观念:"既然公司付出薪酬雇用员工,那员工应该就具备相应的工作能力,否则公司应该辞退他,再找一个能干的人。"显然,这种内在观念从逻辑上来讲是行得通的,但现实是组织在用人时无法泾渭分明地界定员工"行"或"不行"。如果仅从胜任(也就是 60 分及格线)的角度来看,确实可以做出"行"或"不行"的判定。但是,团队中的成员往往大部分都处于胜任和专家之间,所以业务领导者很难直接对处于这个区间的团队成员做出"行"或"不行"的判定。

其次,业务领导者要解决员工的心态问题。很多时候业务领导者希望培养下属,下属却不一定接受,可能是因为他们不觉得自己需要学习,也可能是因为他们觉得这种培养并没有太大的价值。因此,业务领导者不仅要解决自己的心态问题,还要解决下属的学习意愿问题。团队成员的成长意愿往往和融入团队、承担正确的责任及团队氛围息息相关。

最后,要帮助下属成长,业务领导者不仅要培训、辅导他们,还要为他们创造融入的环境,如理解组织文化、融入工作环境等,为他们培育发展的土壤,如给予下属挑战性任务、有效地开展绩效面谈、及时地给予反馈等。

人只有承担了责任，才能学会技能。人只有承担了责任，才能实现卓有成效。业务领导者在实现卓越绩效的过程中，应基于员工的能力赋予其对等的责任，助力其成长，使其实现卓越的绩效。具体方法包括以下几种。

- 推动绩效管理各环节执行到位，持续保持信任关系和信息的同步共识。
- 评估目标或任务的难易度，基于员工能力水平赋予其对应的责任。
- 帮助下属成长也需要因地制宜，针对不同情况运用不同的方法。
- 成长归根到底是自我的发展，业务领导者要为员工培育发展的土壤。
- 创造开放、高效、协同和学习的氛围，帮助员工融入团队。

第一节 绩效管理从机械走向有机

在很多企业，绩效管理已经成为内部最不受欢迎，但又不得不实施的管理动作。绩效管理为什么会变成员工眼中无用而官僚的"枷锁"？为什么会成为业务领导者眼中"食之无味、弃之可惜"的鸡肋？

这是因为很多业务领导者往往把绩效管理等同于评分。于是业务领导者就会面临评分的难题，因为评分结果往往直接会影响下属的绩效奖金。而很多企业还要求业务领导者对下属的绩效进行强制性排名，他们内心非常抗拒。面临这样一个两难境地，业务领导者往往希望能找到一套可以科学、客观、量化地评价下属业绩表现的系统。一旦拥有了这样的系统，在面对下属对排名的质疑时，业务领导者就不用耗费心神和口舌去解释了。

绩效管理要发挥作用，需要业务领导者推动绩效管理从机械走向有机，过程管理执行到位，避免以考代管，通过赋能绩效管理打造生机勃勃的团队。

◆ 绩效管理的3个核心目的

彼得·德鲁克曾说过："计划和实施是同一项工作的两个部分，而不是不同的工作。"绩效管理的目的，说到底是让员工实现公司所定的计划目标。而在绩效管理的过程中，不仅要让员工知道做什么，而且要让员工知道怎么做（实施）。这一过程是让员工"干中学"。绩效管理可以随时发挥赋能作用，哪怕业务领导者自己当下还不太清楚如何达成目标，摸着石头过河，只要能带领下属一起实现业绩突破，就是在赋能。

要想在带领团队的过程中实现委责赋能，让下属承担责任的同时能力得到有效成长，不断实现卓越的绩效，就离不开对绩效管理的有效运用。绩效管理之所以成为鸡肋，甚至产生了巨大的副作用，是因为很多业务领导者钻入了客观和量化的牛角尖，妄想用机械系统代替对下属的有机管理。

下面来看两段经典的对话。

对话1：为了合理，盯着量化不放

"假设你们是一家火锅连锁店的老板。如果对旗下数十家火锅店的店长做绩效考评，你们是否会考虑利润、销售额等指标？"

"那还用说？对店长的考核，肯定要有销售额、利润等指标。"

"好。大家心目中最牛的火锅店是哪一家？"

"海底捞。"大家异口同声。

"大家知不知道，在相当长的一段时间里，海底捞对店长的考核只有两个指标？"

"我知道，好像是客户满意度和员工满意度。"

"是的。挺有意思，没有销售额和利润这些指标。黄铁鹰先生曾经与海底捞的老板张勇探讨过这个问题。在被问及为什么这么做的时候，张勇的回答是这样的：'我当然也希望店长对经营结果负责。先说销售额。一家火锅店，对销售额影响最大的是选址。选址是总部高管决定的，店长对这个最重要的事儿没有影响力。利润也是如此。一家火锅店的变动成本主要是食材。食材是总部统一采购、制作、配送的，店长对这个也没有影响力。我们曾经试过考核成本控制，结果扫帚用秃了还舍不得扔，这是因小失大。我们认为，如果店长能够把队伍带好（员工满意度高），从而把客户服务好（客户满意度高），就是优秀的店长了.'大家觉得，张勇先生的做法有没有道理？"

"很有道理。"

"好的。咱们再回到起点。假如你是一家火锅连锁店的老板。如果对旗下数十家火锅店的店长做绩效考评，你是否会考虑利润、销售额等指标？"

"我还是会考核利润、销售额等指标。"

"假设我是其中一家火锅店的一名店长。有一天我来跟你探讨海底捞张勇先生的分析多有道理，销售额、利润都不是我能够掌控的，你这样考评我不合理。你会怎么回答？"

"……"（大家陷入沉思）

"请大家思考：让员工对自己无法掌控的工作负责，算不算合理？什么是合理？"

对话 2：指标必须客观

"作为主管，在对下属做绩效考评的时候，大家感觉最棘手的挑战有哪些？"

"很多指标无法做到客观和量化。"

"大家觉得，有客观的指标吗？"

"肯定有啊。"

"好的，请大家举些例子。"

"销售额、回款、利润……"

"请大家仔细想一想，这些指标是主观的还是客观的？"

"当然是客观的。"

"请大家再仔细想一想。一家公司今年制定的销售目标是 818

亿元。这个指标是主观的还是客观的？"

"……有主观的成分。"

"有些指标因为可以量化，所以会给我们一种幻觉，似乎它是客观的。我们恐怕要拥抱一个现实：所有的指标都是主观的。"

"……"（大家陷入沉思）

很多业务领导者都希望设计精细、复杂的绩效指标考核体系，甚至希望整个绩效管理体系像机器一样自动运转。这是一种妄念。在很多业务领导者的心目中，往往对绩效管理有这样的潜在假设：

如果绩效指标能够客观、合理和量化，同时按照考核结果发奖金，那么员工就会被有效驱动，绩效目标就（可）能达成。

显然这个假设禁不起严谨认真的推敲。因为这种假设就是将组织视为机器，将人视为工具。组织和人都被物化了。业务领导者需要构建一个尊重事实、强有力的价值链。为什么要做绩效管理？我们认为组织和团队做绩效管理有3个核心目的，如图4-1所示。

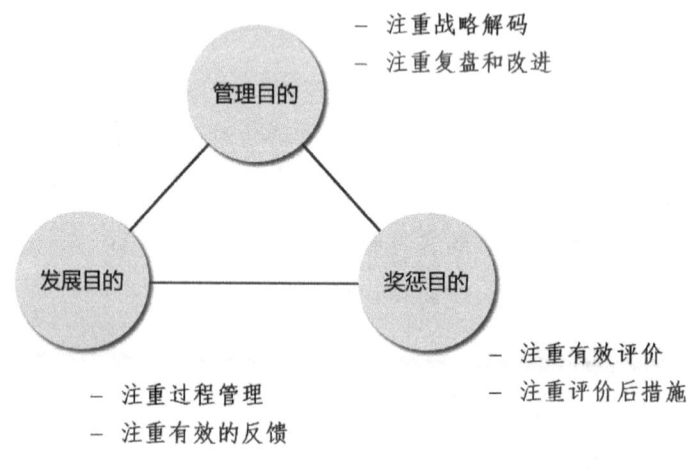

图4-1 绩效管理的3个核心目的

- 管理目的。目标是绩效管理的基础，也是绩效管理的前提，团队绩效必须以共同目标为牵引，通过有效的目标分解建立团队及团队成员的任务体系。通过过程中的复盘和改进，有效地进行过程控制和纠偏，最终实现团队的共同目标。

- 发展目的。团队目标的达成离不开每个团队成员的责任担当，业务领导者需要促动团队成员走出舒适区，进入挑战区，并在过程中分享经验、提供资源、培训指导、给予有效的反馈，从而实现团队和个人的成长。
- 奖惩目的。通过有效的结果评价将优秀员工与一般员工区别开来，给予优秀员工差异化激励（包括绩效工资、奖金、差异性福利等），能够激发优秀员工为团队创造更多、更高的价值回报。华为公司在总结过往实践经验的时候提出，发挥分配的杠杆与导向作用，将回报向创造更多价值的绩优者倾斜。华为公司为承担重大业务和管理责任的员工建立了重大责任岗位津贴、高管奖金方案等机制，体现了"给火车头加满油"的导向。

这3个核心目的都需要业务领导者通过有效的绩效管理来实现，所以正确的假设应该是这样的。

首先，目标清晰，且达成共识。其次，实现目标的路径和措施得力。再次，过程中有充分沟通、及时反馈和有效辅导。最后，奖惩有效。如此一来，员工会有更多的责任承诺，从而使绩效目标更有可能达成。

◆ 避免以考代管，绩效管理过程动作执行到位

以考代管，是中国企业最常犯的错误之一。常见"症状"有：频繁搞强制性排名，把所有工作都放进考核里，整天琢磨怎么考核职能部门……这是因为企业过于重视奖惩目的，希望通过绩效考评与薪酬强挂钩，通过"胡萝卜加大棒"来持续提升绩效。在这种体系中，业务领导者往往被定义为"评价者"或"打分员"。很多时候，业务领导者都会为打分感到苦恼。下面来看一段两位员工之间的对话。

业务领导者的人才管理

李东：亚辉，今天我很不开心。你知道吗？早上我参加了我的年度绩效考核会议，整整花了两个半小时。非常难熬，到现在我的脑袋都是晕的。我把一年来工作中的亮点一一做了汇报，也分享了自己的进步和对团队的贡献。结果我的老板才给了一个B的评价。

亚辉：平时与你交流，感觉你表现很不错呀！为啥罗部长给你一个B的评分？

李东：我也很不理解。罗部长完全看不到我的贡献和成就，我真的不明白为什么才拿了一个B，他认为我的自评分数打得太高了。我列举了很多具体事例来说明我为什么给自己评A，结果他花了一上午的时间来为他给我打B做辩护。这次会议简直糟糕透了，太令人失望了。

亚辉：那最后怎么说呢？

李东：我不知道。他很坚持，估计最后还是B。关键是在全年的工作过程中他一直都对我挺认可的，没有指出我哪里有不足，现在却说出一堆问题。

这段关于绩效考核的对话，充分暴露了"以考代管"的弊端。绩效管理过程中的妥协与反馈缺失，往往会导致业务领导者错失解决问题的最佳时机。当员工出现问题时，业务领导者没有及时介入并加以调整。在考评沟通中，当下属发现自己与上级之间的不同看法（特别是负面的评价）时，就会产生混乱与冲突。

为了避免"以考代管"，绩效管理的过程动作应执行到位，推进绩效管理从机械走向有机。绩效管理是一系列管理动作，必须确保过程管理中每个动作都执行到位，否则很容易成为费力而机械的"走过场"。业务领导者可以通过"过程动作执行到位的标准和方式点检表"来检查自己绩效管理的过程动作是否执行到位，如表4-1所示。

表 4-1　过程动作执行到位的标准和方式点检表

阶段	衡量是否执行到位的标准	方式	频率
目标共识	团队成员有一个大家都认可的共同目标	团队会议	年度、季度
	每个团队成员都清楚自己的目标和任务	一对一沟通	年度、季度、月度
目标分解	团队共同目标必须聚焦，向上对齐，由外而内，由远及近	团队会议	年度、季度
	团队成员的目标必须支撑团队共同目标的达成	一对一沟通	年度、季度、月度
过程反馈	过程数据，激励记分卡，有效呈现	定期公示呈现	月度、周
	团队成员表现突出，及时给予正面反馈		
	团队成员出现问题，及时给予建设性反馈	即时反馈	随时随地
	团队成员能力不足，及时给予教导和指导	一对一沟通	季度、月度
结果兑现	重点里程碑，及时复盘总结，经验分享	团队会议	年度、季度、月度
	绩效面谈，基于结果的公平、公正的评价		
	员工能力发展面谈，推动职业发展规划	一对一沟通	年度、季度

◆ 通过赋能绩效管理，打造生机勃勃的团队

先来介绍一下 IBM 的 Checkpoint 绩效管理系统

IBM 的人力资源部门一开始面向 170 个国家的 38 万名员工征求应该采用什么样的流程和体系。当 IBM 决定再造员工绩效评估体系时，会首先咨询员工，了解他们希望看到什么样的结果。人力资源部门通过 IBM 的内部社交网站 Connections 征询全体员工的意见。可以说是 IBM 的员工创造了 Checkpoint 绩效管理系统。人力资源部门还通过小型在线调研来让员工就工作优先项这样的话题进行投票。

IBM 的员工希望公司废除员工排名制度，也希望更加经常地得到绩效反馈，并且在一年之中有机会修改他们的目标。根据对员工意见的分析，IBM 在评估流程中加入了五大维度，分别是：

- 业务结果。

- 客户成功的影响。
- 创新。
- 对他人的个人责任。
- 技能。

经理需要评估员工的工作是否在上述 5 个维度达到或超越了目标，以及是否还有改进空间。

IBM 传统的做法是在年初设定目标，然后根据这些目标来评估员工。员工和经理之间有一次年中检查。然后，员工会在 12 月得到一次最终评估和唯一的绩效得分。Checkpoint 的做法是让绩效反馈贯穿全年。它让目标从一种行政管理流程变得生动起来，可以让员工在完成重大目标的过程中推动协同和确定里程碑。Checkpoint 在全年周期中以上述 5 个维度作为绩效反馈和对员工最终评估的基础。

IBM 希望通过这套系统，强化绩效实施过程中主管与下属的实时互动，鼓励开展持续的绩效反馈[①]。

IBM 的绩效变革，就是将绩效管理从机械走向有机，使其不再是一套生硬的管理流程，而是切实发挥业务领导者评价下属表现的主观能动性，这样既能有效反馈绩效结果，又能促动下属觉察业务和自身能力的问题，有效改进绩效，从而在绩效管理过程中将人与事有机融合起来。

要想通过赋能绩效管理打造生机勃勃的团队，推进绩效管理从机械走向有机，有 3 个关键工作。

1. 信息透明，及时有效地呈现过程数据

信息透明的环境有利于业务领导者打造生机勃勃的团队。呈现过程数据是一种有效的保持信息透明的方法。日本制造业很早就在使用这一方法，并称为"看板"。绩效管理要从机械走向有机，最关键的是不能只从结果考核

---

① Dilpreet Singh: Dilpreet Singh on 'Checkpoint', IBM's new appraisal system.

的维度来推动绩效管理，而要加大过程中员工创造力的有效释放。过程数据能有效地反馈员工努力的结果，以及目前的进度是否能支撑员工个人和团队目标的达成。这种反馈能激发员工主动积极地思考如何抓住机会和解决问题，也能帮助员工不至于迷失在执行中而忽略目标、任务和工作重心。下面来看两个例子。

案例 4-1：某衬衫工厂的产量、质量数据呈现

一家衬衫工厂为了有效激励员工提高生产效率，组织车间进行了一次生产大比武。在生产大比武期间，每个小组及每名员工当天的产量都会公布出来，一到下班时间，员工都会聚集在宣传栏看大家的产量数据，然后不断提升自己的目标。在整个生产大比武期间，生产效率提升了15%。后来，这家衬衫工厂就把这种员工产量、质量的呈现方式固定下来，在电子宣传屏上每半天更新一次，分区域展示。

案例 4-2：周大福的销售数据呈现

周大福目前已经实现了2小时更新一次全国店铺营业员的销售数据，而且每名营业员都可以看到自己的数据，以及在不同范围内的排名。显然这就是一张销售业绩的激励计分卡。

及时有效地呈现过程数据，并不是把所有的过程数据都呈现出来，重点是要确保数据足够简单，同时显而易见。不仅要呈现目标（如产量和销量等），还要呈现过程性指标（如工艺执行和销售话术执行、转化率等），最关键的是要让员工一眼就能看到自己离胜利有多远（设置目标红线，如生产大比武期间，平均每天实现多少产量才能拿到该工序的冠军）。本书第二章第五节中的表2-2"某电商团队在线客服岗位的目标通晒表"就是一种过程数据呈现方式。

2. 避免"过程管理"变成"进度监控"

很多业务领导者由于肩负着比较大的业绩压力，于是将过程数据变成了一种对团队成员单向的进度监控和跟踪手段。

业务领导者只知道盯着过程数据，一旦发现团队成员的工作进度滞后或过程指标不达标，就会要求团队成员以加班或返工的方式来赶进度，完成指标。于是团队成员"压力山大"，久而久之，团队成员就会忽视其他方面的工作，以满足进度为优先项，逐步失去自我思考的能力。

过程跟进的目的更多的是启发团队成员的自我思考，通过一些数据发现目标与过程之间的因果关系，从而更有效地提升员工的业绩。业务领导者需要学会"问问题"的启发技巧，而不是一味地追责。

3. 及时有效的互动反馈

我们在参观一家拥有140多年历史的美资公司的时候，看到该公司的员工橱窗中有一张月度员工座谈会上的员工反馈问题清单，在每个问题后面都有一名公司副总裁级别的领导的答复，而且每个答复都有改进的行动点及到位时间。这件事情对我们的触动非常大。在绩效管理的过程中，存在一个普通而又极具挑战性的问题，那就是该怎样给予员工有效的反馈。

许多业务领导者都不能对下属进行及时有效的反馈，原因在于他们害怕自己建设性的反馈会使下属的士气受挫，而且对下属坦诚而直白的批评一旦过火就容易引发矛盾。为了避免下属对自己心怀憎恨，业务领导者往往会对下属的错误或不成熟的工作方法睁一只眼闭一只眼。下面来看两个案例。

> 曹经理的手下有一位"90后"员工小高。他是一名"海归"员工，做事非常热情，工作效率也比较高，就是每次提交的方案非常粗线条，有很多低级的文字错误。在团队其他伙伴多次投诉的情况下，曹经理选择了提供反馈。可是在反馈的过程中，曹经理强调小高做事粗心大意，习惯有问题，实在搞不懂他怎么总是犯低级错

误，希望他回去好好反省。小高觉得曹经理小题大做，结果两人不欢而散！

在某次部门会议上，研发主管小刘在新的研发项目中犯了一个低级错误，导致客户非常不满意，直接投诉到小刘的上司李总那里，强烈要求换人。由于研发部门人手不足，而小刘是其中能力较强的，得到了李总的重视。这次投诉让李总非常生气，感觉自己"被打了脸"。他把小刘叫到办公室一顿狠批，直呼小刘"白痴""脑子坏了"，让小刘极为尴尬。事后，小刘自尊心受挫，工作表现并没有得到应有的改善。

上述两个案例都是业务领导者常常遇到的需要反馈的场景，而实际中很多业务领导者都没有给予员工有效的反馈。如果能为员工提供有效的反馈，就可以激发员工的意愿和动力，从而让他们做得更好。反之，反馈不良会导致员工消极怠工、怨恨、不再尊重上级和关系损害。正因如此，很多时候业务领导者即便知道反馈很重要，也不愿或抗拒使用这个评估员工时必须运用的关键工具。

那么，有效的互动反馈该怎么做？

有效的反馈必须具备 3 个关键要素：及时、具体和自我平和。除此之外，还有一个选择要素：对人还是对事。

- 反馈要及时，最好在团队成员记忆深刻时给予反馈，1~3 天内最佳，最迟不要超过 7 天。因为只有员工对自己的各种表现还历历在目时，业务领导者才能准确地解释员工的哪些行为收效甚微，接收反馈的员工也才能记住自己做过什么，以及这些行为低效的原因。
- 反馈必须以具体的语言反映员工已经完成的可被测量的工作。可以使用行为描述的专用工具 STAR 事例法。
- 反馈需要自我平和。一方面，如果业务领导者总是给予员工正面评价，员工会怀疑其真诚度；另一方面，即使员工表现不佳甚至犯了大错，业务领导者依然可以做出让他自我平和的反馈，找出他做得好的方面，同时提供建设性反馈。因此，在一定周期内，业务领导者需要平衡自己的正面反馈和建设性反馈。

- 选择要素是基于尊重员工的内在需要设置的。当员工有好的表现时，就增强他的自信，业务领导者做积极反馈，既对事又对人；当员工有不佳的表现时，就维护他的自尊，业务领导者做建设性反馈，对事不对人。

第二节　让正确的人承担正确的责任

业务领导者要帮助下属成长，给予下属挑战性任务，给予下属指导、授权……

这些道理业务领导者早已烂熟于心，真正做起来却不容易：付了很多心力，收拾了很多残局，却不见下属成长，甚至下属还跟自己"反目成仇"，分道扬镳。为什么？

委责赋能，光靠良好的意愿显然不行，每个下属都是鲜活而有差异的个体，业务领导者需要掌握一个工具，能够基于任务判断下属处于何种能力和意愿阶段，再匹配相应的责任和管理的有效支持，从而真正帮助下属成长、团队成事。

◆ 人都是先担起责任再学会技能的，要学会给下属压担子

许多业务领导者总是抱怨下属的能力不行，尝试给下属压担子，却总是出不了成绩。如果你面对这种情形，你会怎么办？有的业务领导者会说，这还不简单？直接辞退，让 HR 重新招募；也有"好心的"业务领导者会选择再也不给他们压担子，尽量分配一些简单的工作给他们做；还有一些乐观的业务领导者会想尽各种办法来持续帮助他们提升能力，如送去培训，或者找

个师父，更有甚者亲自上阵耐心地手把手教。

可惜的是，这3种方法都"治标不治本"。

- 很多时候，送去培训的下属回来后热情饱满，踌躇满志地投入具有挑战性的工作中，可是这种状态并不能持续太久，尤其是当他们在工作中遇到挑战而业务领导者的支持没有跟上时，很容易回到之前"不愿意接受挑战性任务"的状态。
- 帮助下属找一个师父，往往会遇到这样的问题：师父也有自己的工作任务，不一定有时间和精力来指导下属，或者师父不具备有效的指导技能，结果师父形同虚设。
- 亲自上场手把手地教，很容易招致下属的抵触心理。

诚然，有些业务领导者通过这3种方法把下属培养出来了，但大部分业务领导者就没那么幸运了。那么问题到底出在哪呢？这些方法到底能不能用？业务领导者又该怎么做呢？

其实关键不在方法上，而在"责任"上。"事为先、人为重"，只有承担"事"的责任，才能实现"人"的成长。业务领导者将工作交给下属时，经常会犯一个错误：只是把任务交托出去，而没有把责任交给对方。其实这样并不算真正把工作交办给下属，因为业务领导者自己还在承担大部分责任。这样做，下属是不会有进步的，但业务领导者经常没有察觉到这一点。要帮助下属成长，业务领导者需要委责赋能。委责赋能需要界定员工担责的程度，让正确的人承担正确的责任。人要学着"负责""担当"，才能有所进步。下属肩负责任的多寡，与其成长的速度成正比。因此，业务领导者交付的不应该只是任务，还应该是"责任"。

1. 正确的责任

"正确的责任"指的是完成一项任务能够承担的责任的细分。在这里，我们基于《责任病毒》一书中的责任阶梯框架，将一项任务细分出六层梯度的责任，分别是执行、学习方法、提出问题、分析问题并提出若干解决方案、提供若干解决方案并依据充足的理由做出选择、独当一面（自我控制）。

- "执行"责任就是100%地按照作业指导书或业务领导者的指令去完成任务，对任务的执行过程负责。
- "学习方法"责任就是在执行任务的过程中要学会完成该任务的工作方法，不仅对任务的执行过程负责，还对掌握工作方法负责。
- "提出问题"责任就是在掌握了工作方法后，需要在执行任务的过程中及时地发现问题，提出问题。
- "分析问题并提出若干解决方案"责任就是在执行任务的过程中不但能够发现问题，还能够分析问题并提出若干解决方案。
- "提供若干解决方案并依据充足的理由做出选择"责任就是在执行任务的过程中不但能够提供若干解决方案，还能够对所有的解决方案进行利弊分析，最终做出判断，选择相比而言较优的一个。
- "独当一面（自我控制）"责任就是对任务全权负责，全面确保任务能够及时有效地完成，实现最终目标。

2. 正确的人

"正确的人"是指业务领导者需要基于任务来评估下属的能力和意愿状态，明确对方目前"能不能"和"愿意不愿意"承担何种梯度的责任。其中"能不能"是指下属的能力状况，需要在执行任务的过程中验证；"愿意不愿意"是指下属的意愿状况，需要在管理的过程中通过倾听、观察和反馈等互动来了解、评估、激活。

3. 通过界定和提升下属担责的深度来委责赋能

业务领导者可以通过责任阶梯来界定并赋予员工不同阶梯的层级责任，逐步赋能下属成长，如图4-2所示。

第四章　委责赋能

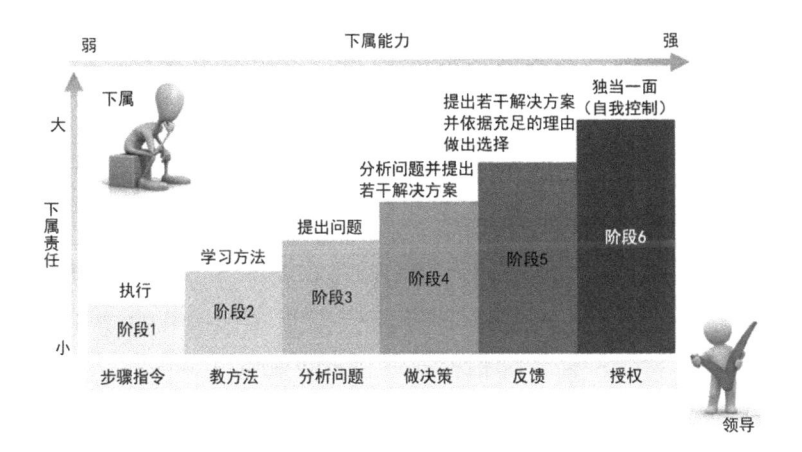

图 4-2　责任阶梯模型

首先，基于某项任务评估和界定下属目前处在哪级台阶，明确用来确保下属担责的互动动作，这也是业务领导者的责任。

其次，逐步提升下属担责的深度，帮助其一步一个阶梯，最终实现完成某项任务或对某项技能融会贯通。下面我们将通过介绍在责任阶梯的每一级可能遇到的典型案例来看看如何有效地运用责任阶梯，最终确保正确的人承担正确的责任。

◆ 阶梯1："执行"责任

小李在某公司技术部任职刚满一年。他大学学的是软件专业，是个技术高手，解决技术问题的能力非常强。最近公司在进行流程变革，由于部门王经理非常看好小李的潜力，希望锻炼他的管理能力，就提拔他担任部门流程变革项目技术小组的负责人。

刚刚，小李急匆匆地找到王经理，反馈说自己很焦虑，因为销售部门要求他两天内必须完成原计划一周完成的一个支持流程变革的计算机程序。他希望从领导这里获得支持。

王经理该怎么做？

这就像人们通过观看抖音视频来学做一个新菜，很多优秀主播制作的视频就是妥妥的"傻瓜级"视频，观看者只要依葫芦画瓢即可，做出来的菜口味往往都不差。同样，对于那些学习游泳的小白，教练通常会分步骤教，每个步骤的动作一讲解完，就会直接安排学员操作练习。在上述学习状态中，学习者承担的就是"执行"责任。

回到上面的案例，王经理最关键的动作应该是给予小李详细、具体的步骤及指令，让他把程序中的关键任务分配到团队中最擅长的成员手中，因为只有调动更多资源，才有可能提前完成挑战性任务（计算机程序的研发）。具体步骤如下。

第一步，清楚地告知小李，两天内具体的核心任务有哪些，任务的优先级如何。

第二步，清楚地告知小李，应指派他团队中的谁来承担上述任务，并且明确核心任务的里程碑。分配任务的工作由小李执行，过程中如果任务节点出现滞后，让小李立即向自己汇报，以便增派人手。

第三步，明确要求小李学会把任务匹配到能干的下属身上，不仅让他发挥技术专家的能力，更多的是锻炼其管理、组织、协调资源达成目标的能力。

◆ 阶梯2："学习方法"责任

小王，F公司人力资源部薪酬专员，一个月前由于部门轮岗调到招聘专员岗位。之前小王在部门内部曾协助性地参加过几次公司的招聘工作，有一些经验，于是人力资源部李经理就直接安排她负责今年的校园招聘工作。

刚刚李经理接到业务部门的投诉：小王制订校园招聘计划时未考虑业务部门的实际情况。在小王的校园招聘计划中，需要业务部门出动很多区域经理，而校园招聘的时间段正处于公司的销售旺季，这些区域经理业务都忙不过来，怎么参加招聘？

怎么会这样？

有时，下属能承担"执行"责任，但可能只获取了一定的经验，并未真正掌握系统的工具方法。在这种情况下，如果直接布置任务让下属独立承担，他很可能会直接照搬过往的经验操作，从而很容易忽略一些重要环节和核心要素。

对于这种状态的下属，业务领导者需要让其承担"学习方法"责任，即学习完成该任务的工作方法。最有效的方式就是带教，也就是带着下属一起做。在做的过程中不断给下属讲解工具方法的内在逻辑，包括框架、要点和理由。

回到上面的案例，李经理认为小王之前参加过好几次招聘工作，有经验，就想当然地认为小王掌握的工具方法已经足够系统。但是小王恰恰在这方面是需要提高的，她这个时候需要承担的是"学习方法"责任，而不是"独当一面"责任（阶梯6）。

◆ 阶梯3："提出问题"责任

> 小乔，M公司运营专员，进入公司两年多。运营经理马经理发现她在销售运营过程中总会出一些错误。但如果马经理带着她将一将运营节奏，指出她可能遇到的问题，销售运营过程就会很顺利。每次马经理都会带着小乔复盘，指出她的不足，这占用了马经理大量的精力，但是马经理又不敢放手，因为一放手问题就会重复发生。
>
> 马经理觉得自己快被逼疯了，他该怎么办？

当下属掌握了完成任务的一套或几套方法之后，业务领导者就需要锻炼其承担"提出问题"责任，即能够通过自我总结、发现问题，找到一些方法应用背后的要点（技巧点）。任何工作方法的掌握都需要在实践中不断历练，历练的关键就是提出问题，而不是一味机械地执行。最有效的方法就是，在出现错误或问题，或者执行不畅的时候，让下属自己指出哪些环节、哪些措施、哪些动作可能存在什么样的问题，而不是由业务领导者越俎代庖，直接为其指出问题所在。

回到上面的案例，马经理要想放手，就不应该每次都直接指出小乔复盘的问题所在，而应该锻炼小乔自己发现问题。只有这样，小乔才能承担"发现问题"的责任，从而进入"分析问题""解决问题"的阶段。

◆ 阶梯 4："分析问题并提出若干解决方案"责任

阶梯 4 和阶梯 3 几乎是同步的，之所以分成两个阶梯，是因为下属一旦具备了"指出问题"的能力（阶梯 3），就会存在两个可能：一是可以进一步提出解决方案；二是提不出任何解决方案。

- 如果下属的问题分析与解决能力还不错，能够进一步提出解决方案，那业务领导者就可以将阶梯 3 和阶梯 4 的责任一并赋予下属。
- 如果下属确实提不出任何解决方案，那就开始锻炼下属分析问题的能力。

分析问题需要将问题结构化，而问题结构化是决策过程中最抽象的内容，因此比较困难。在决策的过程中，需要将一个定义模糊不清的问题逐步澄清，"提出问题"不是目的，向更高阶梯（"独当一面"）成长才是目的。因此，在阶梯 4，业务领导者需要让下属不断演练这个推理的过程，从而实现进一步成长。

回到上面的案例，马经理一方面需要锻炼小乔提出问题的能力，另一方面还需要帮助其学会思考分析问题并提出相应的解决方案。期待小乔说："马经理，我注意到一个问题，而且经过仔细分析，我认为有 3 种可能的解决方案……"

◆ 阶梯 5："提出若干解决方案并依据充足的理由做出选择"责任

C 公司的小张一年前从班组长晋升为机加工车间的车间主任。

上任之后，他所在车间的计划完成情况很好。3 个月后，机加工车间引进的好几台自动设备即将到货，生产部经理葛伟希望小张和工程部一起拿出一个配套的生产流水优化方案。但是在布置任务的时候，葛经理又有一些犯难，因为这项工作挑战性很大，他不放心完全授权给小张。

他该怎么办呢？

当下属掌握了"分析问题并提出若干解决方案"的能力（阶梯4）后，业务领导者需要锻炼他们做决策的能力，为下一阶梯（"独当一面"）做准备。但是因为他们之前没有做过决策，所以业务领导者可能会担心其把握不好分寸。

阶梯5对业务领导者而言是非常难的。一方面，要想锻炼下属做决策的能力，就必须让他们亲自做决策，让他们承担一定的决策责任/压力；另一方面，业务领导者又必须规避因为下属能力不足而带来决策不当的风险。

那么，如何规避风险？关键在于业务领导者需要对下属据以做出决策的分析过程进行有效的指导和推敲，这个分析过程中的每个环节都需要有足够的数据支撑，直至下属形成决策。这样下属就能在承担大部分决策责任的锻炼下成长起来。

回到上面的案例，葛经理应要求小张提出至少两个方案，并且要求小张明确最终选择哪个方案，同时对其选择的方案提供足够的数据支撑。葛经理要做的就是对小张基于数据的决策分析过程进行推敲，确保他的决策是基于数据做出的有效决策，并且风险在可控范围内。

◆ 阶梯6："独当一面（自我控制）"责任

S公司采购部的林经理3年前通过校园招聘引进了大学生阿勇。阿勇主动积极，学习能力很强，进入部门两年半就成为部门的核心骨干。半年前，阿勇被提拔为原料采购主管，之前该岗位一直空缺，由林经理兼任。由于原料采购对生产的影响非常大，所以在阿勇上任后，林经理还是会经常参与原料采购的决策工作。最近这段时间，林经理明显感觉到阿勇有抵触情绪。

为什么会这样？林经理该怎么办？

当下属具备"提出若干解决方案并依据充足的理由做出选择"的能力之后，业务领导者需要做的就是放手，让下属独当一面。这个时候，业务领导者对下属要充分信任和授权。如果业务领导者对于处在这级阶梯的下属进行过多的指挥和控制，或者总是不断询问下属问题在哪里，就会让下属产生一种强烈的不被信任感，这很容易破坏双方之间的信任关系，甚至造成优秀员工的流失。

回到上面的案例，林经理要做的就是尝试让阿勇进行自我控制，全权负责原料采购，承担正确的责任。

◆ 任务委派背后体现的是相互信任

让正确的人承担正确的责任，是一个人成长的关键驱动力。在这个过程中，业务领导者不仅要关注下属的能力，还需要关注下属的意愿。业务领导者要切实确保下属的意愿能够与每级阶梯匹配，这就需要业务领导者在委派任务的过程中建立与下属之间的信任关系，这一点非常关键。

在任务委派的过程中，下属的意愿很大程度上体现在学习成长过程中成功实现任务的成就感。由于成长是一个担责的过程，除了阶梯 6，当员工处于阶梯 1～5 的时候，还没有承担全部责任，也就意味着业务领导者承担对应"补位"的责任，业务领导者与下属之间需要有效互补才能真正有效地完成任务，实现下属的成就感，激活他们的意愿（投入）。这里有 3 个关键动作是业务领导者在下属担责的过程中必须做的。

- 开诚布公的对话。业务领导者在委责赋能之前需要与下属进行开诚布公的对话，目的是通过交流对责任进行分配，确保对于下属处在责任阶梯的哪个层级达成共识，从而使分配给下属的责任与他们的能力发展阶段相符，同时业务领导者又不会"越俎代庖"。有效的对话还可以建立下属发自内心的参与感和责任感，帮助业务领导者与下属之间建立一种为了集体的总目标而通力合作、相互支持的意愿。

- 积极主动地倾听下属的声音，持续观察下属的表现。对于不同的任务，不同的人从责任阶梯的第一级成长到最后一级所需要的周期是不一样的。这就需要业务领导者在下属完成任务的过程中积极主动地倾听下属的声音，持续观察下属的表现，以及时有效地判断下属在责任阶梯上的位置变化，并调整下属应承担的责任。
- 有效、及时和真诚的反馈。反馈塑造勇担责任的人。业务领导者需要在完成任务的过程中，给予及时、有效和真诚的反馈，确保下属能够及时觉察自己成长的速度、质量及所处责任阶梯的层级。

委责赋能需要界定员工担责的程度，让正确的人承担正确的责任。在运用责任阶梯的过程中，关键是业务领导者要对下属完成某项任务时处于责任阶梯的哪个层级做出有效的判断，只有这样才能帮助下属承担正确的责任。同样，业务领导者还需要投入时间和精力来与下属进行有效的互动，以确保他们有足够的满足感来持续投入学习和成长。这种有效互动将在下一节中介绍。

只有让正确的人承担正确的责任，业务领导者才能实现"成事、成人、成己"的目标：任务高效达成，下属不断成长，自我心力丰盛。

第三节　赋能下属成长要因地制宜

"事为先、人为重"，只有承担"事"的责任，才能实现"人"的成长。团队成员的成长，反过来又能推动目标的有效达成。即使承担了责任，学习也不会自然而然地发生，因为学习是一个主动的行为，担责只是必要的条件。因此，业务领导者还需要提升自己培育他人的能力。在这个过程中，业务领导者是催化剂。根据责任阶梯模型，可以清楚地看到团队成员的能力处于哪级阶梯。对业务领导者而言，培育不同的人，所需要的能力和方法是不一样。"人为重"，赋能下属成长要因地制宜。赋能下属成长的基础就是了解和掌握下属完成团队工作任务的能力状况。

基于团队成员的能力状况，就能匹配责任阶梯来提升业务领导者的培育技能。表 4-2 呈现了责任阶梯对应的业务领导者的互动行为和方法。

表 4-2 责任阶梯对应的业务领导者的互动行为和方法

阶梯层级	领导者互动行为	方法
阶梯 1："执行"责任	步骤指令	有效沟通
阶梯 2："学习方法"责任	教方法	教导
阶梯 3："提出问题"责任	分析问题	问题系统分析
阶梯 4："分析问题并提出若干解决方案"责任	做决策	解决问题
阶梯 5："提出若干解决方案并依据充足的理由做出选择"责任	反馈	促动觉察
阶梯 6："独当一面（自我控制）"责任	授权	信任下属

当团队成员处于阶梯 1 和阶梯 2 的时候，完成任务的能力比较弱，迫切需要业务领导者的指挥和教导。这就需要业务领导者对该项任务的工作技能有非常深刻的了解和掌握，需要团队建立清晰的工作标准。同时，业务领导者还需要掌握有效的教导方法，把这项工作技能有效地传授给下属。

当团队成员处于阶梯 3 ~ 5 的时候，已经具备了完成任务的部分能力，但经验不足，分析问题、解决问题的能力也不足。这就需要业务领导者掌握系统思维和促动技巧（掌握提出好问题的能力）。

◆ 一表在手，员工在岗培养清楚掌握

1988 年，美国创新领导力中心（Center for Creative Leadership，CCL）针对上千名优秀的管理者做了一项研究：你们是怎么成长起来的？基于这项研究，CCL 的摩根·麦考尔（Morgan McCall）、鲍勃·艾辛格（Bob Eichinger）

和迈克·伦巴多（Mike Lombardo）提出了"70-20-10"学习原则模型：成人的学习70%来自实践和历练，20%来自指导，10%来自正式的培训。[①]

我们通常会用"学""用""悟"3个阶段来表达一个人全面掌握某项技能或某个专业的过程：10%是学的过程，70%是用的过程，20%是悟的过程。为什么"70-20-10"学习原则中的"指导"对应的是"悟"？因为人们通常通过他人（导师或师父）来帮助自己"照镜子"，从而产生领悟。"学以致用"指的就是从10%到70%，寓意从"知道"到"做到"至少需要7倍的时间投入。"知行合一"指的就是从学以致用到个人开悟和觉醒的过程。

"70-20-10"学习原则完整地诠释了员工担责成长的过程。首先是"学"，员工在完成任务之前需要通过学习来掌握基础知识和基本步骤。然后是"用"，开始任务之后更多的是在岗实践和历练，在这个过程中，员工需要熟悉步骤、发现问题、分析问题。最后是"悟"，这个过程融入了历练过程，需要不断实践、不断思考。一旦掌握了解决问题的能力，员工就开始走向完全胜任和娴熟。

下面来看一个案例。

> 周经理是A银行的对公客户经理，个人能力非常突出，今年被提拔为区域的对公业务经理，下属们都非常喜欢周经理。面对那些难搞的客户，周经理总是第一时间帮下属搞定。她的管理理念就是"与其下属折腾一周都没有结果，还不如我上阵一小时"。虽然周经理每次都带着下属一起去见客户，但是主要的沟通和谈判都是周经理主导的，下属只是参与，并未实操。就在半个月前，周经理面临一个极大的挑战：几名VIP客户都遇到了紧急情况需要处理，由于下属们平时基本都是依靠周经理才搞定问题的，周经理没有办法分

[①] Michael M. Lombardo, Robert W. Eichinge. The Career Architect Development Planner (3rd edition) [M]. Lominger Limited, 2000.

业务领导者的人才管理

身几处,结果有两名VIP客户一时没有顾上,下属独自与客户沟通时出了纰漏,导致合同没有及时签下来,周经理感到焦头烂额!

如果让你给周经理提出一条建议,你会给她什么建议?

在这个案例中,周经理之所以会焦头烂额,是因为她平时练兵不足,遇到难搞的客户都是自己上,下属缺乏有效的实战训练。在周经理精力不足的情况下,下属临时顶上来,自然无法应对问题。从"70-20-10"学习原则来看,周经理对下属的历练是完全不够的,更谈不上正式学习和促动下属的觉察了。

类似周经理的情况,在组织中比比皆是。很多业务领导者对下属的能力状况并没有一个清晰的界定和评估,从而没有办法描绘一幅下属能力发展的规划图。业务领导者需要描绘这样一幅规划图,称为"员工技能状况表"。

通过这张表,业务领导者可以清晰地掌握并动态更新员工的能力状况,从而在向下属委责赋能时做到胸有成竹。通过这张表,业务领导者可以根据下属所处的阶梯层级,清晰、准确地赋予下属对应的责任,逐步赋能下属成长。

下面来看一个例子。如表4-3所示是某美容会所的美容师技能状况表。

表4-3 美容师技能状况表

姓名	专业理论		产品介绍任务				实操任务	销售任务		
	皮肤	专业	基础	美白	抗衰	保湿	紧致		皮肤诊断产品搭配	销售七步骤	目标设定
	皮肤生理学	品牌特有技术	222系列	123系列	456系列	789系列	333系列	555能量疗法			
小华	6	6	3	4	5			6	6	4	5
小涵	6	6	4	3	5						4
小翠	6	6	3	3	5						
小丽	6	6	5	5	6	6	6	6	6	6	6

注:1~6对应的是员工的能力在责任阶梯中所处的层级。

第四章　委责赋能

◆ **加速胜任：清晰的标准+刻意的练习**

当下属处于阶梯 1 和阶梯 2 的时候，完成任务的能力比较弱。在这种情况下，业务领导者往往会迫切地希望下属快速胜任岗位，快速从新手变成熟手。

对业务领导者而言，要想快速教导下属掌握基础技能，重中之重就是在团队中建立基于任务的清晰的工作标准。在组织中，业务领导者往往会用到作业指导书，然而这个工具并不太好用，原因是大部分公司的作业指导书都是基于岗位而不是基于任务的。在这里，我们提供了一个非常实用的基于任务的标准化工具，那就是工作分解表，帮助业务领导者对某项工作任务的行为动作进行分解。这些任务的颗粒度往往都比较小，有利于下属不断重复地刻意练习，从而使员工加速胜任岗位。

如表 4-4 所示是一张工作分解表示例。

表 4-4　股票名义证书更换手续工作分解表

工作分解表	
工作：股票名义证书的更换手续	
作业物：股票、股票台账、股东名簿、名义证书更换申请书、印章证明书	
工具及材料：签字笔	
主要步骤（主要作业程序）	要点（各步骤的有关内容项目）： （1）影响工作能否完成（成败）？ （2）是否危及作业人员的人身安全（安全）？ （3）使工作顺利完成的技巧（易做）？
1.受理	检查确认印章与股票
2.将印章证明信放进印章登记簿中	按照汉语拼音先后顺序
3.更换名义证书	台账、股票等无一遗漏
4.在股票台账中登记	对缝盖章
5.代表者盖章	代表者的印章
6.制作股东名簿	明确记录：姓名、地址、股票种类
7.记载到股东移动簿上	将股东全称清晰地记载到台账、名簿、印章簿中
8.保管	放入保险柜中
9.交付股票	收取手续费

要想让员工加速胜任岗位，编制工作分解表是非常重要的，同时这也是对工作技能的一个规范、总结和提炼。工作分解表主要包括两个关键部分，一个是主要步骤，另一个是要点。

1. 主要步骤的定义与编写方法

主要步骤是指作业的主要程序、主要目的，也就是"做什么"。

- 根据自己的理解（常识判断）记录该工作要分几个步骤。
- 到现场去实际做每一步，同时自问："这项工作有变化了吗？"当一个动作发生阶段性变化时，这个阶段就是一个主要步骤。
- 主要步骤一般用简洁的"名词+动词"表示，易学易记。

注意，如果操作中有检查（点检）、测量等动作，可视情况单独列出来作为主要步骤。例如，到银行办业务大致可分为 4 个主要步骤：取排队号，填写表单，等待叫号，办理业务。

2. 要点的定义与编写方法

要点是指完成主要步骤所必须严格遵守的关键动作与方法，也就是"怎么做"。针对主要步骤，思考以下几个问题。

- 在这一步骤，有没有影响工作成败的事项（成败项可以作为要点）？
- 有没有使员工遭遇危险的安全事项（安全可以作为要点）？
- 有没有哪些事项、动作能使工作容易完成（易做可以作为要点）？

注意，如果一个主要步骤中要点较多（4~5 个），就要重新划分主要步骤（工作不能中断的除外），这样便于员工记忆。

业务领导者要把培养胜任岗位的员工和发展员工的才能区分开来。通过工作分解表来建立清晰的工作标准，再通过"教三练四"来让员工刻意练习，就能让员工加速胜任岗位。

一旦建立了团队内部所有关键任务的工作分解表，下一步就是基于员工技能状况表，让那些还处于阶梯 1 和阶梯 2 的员工进行刻意练习，以确保

"70-20-10"学习原则发挥作用。

在这方面，谷歌公司（创意时代的典范）和丰田公司（工业时代的翘楚）的做法有异曲同工之处。

首先来看谷歌公司提升员工胜任技能的诀窍：刻意练习。

> 谷歌公司人力资源部副总裁拉斯洛·博克认为，他职业生涯中最有效的培训来自供职麦肯锡咨询公司期间。在一次培训中，学习的内容是如何应对怒不可遏的顾客。授课人员首先向学员讲述了要领（不要惊慌、给他们时间释放情绪等），而后由学员进行角色扮演，模拟实际场景，之后再做讨论。课后，授课人员会让学员观看自己进行角色扮演的录像带，看看自己到底做了些什么，并多次重复这一步。
>
> 拉斯洛评价说，这种培训方式需要耗费大量的体力，但是很有效。在培训中纳入这种重复训练和专注练习看似成本很高，其实不然。
>
> 因此，拉斯洛确立了谷歌公司的培训原则：训练内容不在多，在精；只在"能够改变员工行为"的课程上投入资源。若想改变员工的行为，首先需要将技能分解为细小的动作，然后就是重复和专注的练习。[1]

畅销书作家丹尼尔·科伊尔（Daniel Coyle）在《一万小时天才理论》（*The Talent Code*）一书中也提到："任何领域的任何专家都要经过10 000小时专心致志的练习。"佛罗里达州立大学埃里克森教授的研究显示，重要的不仅是你投入多少时间学习，还有如何使用这些时间。

埃里克森教授找到证据证明，在某一领域精通的人，不管是小提琴家、外科医生还是运动员，他们的学习方法都惊人的一致：将活动分解成细小的

---

[1] 拉斯洛·博克. 重新定义团队[M]. 宋伟, 译. 北京：中信出版社，2015.

动作，如连续数小时在雨中练习同一种击球动作，不断重复；每次他们都会观察效果，做微小的——几乎难以觉察的——调整，逐步改进。

下面再来看看丰田公司在加速员工培养方面的理念。

丰田公司的"秘密武器"是"一线主管技能培训"（Training Within Industry，TWI）。特别有意思的是，TWI 源自美国。在第二次世界大战期间，工人大都上了前线，为了让新补充上来的人员快速上手，美国人发明了 TWI，而且效果卓著。第二次世界大战后，TWI 被引入日本。

TWI 是针对主管的培训项目，主要内容包括 4 个方面：工作教导、工作改善、工作关系和工作安全。其中，工作教导是指帮助基层主管掌握训练下属的方法，使下属更快地掌握工作技巧。工作教导四步法如下所示。[①]

第一步：让学员做好准备。告知学员基本学习信息、激发学员的学习兴趣等。

第二步：展示操作。说明、展示、示范每个主要步骤、关键点及关键点理由，并提供明确、详尽、耐心的指导。

第三步：学员练习。让学员尝试不断练习，给予反馈，并解释主要步骤、关键点及关键点理由等。重复这一步，直到确定学员已经充分了解。

第四步：后续追踪。经常检查学员在工作中的表现，鼓励学员提出问题。

对于该案例中的工作教导四步法，我们习惯称为"教三练四"。其中，"教三"指的是业务领导者传授技能时需要至少教员工 3 遍，"练四"指的是员

[①] 杰弗瑞·莱克，大卫·梅尔. 丰田人才精益模式[M]. 钱峰，译. 北京：机械工业出版社，2010.

工练习技能时需要至少练 4 遍。具体内容如表 4-5 所示。

表 4-5 "教三练四"的具体内容

教三 （领导者是主体）	第一遍：业务领导者一边演示，一边说步骤
	第二遍：业务领导者一边演示，一边说步骤及要点
	第三遍：业务领导者一边演示，一边说步骤、要点及理由
练四 （员工是主体）	第一遍：学员尝试完整操作，但不用解说
	第二遍：学员尝试完整操作，但不用解说
	第三遍：学员一边做，一边说出主要步骤和要点
	第四遍：学员一边做，一边说出主要步骤、要点及理由

◆ 有效发问，推动员工提升解决问题的能力

在职场中，解决问题的能力是员工的核心能力要求。当员工处于阶梯 3～5 的时候，已经具备了完成任务的部分能力，但经验不足，分析问题、解决问题的能力也不足。对业务领导者而言，当务之急就是帮助员工提高发现问题、分析问题和解决问题的能力。对此，业务领导者需要掌握系统思维和促动技巧（提出好问题的能力）。

通过提出问题，业务领导者可以在团队中营造出一个相互征询意见的氛围，这种氛围会给处于阶梯 3～5 的员工带来非常积极的影响。由于业务领导者以身作则，团队成员也会大胆地提问和质疑，挑战各种设想，积极发现问题，主动思考，进而引发对解决问题的兴趣，主动探索解决问题的思路。

戴尔公司创始人迈克尔·戴尔（Michael Dell）认为："领导者多提问题，可以打开一扇通往新观念和新想法的大门，最终将提升组织的竞争优势……"

杰克·韦尔奇在其著作《赢》（Winning）一书中指出，领导者必须真正成为提出最多、最好问题的人。提问还能够营造出一种承担责任的文化氛围，能够培养员工求答案、求结果的勇于承担精神，从而持续跨越阶梯 3～5，直达阶梯 6。

业务领导者的人才管理

1. 业务领导者要提升员工定义问题的能力

什么是问题？问题是现状与应有状态之间的差异，应有状态是目标、基准或行业标准。不知道什么是应有状态就无法发现问题，无法发现问题就无法解决问题，那么不能发现问题的人也就没有什么价值。

"没有问题"就是最大的问题。没有问题就意味着没有目标，不了解工作标准。因此，设定应有状态是发现问题的关键。

定义问题包括对问题产生的原因进行分析，使重点放在问题的本质而不是表面现象上，即认识"真正的问题"。例如，在学习新技能的过程中，发现自己总是不能按时完成工作，达不到任务的工作标准。工作速度慢只是一个表面现象，不能按时完成工作的本质原因可能是在完成工作的过程中没有严格按照工作分解表去做，而是遵从了过往的习惯，或者忽略了某个关键要点，或者某项动作持续时间不足等。

要让员工成功地定义问题，也就是发现问题，需要业务领导者进行有效的促动。

- 鼓励员工广泛地收集信息，收集的信息越多，就越有可能准确地找到问题。
- 鼓励员工在完成任务的过程中，学会采用对比的方式来发现问题，可以与工作分解表进行对比，可以与自己之前的案例或失败的经历进行对比，也可以与自己的师父或领导进行对比，这些对比有利于提升员工的洞察力。
- 实际的信息不同于观点和推测，要鼓励员工学会有效区分观察到的客观数据和自我的感性认知。
- 鼓励员工在完成任务的过程中，多与其他同事互动，获取广泛的参与。
- 鼓励员工在定义问题的时候清楚地指出问题违背了什么标准或期望。
- 告诉员工在定义问题时不必急于提出解决方案。

解决问题的方法有两种：分析性地解决问题和创造性地解决问题。一般而言，在阶梯 3～5，员工需要运用的都是分析性地解决问题的能力。只有在阶梯 6，员工才可能较多地运用创造性地解决问题的能力。分析性地解决问题依赖系统化和逻辑化的方法。

2. 业务领导者要通过有效的提问来引导员工找到解决问题的方法

　　张经理是一家文具用品公司的华南大区高级销售经理，带领一个 20 多人的销售团队。9 个月前，他提拔了一位区域销售经理小狄。小狄表现很优异，在春节后的开学季业绩突出，他分管的区域获得了公司的表彰。

　　暑假即将结束，学生们迎来新的开学季，又是一波销售高潮。由于公司今年上半年新品销售增长仅有 15%，一直未达预期（30%），于是公司给各个大区下了"军令状"：务必确保本次开学季新品销售增长率实现 30%。显然，这是一个挑战性任务。张经理安排小狄做一个开学季新品销售预案。

　　看到小狄提交的销售预案，张经理感觉头都大了：按照这个方案，达成新品销售增长率 30% 的可能性很小。

　　张经理该怎么提问来引导小狄找到解决问题的方案呢？

在这个案例中，很明显，小狄的能力处于责任阶梯的阶梯 4～5，张经理需要通过提问来引导小狄寻找解决问题的方案。例如，"小狄，你觉得你目前方案成功的可能性有多大？""除了目前的方案，你还有其他方案吗？""你觉得目前方案中存在的机会和威胁是什么？""如果要抓住机会，你觉得该怎么做？还有方案中没有提到的方法吗？""要确保目前方案目标的有效达成，你需要哪些资源？""你现在有哪些资源？还没有资源？你打算怎么办？"

要想通过有效的提问来推动员工提升解决问题的能力，业务领导者需要关注以下几个方面。

- 尽量问开放式问题，少问封闭式问题。开放式问题展示了对人的尊重，因为开放式问题带着期待：人们有能力找到自己的答案。封闭式问题容易"去能"，因为答案是唯一的。不过封闭式问题可以让员工坚定信念，在谈话开始和结束时可以使用，技巧要求比较高。

- 用学习模式来提问，如"这样做有什么好处或价值？""针对目前的情况，我们可以采取的措施是什么？"避免用评判模式来提问，如"怎么失败了？""你为什么就做不好呢？""你的方案怎么这么粗糙？"
- 以"为什么"作为问题的开头。这类问题有一定的压迫性，但是能够让员工更加深入地分析因果关系及目的背后的假设。最经典的就是丰田公司主张的寻找真因的"5Why法"，也就是连着问5个"为什么"，以去伪存真。不过在运用以"为什么"开头的问题时，需要注意语气语调，要传达出好奇和了解真相的渴望，而不是对结果的愤怒和失望。
- 在不同的阶段需要问不同类型的问题。例如，在问题定义阶段，多用"是什么"的问题；在问题分析阶段，多用"为什么"的问题；在提出解决方案阶段，多用"怎么样/如何"的问题；在执行过程中，多用"是什么""应该做什么""可以做什么"的问题。

第四节　为员工培育发展的土壤

员工只有学会担责才会成长。在这个过程中，业务领导者需要根据员工的能力选择让其承担不同的责任，而业务领导者的互动行为会促动员工有效担责。但是，还有另一种情况，那就是员工需要实现突破性发展。在VUCA时代，组织和团队越来越不再是一个固定的模式。从"事"的维度看，VUCA时代充满了很大的不确定性，如业务模式的变革，业务领导者会面临一些创造性地解决问题的需要，这个时候就需要员工实现突破性发展。从"人"的维度看，人的自我发展遵循螺旋式上升的结构，在某个阶段会遭遇瓶颈，也就是自我限制。因此，业务领导者需要成为催化剂，推动员工的自我觉察和自我发展。

今天，业务领导者需要在团队内部为员工培育发展的土壤，打造学习型团队。有3个关键动作可以帮助业务领导者有效地培育发展的土壤：为员工提供学习资源、交办挑战性任务，以及基于发展的绩效面谈。

◆ 为员工提供学习资源

在这里，我们把学习资源定义为"任何可以用于构建解决方案的工具"。学习资源可以是有形的，如人力、物资、资金和设备；也可以是无形的，如沟通技巧、洞察力、时间和努力、团队士气、对公司的忠诚度、敬业度等。

下属在发展能力的过程中，确实会遇到一些他目前只能关注而不能影响的区域，这个时候，作为业务领导者，非常关键的一点是将自己掌握的资源整合给下属。这种管理行为可以帮助下属将精力聚焦在自己的影响圈内，从而获得更加高效的产出。

> 周总是一家金属制造业企业的生产制造部总监。年初，公司给周总定的目标是本年度达成1.2亿元。生产部主管小张是周总的下属，他工作非常努力，但是经常会忽略一些关键的资源，以至于工作效率不是很高。
>
> 周总找到小张，提醒他必须找到匹配的资源。周总基于车间当前智能化（机器人）技术改造的需要，引导小张找到一些可以提供设备改造和自动化的供应商，并把一些供应商的联系方式给了小张。周总还主动电话联系了其中一家关键供应商，并向对方推荐了小张。

为了更好地看到业务领导者的学习资源都集中在什么地方，我们整理了一个基于"70-20-10"学习原则的学习资源清单，如表4-6所示。

表 4-6 学习资源清单

学习原则	学习资源类型	说明及举例
10%：正式培训	1. 培训课程（线上、线下）	公司 HR 部门组织的内训 公司内部的 E-learning 线上平台提供在线课程，如网易云课堂、得到、学习强国等
	2. 可供阅读的书籍	可在当当网、京东购买
	3. 系统教育	在职教育（MBA、工程硕士、EDP），权威认证（CPA、微软、思科认证）
20%：指导	4. 导师或教练/指导	业务领导者本人、公司内部其他资深人士、外部专家等
	5. 对外交流	参加专业外部会议或培训等交流活动，拓宽视野
	6. 标杆学习	通过观察、揣摩、讨教、实践跟随等方式，向公司/部门内这方面做得比较出色的同事学习
70%：历练	7. 写文档	撰写各类制度、流程、手册、表格等文档
	8. 特殊项目	参加或领导相关项目，提升领导力 给予一些有挑战性的工作，通过提高工作质量，提升其对专业结果的影响力
	9. 主持会议	在工作中就某些问题组织小型会议讨论 主持部门或团队的正式/非正式会议
	10. 展示/会议发言	在与内/外部客户的正式交流中做展示或介绍
	11. 列席高阶会议	参加高阶会议，培养更高层次的对话能力
	12. 特殊小组/委员会	参与公司或部门职业发展委员会通道分会或其他专项小组的工作
	13. 轮岗/转岗/实习	在相关岗位进行轮换、实习

◆ **交办挑战性任务**

要实现自我超越，就必须走出舒适区。从心理学来讲，人的学习可设为 3 个区域：舒适区、学习区（又称挑战区）和恐慌区，如图 4-3 所示。实验证明，人在学习区的学习效果最好，在舒适区和恐慌区的学习效果较差。

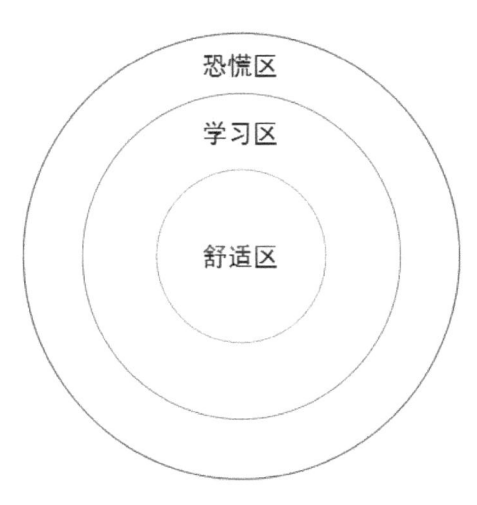

图 4-3　学习的 3 个区域

业务领导者要想培养优秀的员工，最佳方法就是将挑战性工作交办给他们，让他们在摸索和犯错中淬炼自己的能力；同时辅以定期的跟进、引导，并适当地提供资源和支持。

柳四从一名大学老师兼企业培训师，转行到管理咨询行业做咨询顾问，在加入一个项目一个月之后，项目总监就拍着柳四的肩膀说："柳老师，下面这个项目就由你来担任项目经理吧。"这一挑战激发了柳四的斗志，同时项目总监也非常支持柳四，给了他展示自己的机会和发挥创造的空间。柳四在项目中设计的策划思路和方案在很长一段时间内成为公司的经典案例。该项目也获得了客户 20% 的超额奖励金。

交办挑战性任务需要选择恰当的时机，以下 3 种工作千万别硬塞给员工。
- 陌生的工作。对员工而言，陌生的工作学习和沟通成本太高。
- 非紧急重要事项。非紧急重要事项指的是虽然期限未定，时间上也不着急，但是对公司未来发展十分重要的工作。非紧急重要事项在执行过程中往往充满了许多不确定因素，业务领导者应该让员工从有经验的工作中逐步挑战。

- 指派人力的工作。指派人力就是调动人力资源，并通过直接指挥这些人来完成工作。员工不管有多么熟悉公司业务，自己处理和指派别人都是两回事。

要确保挑战性任务能起到锻炼员工的作用，业务领导者需要把握以下 4 个关键要点。

1. 探讨成功路径

在培育下属的过程中，业务领导者需要帮助员工把工作目标分解成一个个动作，让目标更清晰，更容易达成。通过这种方式，可以引导员工不断地体验达成目标的成就感和能力上明显的成长。

> 马总是一家药企的销售总监，年初刚提拔了区域经理李四。年初制定公司年度销售目标和计划的时候，根据公司目标，李四所带团队的年度销售指标为 1 000 万元。李四这是第一次带团队，去年他的个人业绩是 400 万元，但是团队中其他 3 个人的业绩合起来也就 300 多万元。今年团队目标一下子增长了 300 万元，李四感觉团队的能力面临挑战。为了培养李四成为一名合格的销售团队领导，马总与其进行了深入的沟通和探讨。李四作为一名新晋区域经理，个人能力比较突出，但是在团队管理和资源整合方面经验不足。在马总的经验分享和方法指导下，李四将年度目标拆解为 20 多项关键举措，其中有 3 项关键举措可以帮助李四克服最重要的障碍。李四刚开始觉得 1 000 万元的目标非常有挑战性，尤其是需要带团队一起达成目标。后来他在马总的不断引导下，明确了当下的小目标是完成 3 项关键举措，顿时感觉信心百倍。

2. 如果员工交付的成果有瑕疵，业务领导者可以示范，但不可越俎代庖

> 市场策划专员小向把修改好的市场策划文案提交给上级李主

管。李主管发现这份市场策划文案有若干错误，他的选择是：

A. 自己动手修改市场策划文案中的错误，然后把小向叫过来，就所有错误的地方一一指正。

B. 让小向自己改正。把小向叫过来，然后告诉他："小向，我找到了这份市场策划文案中的6处错误，这本来应该由你来发现才对，完成这份市场策划文案应该是你的责任，请你用心确认后，再把完整的市场策划文案交给我！"

答案不言而喻！最好的选择是 B。在选项 A 中，李主管直接指出错误并给出正确的答案，剥夺了小向主动思考的权力，也浪费了一些学习机会。因此，正确的处理方式是让小向找出错误所在，并自我思考如何修正。然后李主管与小向一起再过一遍。如果市场策划文案依旧有问题，李主管可以多提问题，或者举例说明，避免直接给出答案。

3. 保障员工有失败的"权利"

交办事情之后，业务领导者要有两个心理准备："认同对方做法与自己不同"及"给予员工失败的权利"。

业务领导者不过度干涉员工的工作，为的不是避免员工跌倒、失败，而是要下定决心看着员工摔跤，因为没有摔过跤的人永远学不到教训。只有跌倒了，员工才不会再犯相同的错误。从长远看，员工能够从错误中获得宝贵的经验。因此，为了员工的进步，业务领导者不要插手员工的工作，而应完全放手，让员工自己去完成。

4. 员工执行任务时不要随便干预

给员工交办任务就像"在台边注视着孩子演奏小提琴"。这正是业务领导者向员工交办任务时应有的心境，即在旁边细心盯着员工的行动，但绝不随便出手协助，也不过多地提建议。

如果员工在工作中总是请教领导，领导也总是有问必答，只要看到员工

业务领导者的人才管理

在工作过程中有什么不对,就开口发表意见,最后就会变成员工总是按照领导的指令行事。因为员工会想:"不管我提出什么样的主张,最后还是由领导来做决定,我又没有权利决定。"员工会把责任推给领导,一来因为领导会提意见,所以听领导的建议比较安全;二来因为做法是领导提的,如果以后有问题,自己就没有责任。

◆ **基于发展的绩效面谈:持续回顾,寻找差距**

业务领导者在绩效管理的过程中需要持续回顾,寻找差距,有效地开展基于发展的绩效面谈。对于同样的工作行为和表现,不同的人往往会有不同的看法。业务领导者对员工的绩效评价代表的是业务领导者的看法,而员工可能会对自己的绩效有另外的看法。因此,双方必须进行持续沟通以达成一致的看法,这样才能制订下一步的绩效改进计划。基于发展的绩效面谈是绩效管理中的一个重要环节。

在大量的绩效管理实际工作中,绩效面谈是非常必要的,也是非常重要的,面谈效果的好与坏也会对绩效管理的效果产生不同的影响。最大的问题是很多业务领导者在绩效面谈时过分关注问题或消极方面。之所以如此,是因为业务领导者习惯把自己的角色定位为"警察",从而将目光放在员工做得不好的地方、执行过程中暴露出来的问题及消极方面。

先从员工的角度来分析。马库斯·白金汉(Marcus Buckingham)在对绩效和个人优势关系的研究中发现,只有25%的员工表示他们的主管在绩效面谈中会讨论他们的优势。中国企业在这方面的比例更低。更糟糕的是,很多管理者在员工犯错或存在认知盲区的时候,未能及时反馈或指导,总是习惯憋住不说,秋后算账。

因此,在实际工作中经常会出现这样一种情况:参与绩效面谈的员工对自己的工作感觉非常好,在面谈中却发现领导的反馈非常不同,他们甚至会吃惊于领导对自己的负面评价。这样的认知差异会破坏真正的沟通。

第四章　委责赋能

再从业务领导者的角度来分析。业务领导者更容易侧重于证明自己的评估是合理的，而不是以被评估者的职业发展为导向去开展对话。

我们的建议如下。

- 反馈事实，不要对员工的个性进行评价（事实上通过一两次沟通也不可能改变一个人的个性）。
- 当员工出现错误的时候，要及时给予反馈，并且记录下具体的行为，而不是等到月底、季度末甚至年底再沟通，那样会让员工感觉领导在"算旧账"。
- 为解决现实问题而进行的沟通，以及基于未来改善而进行的沟通，往往更加有效。
- 让员工认识到自身工作中的不足，请他们首先自我思考如何调整。
- 形成一致的解决思路后，要快速落实成为行动计划，并持续跟进反馈。
- 不要动不动就用薪酬和解雇来"威胁"员工，特别是新生代员工。

那绩效面谈应该遵循一个什么样的流程呢？

在这里，我们推荐使用 ORID 对话法。ORID 对话法是参与技术的一种，常用于有效沟通。ORID 对话法主要由一系列问题组成，而这些问题符合自然的思考过程，与人类心智运作的方式相同：从感官认知到采取行动。ORID 是 4 个英文单词的缩写，分别指：Objective——客观性；Reflective——反映性；Interpretive——诠释性；Decisional——决定性。从这 4 类问题出发，可以引导团队向一个更新、更深层的方向思考，可以推动团队朝着既定的目标共同前进。ORID 对话法简单易学，并且可以马上使用，适用于众多情境。

在开始使用 ORID 对话法之前，需要先来一段开场白。这个环节很重要，需要在讨论之前建立一个相对正式但较为愉快的气氛，并注意以下几点。

- 排除可能造成讨论中断的因素。
- 尽量安排整洁的空间。
- 在讨论前告诉参与者"我们要讨论的事情是重要的"。

- 第一个问题要问得很精确,并在讨论开始之前准备好。
- 告知对方自己会记录一些好的想法和观点,如果对方需要的话,也可以记录。

开场白结束之后,ORID 对话法的使用可分为 4 个步骤,如表 4-7 所示。

表 4-7 绩效面谈 ORID 对话法使用步骤

步骤	说明及示例
客观性(Objective)问题	这些问题可以用感官直接获得,如听到的、看到的、触到的、尝到的 例如,背景如何?做了什么工作?结果如何
反映性(Reflective)问题	这部分是请被访谈者聊聊关于情绪上的反应、对某些事情或话语的感受 例如,你对结果的直观感受如何?有哪些是令你感到高兴或沮丧的
诠释性(Interpretive)问题	这部分是在反馈的感性情绪之外,对所讨论的主题本身的意义和目的的讨论,以及对下一步行动前的一些分析和思考 例如,面对这样的情况,我们的经验总结有哪些?这样的市场情况说明了什么问题?这对我们来说,有哪些不同呢?对于下一阶段的工作思路,你的思考是什么
决定性(Decisional)问题	这部分内容包括通过讨论可以做出什么样的决策,下一阶段有哪些新的做法,以及如何开始行动会更好 例如,现在你会如何评价你上一阶段的工作(能否更加客观地评价)?在下一阶段的工作中,重点任务和行动计划是什么

下面来看一个绩效面谈对话案例。

李经理是某公司软件开发部经理,他刚到办公室就接到销售部张经理的电话,投诉其部门小王提供的 G 客户 Compass 软件产品分析报告整整晚了一周，而且报告中有几处关键数据出现错误，导致销售部门在碰头会议上被 G 客户一顿狠批，被严重警告如果再犯一次就终止合作。

小王做事有点拖拉，对细节不敏感，但他也有强项，如解决问题的能力很强，而且乐于助人。在部门内部的合作项目中，小王做事拖延、不严谨的问题已经多次出现。最近半年类似的情形发生了五六次，问题越来越严重。正好下周李经理将与小王进行上半年的绩效面谈，他该如何做呢？

首先来看第一段模拟对话。

小王：领导，我跟你分享一件好事。刚才我帮赵明解决了 ASM 模块的技术难点，在这个项目上他终于不再拖我后腿啦！对了，领导，你找我有事吗？

李经理：好极了！不过，小王，我今天找你是有其他事情想和你说。

小王：哦，是什么事情呢？

李经理：小王，最近我对你的表现不太满意。

小王：什么意思？有什么不满意的？（语速较快！）

李经理：你粗心大意，做报告的时候总是出错，而且错得非常离谱。在我看来，只要你稍微认真点，就不会出错。而且你拖延的毛病越来越严重，你是怎么搞的？

小王：没有啊，我不是这样的。那你说说看，我什么时候粗心大意啦？

李经理：这次提交的 G 客户 Compass 软件产品分析报告，你就多次出错，客户已经给出了严重警告。你一向做事粗枝大叶的，错误一大堆。你的个性本来就是这样的。

小王：关于Compass软件产品分析报告，业务部的原始数据就错了，他们也拖了我好几天。我工作忙得不得了，还经常帮他人提高效率，然而你还在这里侮辱我。

李经理：小王，冷静一点，我没有侮辱你。我就是以事论事。

小王：好了，好了，我受够了！我不想再听了！

（小王关门走了……）

再来看第二段模拟对话。

小王：领导，我跟你分享一件好事。刚才我帮赵明解决了ASM模块的技术难点，在这个项目上他终于不再拖我后腿啦！对了，领导，你找我有事吗？

李经理：好极了！小王，你一直是我们部门解决问题能力最强的人，而且你乐于助人。

小王：谢谢领导的认可。

李经理：不过你有没有想过，有时候，你过于关注别人的事情？

小王：哦？

李经理：你这次提供的G客户Compass软件产品分析报告被客户发现了3处错误，业务部门的领导还给我发邮件，对你延迟一周提交报告进行了投诉。

小王：是的，确实是延迟了，为了不让他们等太久，我还加了3个晚上的班才赶出来，而且他们原始数据给我的时候也晚了好几天。

李经理：是的，业务部门领导也承认晚了两天给你。还有上周你负责的WOD项目，我专门找你沟通过，延迟了4天。

小王：是的。那次是因为我急着解决老周那个循环运算的问题。

李经理：是的，你总是乐于帮助团队成员，这一点很好。小王，我想说的是，你要看看有什么办法可以提高工作的及时性和可靠性。

小王：是的，有时我也有些困惑。我知道自己某些方面有问题，但总是情不自禁陷入其中。

李经理：那我们一起回顾一下，先看在及时提交报告方面，你遇到了什么障碍。

小王：我想想看……首先业务部门原始数据给我晚了。其次就是在做报告的过程中遇到 ASM 项目中的一个难题，我多花了两天才解决。还有就是中途小李来找过我两次，让我帮忙，我都没好意思拒绝，也耽搁了一些时间……

李经理：很好，这样的分析有利于我们找到问题的原因，以进行有针对性的提升。根据你的分析，要解决问题，你觉得你可以做什么？

小王：就目前的分析来说，首先是按时间倒排我每日的任务，做到日事日毕。其次是针对任务多的情况，做好时间规划，如果确实时间不足，我需要反馈并获得客户或你的同意。最后是在自己的任务完成之前学会拒绝他人。

李经理：我觉得你提出的方法就挺好，如果你能做到的话，肯定可以提高任务交付的及时性。下面我们再来看看，在确保报告的准确性方面，你遇到了什么障碍。

小王：好的……

大家看这两段对话的主要区别在哪里？

其实从这两段对话中可以明显看出沟通的效果是不一样，下面我们做了一个对比表，如表 4-8 所示。

表 4-8　模拟对话分析对比表

第一段对话	第二段对话
针对人（小王），反映业务	针对事实，陈述问题事件，反映客观性（Objective）
直接判断，缺乏有效倾听	倾听小王的反馈，了解反映性（Reflective）
没有任何实质性讨论	与小王就问题展开讨论，掌握诠释性（Interpretive）
小王开门离去	与小王就下一步行动达成共识，明确决定性（Decisional）

第五节　创造员工融入的环境

业务领导者在带领团队的过程中，经常会遇到产能与产出不匹配的情况，大部分情况下原因都是手中的人力资源不足，尤其是骨干和精英人才不足。除了通过委责赋能来培养下属，组织还可以从外部招募人才，或者从组织内其他部门选拔人才转岗来提升团队的产能。试着想象一种最极端的情况：一位业务领导者被公司选拔去完成一项挑战性任务，团队中就他自己拥有"一杆枪"。

业务领导者需要创造员工融入的环境，以打造士气高昂的高绩效团队。

◆ 引进精英人才，关键在于有效融入

帮助新加入的团队成员融入团队至关重要。无论是企业中的团队还是体育赛场的团队，都需要解决新人的融入问题。一个新人加入团队，快速建立安全感很关键，这就需要业务领导帮助其有效融入团队。今天，由于交通的高速发展，人员的流动性大大提升，大部分业务领导者带领的团队成员都不太可能长期一成不变，所以帮助团队成长就会不可避免地面临人才融入的问题。而对大部分业务领导者而言，这恰恰是他们的一个短板。

T 公司是一家业务快速增长的智慧城市解决方案提供商，公司每年都要从外部招聘成熟人才。业务规模的快速增长带来了人员招

聘数量的持续增长，公司招聘压力很大。公司管理层通过数据分析发现，成熟人才的招聘越来越难，于是开始考虑每年招聘一批应届毕业生来培养，以补充公司的人才缺口。2020年，公司相关部门经理组团参加了10月的校园招聘活动。2021年9月，公司共招聘应届毕业生15人，分配到公司的软件部、技术支持部、工程部、硬件部等。为了让应届毕业生更好地融入公司，公司安排他们进行为期3个月的岗位实习，试用期结束后组织了转正答辩。半年过去了，应届毕业生流失情况严重，公司组织研讨会，发现各部门经理把应届毕业生与社招员工一样对待，缺乏有效的培养。于是，公司对各部门经理提出了明确的培养目标，但是现状依然没有好转。

2022年9月，上一年招聘的应届毕业生入职满一年，当初招聘的15人只剩下3人，公司管理层很是恼火：到底哪里出问题了？

很显然，在该案例中，T公司并没有关注新入职的应届毕业生的融入问题，甚至很多人认为应届毕业生的融入比社招人员要更加容易一些，他们的观点是：应届毕业生是一张白纸，应该更容易被公司的企业文化所塑造。事实上，如果将这个观点放到"70后"和"80后"员工身上，确实如此。可是现在入职的应届毕业生都是"95后""00后"，他们接收的信息及对自我的认知越来越个性化。在我们看来，无论是应届毕业生还是社招员工，都需要公司和业务领导者关注他们的融入问题。

根据中智咨询《2021年应届生求职就业与薪酬调研报告》，2020届入职的新员工，一年内主动离职率平均为25%。职场人第一份工作的平均在职时间呈现出随代际显著递减的趋势，"95后"第一份工作的平均在职时间仅有7个月，"90后"为19个月，而"80后"为43个月，"70后"为51个月。这些数据充分显示了关注应届毕业生融入问题的必要性。

下面来看一下华为公司对新员工融入的做法，其重点放在了华为公司"以客户为中心，以奋斗者为本"的价值观融入上。

业务领导者的人才管理

华为公司的新员工之所以能很快融入公司的企业文化，新员工培训功不可没。新员工培训是华为公司培训业务中的重中之重。

第一阶段是为期两周的文化培训。这个培训由新员工培训中心负责。任正非非常重视新员工培训，他会亲自审阅新员工培训的教材，在培训早期会亲自与新员工交流、答疑，公司高层、部门领导也会与新员工交流。

从内容设计来说，文化培训的所有活动、学习材料，都是围绕华为公司的六大核心价值观来设计的。

从形式来说，培训内容包括主题讨论、电影观摩、优秀员工座谈、游戏活动等。最有特色的就是华为公司的早操和下午的活动。早操非常严格，类似军事化管理，凸显团队意识；下午的活动也都是围绕华为公司的六大核心价值观设计的。

从参训人员来说，在文化培训方面，华为公司对所有员工都一视同仁。无论是应届毕业生还是社招员工，无论是普通员工还是空降部队，都要参加文化培训，只是空降人员组成的班级和普通员工组成的班级，配备的引导老师可能不太一样。

第二阶段是部门试岗。新员工文化培训结束进入部门后，华为公司会从3个方面引导他们不断地融入企业文化。

- 配备思想导师，随时为新员工答疑解惑。
- 布置一些项目，对新员工进行锻炼。
- 考核牵引，PBC及转正答辩考核表上都有关于文化的自查自省，通过"刺激—自查自省—强化"循环，让新员工能够更好地领悟、接受并融入企业文化。

到岗只是起点，融入得好不好才是关键。几乎所有新加入公司的员工都会撞上一堵"墙"：文化的差异、工作习惯的不同等。即使在公司内部从一个部门轮岗到另一个部门，也会遇到团队融入问题。无论是应届毕业生还是社招员工，抑或是内部转岗、轮岗的员工，在促进新员工顺利融入方面，大部分业务领导者并不太清楚自己需要做什么、怎么做。于是很多新员工入职之后基本上就处于"自生自灭"的状态。一般来说，组织中都是由人力资源部门来管理和监督所有新员工的入职引导计划的。但是美国联邦人事管理局在2011年提出，直接主管是"新员工入职引导计划和新员工长期融入组织这一过程的关键推动者"，所以业务领导者在团队融入问题上举足轻重。

下面来看一下谷歌公司是如何助推新人适应新团队、融入组织的。

在启动招聘流程时，谷歌公司高层会向经理发送提醒邮件，邮件中附有以下清单。

- 进行一次角色与责任讨论。
- 将新员工与一位同事组成互帮互助组。
- 帮助谷歌新人建立社交网络。
- 谷歌新人入职后的前6个月，每月进行一次上岗情况检查。
- 鼓励新员工畅所欲言。

看起来只是一份简单的检查清单，如果经理能切实执行，其手下的新员工达到全效工作状态的速度会比同行快25%。

这份检查清单实际上是通过系统的数据研究而制定的简单有效的措施，减少了经理需要思考的事情，让他们可以专注于行动。

与此同时，谷歌公司会在新人培训中加入15分钟的主题讲授——"积极主动的益处"，为新员工介绍以下5项具体的行动，帮助他们找到需要的东西，并重申这样的行为符合谷歌公司的企业价值理念。

- 问问题，问很多问题！
- 筹划与经理的定期一对一会面。
- 了解自己的团队。
- 积极寻求反馈意见——不要等待他人反馈！

- 接受挑战（敢于冒险，不怕失败……其他"谷歌人"会给予支持）。

两周之后，向新员工发送一封提醒邮件，请他们跟进这 5 项行动。结果也很令人欣喜，采用这一方式的新员工在要求提供反馈意见方面的需求比对照组要高 15%。

同时，对经理和新员工进行助推，应用精益生产中的"防错防呆"系统。在经理和新人两端一齐推进，保证即使其中一端（如经理）忘记了检查清单中的某一项，新员工也会主动提出。

这项工作执行起来非常简单，也非常有效。难点在于通过观察，识别出"积极主动"（能够提升融入效率）这一关键要素，并解析出能够例证新员工积极主动的具体行为，以便将其固化下来，做成清单，便于"谷歌人"模仿。

这一系列举措帮助谷歌公司将新员工"实现全效工作的时间"从数月降到了数周。

◆ 人才融入的 5 个关键原则

那么，对业务领导者而言，到底该怎么做才能切实有效地帮助人才融入团队呢？业务领导者需要坚持以下 5 个关键原则。

1. 确保新员工正确理解组织文化

了解组织文化往往是由人力资源部门牵头去做的，只能起到传播组织文化的作用，真正能让新员工感知并接纳的是业务领导者的行为示范。例如，新员工入职后，必须了解哪些行为是组织文化认可的，哪些行为是组织文化不认可的，业务领导者需要在工作中将这些行为有效地呈现出来，让新员工感知到，从而更好地接纳和融入组织。

2. 确保新员工融入工作环境

让新员工融入工作环境，需要业务领导者用心。对新员工来说，一切都是陌生的，因此关键在于创建新员工与工作环境的连接。例如，制作新员工欢迎牌或专属身份证明，像谷歌公司的 Noogler 帽等；在陌生的环境中完成一次小活动，如阿里巴巴集团的"倒立墙"，业务领导者可以带着新员工练倒立。

谷歌公司的新员工有一个专属名称"Noogler"，以及一项标有"Noogler"的帽子。在项目组中，大家不仅会自发地指导新员工，也会更乐于听取新员工的意见，让新员工更快地融入新环境。

国内某知名互联网公司会在新员工培训时，将新员工分组，并给每个组一张任务卡，如表4-9所示，让新员工通过完成各种任务快速熟悉公司，整个过程既欢乐又充满了仪式感。

表4-9 国内某知名互联网公司制作的任务卡

□	任务一：机器人
□	任务二：教练我想打……
□	任务三：壮汉与萌妹齐聚
□	任务四：用积木组成的快乐天地
□	任务五：……

苹果公司在新员工入职的第一天，会为其配备一台全新的iMac。不过，新员工必须自己完成计算机的所有配置操作。

亚马逊公司欢迎新员工的动作就像一个"怪癖"：给每位新入职的员工配备一张用旧门制作而成的桌子。之前是要求员工亲自制作各自的桌子，现在调整为由员工组装好"用旧门制作而成的桌子"。

融入环境还有一个关键要素，就是关注新员工与组织环境的第一次接触,这种初体验往往会实实在在地影响新员工对组织的看法,左右新员工融入团队的效果。例如,销售新人第一次拜访客户,第一次完成费用报表,第一次询问公司福利的细节,第一次接受非正式及正式的绩效回顾,第一次在没有上司直接监督的情况下完成工作,第一次参加会议等。

3. 与新员工共识绩效目标

一旦新员工对工作职责与内容、工作环境有了一定的了解,业务领导者就需要与新员工就近阶段的绩效目标达成共识,并要求新员工就绩效目标制定相应的行动措施和计划。

要让新员工对岗位的任务目标有清晰的认知,明白自己需要做什么。任务目标必须清晰、量化,同时注重结果导向,以数据为基础,切忌标准模糊,模棱两可。

这项工作一般都由业务领导者通过入职面谈来完成。在面谈中,需要让新员工了解团队情况、岗位说明及绩效目标、成长规划等内容。

4. 帮助新员工建立有效协作的双赢关系网络

业务领导者要想帮助新员工建立有效协作的双赢关系网络,第一步是和新员工建立逐步信任的关系。例如,业务领导者可以利用午餐时间与新员工快速熟悉起来。业务领导者与新员工一起吃饭,一方面体现了公司平等的氛围,另一方面也给了管理者与新员工交流的机会,双方可以通过这样的方式互相了解。

> 雀巢曾发起"15分钟优质食品美好生活"活动,倡导大家每天花15分钟吃份健康的早餐。从那时开始,雀巢便带起了"Boss请客吃早餐"的风潮。
>
> 从雀巢中国 CEO 罗士德先生到各部门的总监、经理,都会请员工吃早餐,让大家以最饱满的热情来迎接一天的工作。

第二步是带着新员工与部门内部其他同事建立工作上的连接,可以安排新员工跟着老员工学习，也可以为其指定一名老员工担任导师，还可以组织一些集体伙伴来帮助新员工与老员工建立关系连接。

第三步是带着新员工与其他需要跨部门协作的同事建立工作上的连接，可以给新员工布置一项跨部门合作的短期任务。

5. 为新员工的成长提供足够的资源和支持

在新员工融入组织的过程中，要为新员工的成长提供足够的资源和支持。这一方面是为了确保新员工的第一次任务能够高效完成，另一方面也是为了激发新员工在组织中的学习意愿和主动成长的动力。新员工在组织中的每个"第一次"都非常关键，但是成就感的塑造是第一位的，而这往往离不开业务领导者的有效支持。

根据我们多年的管理实践与咨询经验，完整有效的新员工融入包括4个阶段，这符合人才从准备到优秀的递进关系。这4个阶段包括准备、入职、融合和优秀。这4个阶段的划分有利于业务领导者抓住新员工融入的关键脉络。

对业务领导者而言，具体需要做哪些事情呢？我们整理了一份新人入职引导关键任务，如表4-10所示，供业务领导者参考。

表4-10 新人入职引导关键任务

关键任务	准备 （入职第一周）	入职 （入职1个月）	融合 （入职3个月）	优秀 （入职一年）
理解企业文化	1.澄清价值观对应的行为 2.如实介绍岗位的基本情况	1.示范价值观行为 2.听取来自客户端的声音	请新人就具体事项进行企业文化研讨	—
融入工作环境	1.欢迎仪式 2.与环境融入的设计（带标识的帽子或倒立）	1.互动和体验活动 2.支持参加公司兴趣社	庆祝团队成员的突破	庆祝集体的成功

续表

关键任务	准备 （入职第一周）	入职 （入职1个月）	融合 （入职3个月）	优秀 （入职一年）
共识绩效目标	了解新员工的特长和个人业务目标	使命、愿景和战略的传递与沟通	征求新人的想法	1.邀请新人参与团队共同目标的制定 2.促动个人业务目标的自我设定
发展人际关系网络	1.新人介绍或活动 2.熟悉部门人员	1.工作流程介绍和对接人协调 2.安排导师带教	与业务相关的外部人际网络的对接	—
职业发展支持	1.入职手续 2.行政事务的对接	1.入职培训 2.资料和资源交接 3.绩效目标讲解 4.建立工作日程	1.定期辅导、支持与反馈 2.了解新人职业发展目标	1.回顾成长，给予阶段性认可 2.订立个人发展计划

我们还整理了一份针对业务领导者的新员工融入指南，供大家参考，如表4-11所示。一般第1~2天的工作是由人力资源部门负责的，因此未列入表中。

表4-11 业务领导者的新员工融入指南

时间阶段	目的	关键动作
第3~7天	新员工入职，让其知道自己需要做什么	安排位置；开欢迎会；公司介绍；岗位介绍；第一周工作任务介绍；日常工作指导；安排新老同事接触
第8~30天	新员工角色过渡，让其知道如何能做好	熟悉公司环境及各部门；安排老员工带新员工；积极沟通反馈；传授经验，学中干，干中学；肯定与表扬
第31~60天	让新员工接受挑战性任务	讲清楚工作要求和关键指标；开展团队活动，观察新员工的优点和长处；给予包容，当新员工犯了错误时给予其改善的机会；对于实在无法胜任的新员工，也要多给机会尝试

续表

时间阶段	目的	关键动作
第61~90天	表扬与鼓励，建立互信关系	及时给予新员工表扬；鼓励多样性的互动；安排新员工分享成功经验（小小的成功即可）
第91~120天	让新员工融入团队，主动完成工作	鼓励新员工积极发言；让新员工参与团队经验分享；鼓励新员工提建议；出现矛盾时要及时处理
第121~179天	赋予员工使命，适度授权	帮助员工重新定位，找到自己的目标和方向；及时处理员工的负面情绪；提升员工的企业认同感；引导分享公司成长；适当放权
第180天	总结，制订发展计划	准备绩效面谈，每个季度保证至少1次1小时的正式绩效面谈；明确绩效面谈的内容；先肯定，后说不足；协助员工制定目标和措施；为员工争取发展提升的机会；给予员工参加培训的机会
每天	全方位关注下属成长	关注新员工的生活；庆祝员工的生日和每次突破；每月举办一次各种形式的集体活动

◆ **内部转岗引导：扶上马，送一程**

企业通过设立内部转岗制度，建立通畅的内部人才流动市场机制，帮助员工在企业内自由地寻找发展机会，同时快速支持企业重点产品和业务的人才需求，实现员工发展和企业战略的共赢。

轮岗与转岗早就成为培养人才的一种有效方式。例如，腾讯公司的"活水计划"在2017年获得了《哈佛商业评论》杂志中文版主办的拉姆·查兰管理实践奖。

腾讯公司在2012年年底启动了"活水计划"，希望建立通畅的内部人才流动市场机制，且形成一种文化，既能帮助员工在公司内自由地寻找发展机会，又能快速支持公司重点产品和业务的人才需求，实现员工发展和企业战略的共赢。自2013年至今，"活水计划"已累计帮助5 400多名员工在内部找到新的发展机会，既有效支持了重点业务的高速成长，也为公司培养了更多有开阔视野和复合经验的人才。经过多年的深耕，大部分员工对"活水计划"已经耳熟能详，"活水"已成为腾讯公司的一个重要文化符号。

典型的例子还有鼎鼎有名的华为公司内部资源池。

华为公司每年都有超过1万名员工在公司内部各大业务部门之间转岗流动，很多业务部门都通过内部流动获取所需的人才。其中既有员工根据本人意愿自主发起的流动，也有在尊重员工个人意愿的基础上由部门间协商推荐的流动。

华为公司的内部资源池，最初是由俄罗斯地区部总裁调任的人力资源总裁创建的。这个内部资源池最初的设计目的，是用于5%被淘汰、绩效表现不佳的员工内部再就业的。其本质是给予在本岗位绩效表现不佳的员工第二次机会，看看其他部门或岗位有没有相应的职位。

现在，所有员工，包括绩效表现优异但想自主调换部门的员工，都可以进入这个内部资源池。员工进入内部资源池需要和直接主管提前沟通，直接主管不可阻拦员工转岗。

轮岗与转岗在组织中越来越常见，但是很少有组织和业务领导者像新员工刚加入公司时那样设计并推动新员工的融入机制，从而忽略了这些轮岗或转岗员工类似的需求。业务领导者一方面要给这些轮岗和转岗的员工培训新职位所需的特定知识，另一方面要给他们提供有指导性的思路、方法和工具，以帮助他们快速理解和接纳新团队、新部门的协作规则及业务目标。

下面来看一个转岗不成功的案例。

亚伟在HW公司做了5年技术研发工作，并晋升到技术小组长的岗位。由于在带领团队的过程中发现了很多人力资源管理问题并尝试解决，取得了不错的成绩，他便萌生了转岗人力资源部门的念头。

通过公司的内部资源池，亚伟顺利转到了人力资源部门。

能顺利转岗自然是件好事，对于亚伟的转岗，领导也很重视。

只要 3 个月内工作表现出色，他就能在新岗位站稳脚跟，正式转为 HRBP（人力资源业务合作伙伴）。

亚伟鼓足干劲，想在新岗位做出一番成绩，但事情并没有他想得那么简单。当他开始负责为所对接的业务部门进行研发工程师岗位招聘时，发现自己之前并没有招聘方面的专业知识和经验，尤其是他对接的业务部门属于一个新兴业务领域，市场上的高级人才非常稀缺。第一个月过去了，当月的人员招聘指标没达成。第二个月，亚伟想方设法通过各种渠道招人，可送到业务部门的人员还是达不到研发项目的要求，亚伟一个头变两个大。在这个过程中，他的主管也很少给予他支持和帮助，他甚至在 HRBP 团队内部寻求其他伙伴的资源支持时受挫。

最终，亚伟的转岗失败了。3 个月后，亚伟又通过公司的内部资源池回到了技术研发部门。

在这个案例中，可以看到业务领导者在亚伟的转岗中几乎没有做任何与融入相关的工作。对于内部轮岗和转岗，业务领导者需要将员工"扶上马，送一程"。这与新员工入职融入还是有一些区别的，如企业文化的导入就不那么关键了，但以下几个要点必须做到位。

- 帮助轮岗或转岗的员工快速熟悉新部门的环境，如将新的办公位与之前的保持某种一致性，快速建立轮岗或转岗员工与团队内其他员工的沟通交流平台（如企业微信群）等。
- 在绩效目标的共识上，需要发动轮岗或转岗员工的自主性。
- 帮助轮岗或转岗的员工循序渐进地掌握新部门的专业知识，并在融入阶段向其委派对应的任务，确保其逐步掌握专业技能。例如，上文案例中亚伟完全不具备招聘方面的专业技能，需要逐步掌握。
- 给予必要的资源支持。例如，对于上文案例中的亚伟，业务领导者可以给予其一些外部渠道资源，这种资源可以来自业务领导者本人，也可以来自新部门的其他团队成员。

业务领导者应创造员工融入的环境,以打造士气高昂的高绩效团队。"事为先",员工只有承担了"正确的责任",才能实现卓有成效;"人为重",员工只有承担了"正确的责任",才能学得会。创造员工融入的环境,也是将团队中的人与事有机地融合起来,实现委责赋能。

第五章

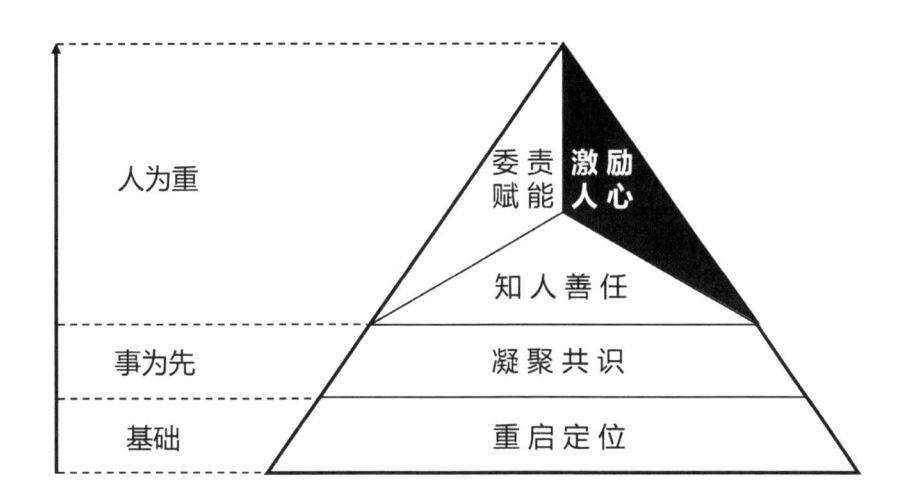

激励人心

```
人为重 ── 委责 激励
        赋能 人心
        知人善任
事为先 ── 凝聚共识
基础  ── 重启定位
```

业务领导者的人才管理

本章导引

对大多数业务领导者而言，激励是一个既重要又困难，还很敏感的话题。

说重要，是因为激励事关团队中核心人才的吸引与保留。员工会被企业伟大的愿景、杰出的产品、优厚的待遇、愉悦的氛围甚至领导者的人格魅力所吸引。但当员工下定决心离开一家企业时，70%的原因与领导者的管理方式、组织内的氛围、体系支持等因素密切相关。

说困难，是因为人的动机、价值观、需要、认知模式过于复杂且差异巨大，从来就不存在能够让所有员工都满意或一劳永逸的激励方式。在激励的过程中，大概率会出现激励的边际效用递减、审美疲劳等问题。

说敏感，是因为激励这件事关乎公平正义，最能够体现组织和领导者的价值观。激励看似针对的是某些个体或团队，但是本质上业务领导者希望更多的员工能够向榜样看齐。一个组织或领导者激励哪些行为、贡献，使用何种激励方式，都是其价值观最直接的体现。

大量国内外的实践证明，激励的成效取决于3组正向关系。

- "努力与绩效"的关系：业务领导者能否带领团队把正确的事做成。
- "绩效与激励"的关系：价值如何分配，员工的贡献能否获得公正的回报。
- "激励与需要"的关系：业务领导者提供的激励是否为员工所需要的。

激励人心不是靠喊口号、画大饼，也不是依赖经济手段去"收买"员工，而是要运用物质和非物质激励的手段激发员工的内驱力，使其发自内心地投入，并且期待更好的结果。激励同样不是为了让每个人都满意，而是为了激发团队更好地担责，最终让工作有成效，团队有成就，员工有成长。

第五章 激励人心

第一节 激励不是收买员工

在传统认知中,激励就是奖优罚劣、奖勤罚懒。员工在工作中付出了辛劳并获得成绩,就应该得到足够的奖赏。业务领导者已经习惯用表扬、声望、金钱、奖品、排行榜等各种奖赏与员工"做交易",激励中无时无刻不高举"胡萝卜+大棒"。

这些业务领导者可能不知道的是,在使用"胡萝卜+大棒"的激励方式时,如果稍不留意,就可能陷入"满意度""平均化""经济人假设"这3种陷阱之中,造成员工与组织之间的关系机械化,使得激励效果大打折扣。在本节中,我们将向业务领导者揭示人才激励的本质,减少无效甚至适得其反的激励。

◆ 跳出"满意度"陷阱,激发员工的责任感

为了了解员工的心声,现在很多企业到了年底都会做员工满意度评价。基于调研数据,业务领导者想了很多方法来提升员工的满意度,甚至还参考了很多同行业或跨行业的"最佳实践"。但一味模仿其他企业的做法,很可能只是白白耗费激励资源,且激励成效不佳。

> 某制造业企业因为遇到行业前所未有的政策红利,业务飞速发展,对人才的需求与日俱增,生产车间需要班组长承担新人带教的责任。但是在过去的一年内,带教结果不甚理想,很多新员工反馈:导师们都是顾得上的时候才问一问,工作一忙,就常常让新人坐冷板凳,带教的效果也不明显。
>
> 导师们认为带教新人会影响自己的计件收入。车间主任对此事颇为头疼。最后,他想到一个办法:只要带教的新人出师,就给予导师一次性的物质奖励。

业务领导者的人才管理

刚开始效果挺明显，导师们的带教热情也有所提升，但是一段时间之后，出现了一些始料未及的情况：有些导师为了拿到新人培养奖励，放宽新员工出师的标准；有些导师不想要这些奖励，也不想操心带教新人；还有些导师抱怨带教奖金和自己付出的精力不成正比……

车间主任也陷入了沉思：本来想通过物质奖励的方式提高导师的满意度，激发导师的带教热情，为什么会演变成这样？

今天，对员工而言，什么是最好的激励？这个问题仁者见仁、智者见智。业务领导者在实施激励之前，最好想清楚"为什么而激励"。单纯为了提升满意度而实施激励，单纯靠物质激励，往往只能取得短期的效果，如果应用不当，甚至会取得适得其反的效果。

彼得·德鲁克曾说："我们无法用金钱买到责任感。金钱上的奖赏和诱因当然很重要，但只有当员工出于其他动机而愿意承担责任时，金钱上的奖赏才能发挥激励作用。当员工已经有意愿追求更高绩效时，发奖金才能带来更高的产出，否则反而有破坏力。"[1]

回到上文的案例，班组长没有认识到自己有带教人才的责任，没有看到带教新人给自己和团队可能带来的好处（如能够提升团队产出与效率、减少不必要的返工/返修和加班、能够及时了解并影响团队的思想动态、能够助力自身的专业能力精进等）。如果不能让班组长看到带教新人给自己带来的除经济收入外的收益，过分使用物质激励的方式，反而会改变导师带教新人的初心。

车间主任很快意识到自己的激励方式存在问题——过分引导班组长"向钱看"，甚至滋长了他们急功近利的想法。他思考了很久，然后做出了以下几个方面的调整。

---

[1] 彼得·德鲁克. 管理的实践[M]. 齐若兰，译. 北京：机械工业出版社，2018.

- 明确班组长的带教责任,将带教成果直接与团队奖金系数和班组长个人职务/薪资晋升相关联。
- 将新人和导师的目标与激励捆绑起来,明确规定新人实习期的绩效标准,只要达到绩效标准,新人前3个月的产量中的1/3要算给带教导师。
- 设计内部拜师仪式,签订师徒协议,让新人和导师之间建立承诺关系。
- 建立导师带教"红黑榜",给予带教成果优异的导师挑选新员工的自主权。
- 对于年度带教成果优异的导师,发放证书表彰,并可以获得由车间推荐的参与集团各项培训学习的机会。

激励的"组合拳"打出去之后,越来越多的导师开始重视人才带教工作,成为导师不仅关乎收入,还与自身能力成长、认可、荣誉、资源分配等息息相关。最后的结果是,大家从都不愿意做导师,到争着承担导师的角色。

激励导师有时可以让他们对经济回报更满意(事实上有时经济回报方面的期待很难被充分满足)。而那些没有建立在"目标共识、责任共担、价值共创"基础之上的激励,无法对团队的产出与产能做出贡献,本质上是鼓励员工的投机行为(或者说"撞大运"),违背了"事为先"的基本原则。

◆ 跳出"平均化"陷阱,让优秀的员工被充分激励

回到前文谈及的年度满意度调查。有些业务领导者表示:"我的团队满意度已经从去年的72%提升到了85%,着实不容易啊!"这个时候我们可能要给大家泼点冷水:"关键不是85%的绝对满意度,你应该更关心那15%不太满意的到底是哪些岗位或员工。他们会不会是团队中最应该被激励和保留的关键员工?"

在工业时代，人们普遍认为组织内的人才符合正态分布，即"两头小，肚子大"，大部分的中间人群是组织的中坚力量。但是，在知识经济时代，越来越多的人才和组织贡献之间的关系呈现幂分布（见图5-1），即前20%的顶尖员工可能创造了组织80%以上的价值。奥博伊尔和阿吉斯的调查分析结果显示："10%的产出来自顶尖的1%员工，26%的产出来自顶尖的5%员工。顶尖的1%员工的产出是平均产出的10倍，顶尖的5%员工的产出是平均产出的4倍多。"[1]

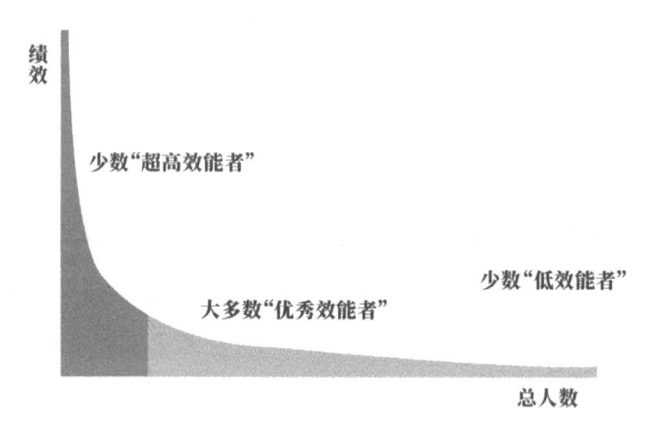

图 5-1 基于贡献产出的员工队伍分布

华为公司是国内公认在价值分配上非常公平、公正的企业之一。但仍然有很多华为公司的员工对自己的待遇颇有微词。很多人认为自己"一年到头都很辛苦""今年比去年的工作量/压力更大"，但是年底的绩效考评只得了B，和那些得分为A、B+的员工在奖金方面存在巨大的差别，从而产生不公平的感受。

华为公司的应对方式是将激励向奋斗者、贡献者倾斜，其价值分配贯彻以下原则。

---

[1] 拉斯洛·博克. 重新定义团队[M]. 宋伟, 译. 北京: 中信出版社.

- 效率优先，兼顾公平：用结果说话，谈功劳而非苦劳。
- 找到"火车头"，给"火车头"加满油：优先给予各部门顶尖员工以充分的激励。
- 让"拉车"的人比"坐车"的人拿得多：鼓励大家到实现价值的一线去，到艰苦的地区去，对能成事的人才给予充分的激励。

业务领导者激励员工，从来就没有让所有人都满意的完美方案，而是必须向组织与业务发展有所倾斜，避免将"公平"和"平均"简单地画等号。公平是建立在成果与贡献之上的，组织应鼓励多劳多得，适度拉开差距。过分强调平均化、一刀切，恰恰是对优秀人才最大的不公平。找到组织内最有价值的岗位（下文称为"关键岗位"）和最优秀的员工，给予他们充分的激励，是业务领导者的重要责任。

10年前，国内一家知名家纺公司的决策层领导敏锐地觉察到电商渠道未来将在零售行业扮演越来越重要的角色。公司高层经过讨论决定：公司将提前布局自己的电商渠道。

在那个时代，家纺行业主要依靠经销商渠道，电商人才相当匮乏。该公司为了吸引外部的电商人才，打破了公司原有激励体系的局限，设置了专门的激励、考核模式。但在当时，公司内很多传统渠道部门对此颇有怨言。一方面，电商渠道要在经营层面打开局面并非一蹴而就的，在成长期需要传统渠道给电商渠道持续"输血"；另一方面，当时电商渠道人才的待遇普遍高于传统渠道人才。

但是，公司决策层顶着压力，面向原有团队做了大量的思想动员工作，也为电商人才的融入打造了宽松的组织环境和特殊的激励渠道。事实证明，正是因为对这些关键岗位的提前布局与差异化安排，才使这家公司的渠道建设领先于整个行业，转型也非常平稳。

在企业界，率先打破"平均化"陷阱的企业是通用电气。通用电气前CEO杰克·韦尔奇提出了"活力曲线"的概念，把员工分成3类：业绩最好的20%、业绩良好的70%和业绩最差的10%。

业绩最好的20%员工是组织的A类员工，业务领导者必须在物质与精神层面给予他们关爱、培养和奖赏，因为他们是创造奇迹的人。失去这样的人才会被看作业务领导者的失误。

业绩良好的70%是组织的B类员工，但这一排名并不是一成不变的。业务领导者的主要工作之一就是帮助B类员工成为A类员工，而非仅安排他们按部就班地工作。

业绩最差的10%员工，通常是不胜任的员工。他们中的一些人还会打击别人，使团队目标落空。作为业务领导者，要坦诚地告知这些员工他们存在的不足，必要时坚决地给予调整（淘汰或岗位调整等）。如果业务领导者在他们身上花费过多的精力与资源，或者纵容他们在岗位上保持低绩效，就是对团队最大的伤害，久而久之会让团队氛围变坏，让组织在其他方面所做的激励努力付诸东流。

◆ 跳出"经济人"陷阱，把人才"当人看"

激励的本质，就是对人才差异化需求的满足。

对于人类需求的研究由来已久。20世纪50年代，亚伯拉罕·马斯洛（Abraham Maslow）在其"需求层次论"中提出人的需求从低到高有5个方面，包括生理、安全、爱与归属、社交、自我实现。他认为，只有当低层次的需求得到充分满足之后，人们才会追求更高层次的需求。

1960年，麻省理工学院管理学院教授道格拉斯·麦格雷戈（Douglas McGregor）将马斯洛的观点引入商界，对"人的本质是懒惰的，没有外部奖励或惩罚，他们就会安于现状"的假设提出了挑战。他认为，人们有其他更高级的驱动力。如果领导者尊重这些驱动力，就能让企业因此受益。这一建议促使企业对员工的着装要求不再那么严苛，工作安排更加灵活。很多企业想方设法给员工更多的自主权，帮助员工成长。

1969年，耶鲁大学组织行为学教授克莱顿·阿尔德弗（Clayton Alderfer）在马斯洛需求层次论的基础上，对需求层次进行了重组，提出了ERG理论，即人们会同时存在生存需求（Existence Needs）、社交需求（Relatedness Needs）和成长需求（Growth Needs）。他创造性地提出了生存、社交、成长这3个层次的需求同时存在。他认为，人们追求需求的层次顺序并不那么严格，优势需求也不一定那么突出，因而激励措施可以多样化。ERG理论还指出，需求被满足的程度越低，个体对该需求的追求就越强烈；当较低层次的需求得到满足后，个体对较高层次需求的追求将更强烈；当较高层次的需求遭遇挫折时，个体对较低层次需求的追求将更强烈（"受挫-衰退"模式）。

几乎在同一时代，美国心理学家弗雷德里克·赫茨伯格（Frederick Herzberg）把企业中激发员工积极性的因素分为两种，即保健因素和激励因素。保健因素包括企业的政策与管理、监督、工资、同事关系和工作条件等。这些因素都是工作以外的因素，如果满足了这些因素，可以消除员工的不满情绪，维持原有的工作效率，但不能激励员工更积极的行为。而激励因素与工作本身或工作内容有关，包括成就、赞赏、工作本身的意义及挑战性、责任感、晋升、发展等。这些因素如果得到满足，可以使员工产生很大的激励。

今天，无论是吸引外部的优秀人才，还是充分激励并保留内部的关键人才，组织都需要认识到一个现实：人与人是不一样的，每个人的需求都不同，不能寄希望于找到一种适用于所有人的激励方式。不同时代的人的职业价值观会有显著差异。

例如，最近几年对于该如何管理职场中的"95后"员工的讨论日益激烈。有些业务领导者坦言，自己对待这些员工"打不得、骂不得，哄还哄不到点子上"。这些现象的背后也折射出了业务领导者在激励方式上的局限。管理"70后""80后"员工时，业务领导者高举"胡萝卜+大棒"的方式非常有效。

但是"95后"员工的价值观更加多元化，不太喜欢那些俯视自己、事事微观管理的上级领导。业务领导者也很难用解雇来"威胁"他们。

"95后"员工在选择工作和雇主时更加看重在工作中的成就感、价值感、自主性，对待收入待遇，不仅看绝对值，更看重"性价比"。借用顺丰速运的创始人王卫先生的一句话："员工离开公司，肯定是因为没有得到想要的东西。对公司来说，可怕的不是满足不了员工的需求，而是直到员工离开，我们都不知道优秀员工想要的是什么。"

某国有银行年轻的柜面员工被问道："你最想要的激励到底是什么？"调研结果让银行网点的管理者非常意外。年轻的柜面员工普遍希望："如果我的业绩好、服务优秀，我希望获得一张随时随地的休假卡，不用总是按部就班地上班。当我想休息的时候，我就取出这张'特权卡'，放到领导面前，按照我们的约定获得休假，而不用考虑排班问题。当然，如果我做得不够出色，领导也可以收回这个特权。"听起来是不是有些打破常规甚至天马行空？但这就是年轻的柜面员工的真实需求。

知名领导力评鉴专家风里老师通过长期大样本的人群研究，总结了6种基本职业价值需求（见表5-1），职场人士可能同时存在所有这些需求，但只有1~2种占据主导地位。识别并满足这些职业价值需求，差异化地提供员工所需的激励，往往能够更好地吸引并保留这些员工。

表5-1 员工差异化的职业价值需求

职业价值需求	评价的行为方向
学习成长	专业对口、学到东西、发展空间
精神价值	对公司使命的认同、发挥创造力的机会、工作有挑战性、工作内容丰富多彩、良好的工作氛围
自主性和影响力	自主性（自己决定做什么，不被指使）、在组织阶梯中的位置、对公司发展方向有影响力、领导一个团队、有人事任免权

续表

职业价值需求	评价的行为方向
好上级	上级公平、上级想法不多变、上级尊重人
物质舒适	不错的经济回报、工作稳定、工作-生活平衡……
清晰度和结果导向	公司管理正规、责权利清晰、公正的绩效评估体系、定期收到正面和负面反馈、工作成果可见度高、容易被认可、结果导向的文化

总结来看，激励的本质不是讨好或收买员工，而是要做到"事为先、人为重"。

"事为先"，意味着在激励员工时要有清晰的标准，让大家明白"为什么而激励"；激励要与差异化的贡献挂钩，适度拉开差距，而非摊大饼、搞平均。

"人为重"，意味着激励需要因人而异，针对员工的需求，用员工喜欢的方式实施激励，而非把领导者自己的想法强加给员工。

第二节　最好的激励往往来自工作本身

"人们到底被什么驱动"是管理学界、心理学界都特别热衷讨论的话题。

1969年夏天，卡内基梅隆大学心理学研究生爱德华·德西（Edward Deci）在美国心理学家哈利·哈洛（Harry Harlow）的恒河猴实验研究的基础上，借助益智玩具研究了积极性主题。德西在1971年发表的论文中写到了这个实验的经过。在实验中，德西将所有参与测试的人员随机分为A、B两组，他们要完成相同的拼图任务。实验持续3天。第一天，两个小组都不设置任何奖励。第二天，给予B组每人1美元的奖励，而A组没有奖励。第三天，两个小组都不设置任何奖励。

实验结果表明，第一天两个小组的投入度大致相同。第二天有外在奖励的B组投入度更高。第三天情况发生了反转，A组的投入度持续提升，而在第二天获得奖励的 B 组的投入时间不仅比第二天少，甚至比第一天还少。[①]

在心理学史上，德西第一次成功地通过实验证明了金钱等外在激励对人们动机的伤害。这项研究成果在 1994—1999 年甚至在心理学界内部引发了大量的争论。最终在 1999 年，已经成为业界权威的德西，通过一份非常完善、堪称典范的研究报告，对过去 30 年（1969—1999 年）的 128 项实验研究进行了审慎调查，得出的结论是：外部奖励会削弱人们的内在动机。外部奖励只能带来短期的能量爆发，就像少量咖啡因会使人在短时间内感到兴奋，但其效果会逐渐消失。更糟糕的是，外部奖励降低了人们继续从事一项工作所需的长期积极性。

◆ 过分使用"胡萝卜+大棒"会让人们的内驱力消失

有研究表明，外在的物质奖惩对于很多从事简单机械的重复型和推算型工作相当有效，但对现代经济社会中赖以生存的创造力和概念思维能力来说，这种激励方式的效果可能并不明显。例如，对设计师或广告策划师来说，"如果灵感来了，完成设计可能只需要 2 小时，哪怕通宵达旦他们也绝不会感到疲累。但是如果没有灵感，枯坐三天也是没用的"。

对于知识工作者的激励，如果按照传统的激励模式，如规定多久完成工作，完成之后给予奖励，可能收效甚微。相反，其他一些方式却能够带来更加明显的激励效果，如给予他们持续有价值的专业反馈、让他们参加外部交流、与高手共事、真诚的认可等。

今天，组织为了吸引或保留高素质员工，不惜"一掷千金"。物质激励在一定范围内确实可以有效地刺激员工并提升业绩，但长期采取单一的物质激励手段，就可能会从激发员工变成"收买"员工，甚至产生意想不到的副作用。

[①] 爱德华·L. 德西，理查德·弗拉斯特. 内在动机[M]. 王正林，译. 北京：机械工业出版社，2020.

过度强调物质激励往往会让员工关注立即获得回报的活动，从而产生短视效应，对见效慢、需要长期投入的面向组织未来的重要工作视而不见。

动不动就用物质奖励"引诱"员工，换取员工"主动"学习、工作、听话等，会让员工的目光变得越来越短浅——只关注当下，喜欢做即刻见效、短期回报高的事情，对那些需要持续坚持才能见效的工作视而不见。久而久之，就会让员工失去自我长期规划的能力。

过分强调个人收益，还会减少员工的社会性行为，如团队合作或跨部门协作。采取过于个体化的激励方式会让每个部门自扫门前雪，只做那些对自己收入有影响的工作。很多业务领导者已经认识到这个问题，并在员工的评价和激励标准中融入了更多长期的、合作性维度。

> 华为公司在设计激励模式时，将员工的奖金与他们的业绩产出直接挂钩。而对于职务晋升、薪酬基数调整，除了参考业绩，还要综合考虑岗位职责与角色要求履行情况、超越职责的努力（如跨部门合作、承担挑战性/开拓性任务、额外项目型工作）等，避免员工只关注自身的短期绩效产出，而忽视系统建设、跨部门合作等产能型工作。

◆ **用钱"收买"员工承担额外工作或临时性任务，短期可能有效，但长期会形成员工凡事都要谈钱的思维定式**

用钱可以激发人们的工作积极性源于"人必须赚钱谋生"这个假设。如果员工得到的报酬不足或认为分配不公，就会产生强烈的不满。但激励一旦超过了谋生的基本门槛，"胡萝卜+大棒"就可能会得到与初衷相反的结果。

例如，员工在获得物质奖励的同时，不得不放弃一部分工作中的自主权，他们对此可能会很不满意。心理学家发现，一旦人们的高层次需求（如从事有价值的工作、有更好的发展空间、被尊重等）无法得到满足，就会在经济回报等基本需求层面要求超量满足。如果把所有要做的事情都明码标价，随着员工收入的增加，只有更多、更大的物质奖励才能提起他们的兴趣，从而产生激励的"海洛因效应"。

◆ **不当的物质奖惩会改变人们对道德行为的底线和期望**

不当的物质奖惩会改变人们的做事动机。人们愿意从事某项工作，除了养家糊口这一原因，可能还存在责任、道德和价值观方面的诸多原因。

剑桥大学的两位经济学家曾做过一个研究。一家幼儿园明确规定家长必须在下午4点之前接走孩子。但是总有一些家长会迟到，幼儿园园长对此头痛不已。于是，该幼儿园尝试了一个解决方案：家长每迟到一分钟就罚款一英镑。

结果，刚开始的一周效果明显。但是政策推行了4周之后，家长迟到人数开始大幅增加，甚至有家长向幼儿园打听，迟到能否以包月的方式一次性支付！物质激励取代了道德激励，迟到的父母因为多花了点儿钱而弥补了内疚感，迟到也就成了"正当的行为"，大家反而心安理得起来。

如果利用物质和金钱来惩罚人们会适得其反，那么"重赏之下"，是否就能让期待的结果持续出现呢？

长久以来，各国的献血政策一直是无偿自愿，而对献血是否应该有偿，人们争论不休。有人认为只有对血液实行买卖制才能保证血液的充足供应。但在20世纪70年代，英国社会学家理查德·蒂特马斯（Richard Titmuss）提出了一个大胆的想法：如果英国决定给每位献血者报酬，全国的血液供应量会不增反减。经济学家们对此嗤之以鼻。直到25年后，两位瑞典经济学家决定验证一下蒂特马斯的猜想，他们在哥特堡拜访了一家地方血液中心，找到了153名有献血意向的女性。他们将志愿者分成3组：第一组，自愿献血，但献血之后不会得到任何报酬；第二组，如果献血，每人可以得到50瑞士克朗，相当于7美元；第三组，如果献血，每人可以获得50瑞士克朗，但必须立刻决定是否把钱捐给儿童癌症基金会。实验的结果出乎很多经济学家的预测：第一组中，52%的人决定继续献血；第二组中，只有30%的人决定继续献血；第三组中，有53%的人愿意献血，与第一组接近。

心理学家和志愿者沟通后发现：志愿者认为献血是做善事，能带来金钱买不到的感觉，这也正是为什么在自然灾害或其他灾难发生后，献血量会无一例外地增加。而金钱的奖励玷污了这种利他举动，把人们做善事的内在欲望"挤了出去"。

那么，抛开所有的物质奖励，是否有其他方式可以鼓励大家献血呢？意大利政府给献血者带薪年假，并将此规定纳入国家法律；中国则为无偿献血的志愿者发放献血证，未来献血者本人或其亲属需要用血时，可以凭借此证优先获取。

把物质奖惩直接与本身就很高尚、很有意思、很需要创造力的事项和工作强关联起来的做法是危险的。丹尼尔·平克（Daniel Pink）在其著作《驱动力》（Drive）一书中提到，对于人才的激励，内驱力将扮演越来越重要的角色。内驱力来源于人们在工作和生活中取得成绩、完成任务或实现自我价值所带来的愉悦感。

◆ 营造愉悦感、成就感和自主感是激励的主旋律

回到现实生活和工作之中，如果人们心甘情愿地做一件事，愿意持续投入其中，甚至没有注意到时间的流逝，也感觉不到疲累，最重要的原因就是：人们感觉自己是问题的主导者和发起者，完成这件事的结果或过程充满了趣味。

这种情况大多都发生在人们做自己喜欢的事情的时候。心理学上把这种

全身心投入的状态叫作"心流"。这种状态并非源自外部的刺激，而是源自人们内在的渴望——希望完成某件事情，或者追求在完成过程中的非凡体验，即事情本身就是对参与者最好的激励。

如果你问人们是否愿意减少工作时间、增加休闲时间，估计90%的人会异口同声地回答"愿意"。人们常把休息和快乐简单地联系在一起，认为空闲时间越多，内心就越愉悦。但研究表明，"心流"状态很难在诸如看电视、刷抖音、居家休闲的时候获得。当人们缺乏一个明确的目标或不了解事情进展时，休息只会带来无聊的感受，这时候难以激发"心流"状态。那么，产生"心流"状态需要哪些条件呢？

- 有明确的方向与目标。
- 任务具有挑战性，完成任务需要全神贯注或发挥创造力。
- 完成任务需要运用更高层次的或综合性技能。
- 能够自我快速获取关于成果达成情况的反馈。

心理学对"心流"的研究，给业务领导者带来了重要的启示：安排员工从事他们感兴趣的、能发挥自己长处的工作，让员工对工作方式有自主选择的权利，都能够督促员工更加投入地工作。工作本身就是最强有力的激励因素之一。如果业务领导者希望工作能够给员工带来持续的愉悦感、成就感和自主感，就需要对工作做出一些必要的设计。

- 让员工看到他们的工作能为社会和客户创造价值。
- 把工作任务设计得更有挑战性、创造性，并有足够的工作强度。
- 安排的工作有利于员工充分发挥他们的技能与长处。
- 给予员工一些权利，让他们能够按照自己的想法来开展工作。
- 让员工及时了解自己的真实表现与目标的差距。

正如前文所述，员工的职业价值需求存在显著差异，所以激发员工内驱力的"关键之匙"也会因人而异。下面我们用一个真实的案例向大家展示如何通过工作设计来激活"佛系员工"。

第五章 激励人心

老张在一家装备制造企业做设计部主任，带领着一个 20 多人的设计开发团队。团队中有多位资深工程师，他们尽管经验丰富，也都是解决疑难问题的好手，但年龄偏大，工作中按部就班，对很多事情漠不关心，不愿意额外付出或改变原有工作习惯，甚至公开抵制公司的新管理方法，经常发牢骚，传播负面情绪……最近一年，他们的工作节奏和公司要求格格不入。尽管老张觉得他们"油箱里还有油"，但面对公司不断提升的绩效要求，老张陷入了深深的忧虑：到底该怎样激活这些老员工？

面对这些"佛系"老员工，老张总是异常苦恼。首先，简单解雇他们肯定不是最好的选择，因为这些资深的工程师往往都掌握着公司的核心技术，如果他们换家公司，可能摇身一变就成了本公司的重要竞争对手。这些老员工如果流失了，还意味着老张要再招新人重新培养，费时费力。其次，"佛系"老员工对物质激励的变化也没有想象中的那么敏感，他们宁愿不提高收入，也希望少担责、少干活。

后来，老张的一位朋友为他支招：对这些资深工程师的真实需求，你是否真正了解？是否可以从工作设计和定位本身去调整？

老张按照朋友的建议，找机会和这些资深工程师进行了深入交流，发现他们其实各有各的苦恼：有人面临上升空间的瓶颈，对此非常迷茫；有人抱怨"位高权轻"，在自己熟悉的专业领域都没办法拍板，总是需要请示汇报；总是和年轻人拼加班比精力，自己的专业技术优势反而没有得到发挥……

随后，老张琢磨了一系列办法，通过角色定位和工作内容的重新设计来激发这些"佛系"老员工的状态。

- 赋予他们新的工作责任（如新人带教、技术难点攻关、技术规范编制等），减少常规性、重复性工作的比例。

- 让他们的工作具备更高的自主性，允许他们按照自己的想法来推动工作。
- 设计一些职责外的任务和课题研究，在明确目标的基础上给予资源倾斜，让他们在技术方向上有所精进并做出贡献。
- 帮助他们在专业方向上树立权威，帮助他们在行业核心刊物上发表文章，对他们的专业给予有价值的反馈和提升能力的机会。
- 对于那些短时间内需要取得工作与生活平衡的工程师，在工作强度和内容上帮助他们协调，从而解决他们的后顾之忧。

通过近半年的调整，老张团队中的绝大多数"佛系"工程师都得到了不同程度的激发。这些"佛系"工程师纷纷表达更愿意从事调整后的工作，在新的责任和定位之下，他们感觉到了来自组织和身边同事更多的认可，在工作中也更加专注与投入。

◆ **工作特征模型：在工作中注入激励性**

为了弄清楚工作本身是怎样产生激励效应的，组织学家哈克曼（J.R. Hackman）和奥德姆（G.R.Oldham）通过大量的问卷调查，提出了一套完整的工作特征模型，揭示了通过工作能够激励员工的3种关键心理状态。

- 员工如果体验到工作是有意义的或很重要的，就会有更高的工作动机。
- 员工如果感受到自己对工作结果担负责任，看到经过自己的努力而使结果产生正向变化，就更愿意提高工作绩效和品质。
- 员工如果了解自己的努力究竟产生了什么结果，达到了什么状态，以及这样的结果是否令人满意，就更能促进他们改善自己的工作。

这3种关键心理状态是靠工作的核心特征来触发的。通过研究，哈克曼和奥德姆发现，核心的工作特征有5个，其中前面3个特征结合在一起，可以促进员工体验到工作的意义，第4个工作特征决定了员工对工作的责任感，而最后一个工作特征决定了员工对工作实际结果的把握程度。

1. 技能多样性

技能多样性即完成工作所需要具备的能力和技巧的多少。"多样性"不只是"高大上"职业的专利，那些自主性较低的工作岗位，也能为"多样性"创造新领域。

> 医院的护工岗位所需要的能力和技巧看起来就是陪护和付出体力。但如果你仔细观察就会发现，那些抢手的护工除了能提供细致周到的陪护服务，还很健谈，懂得宽慰病患；有些还懂得很多康复医学知识，包括如何进行肌肉按摩、物理锻炼；有些甚至还懂一些药物知识（如会监测不同药物的输液速度，会告知某类药物是饭前还是饭后服用、有哪些忌口等）。
>
> 当然，掌握多样化的技能会让这些护工在市场上拥有独特的竞争力。但是这一切其实都源于他们自己的内驱力和好奇心，没有人逼迫他们学习这些。但是，他们中的一些人，总会自发地跟在专业医师身边"偷学"，并以能够帮助病患为傲。

2. 任务完整性

任务完整性即劳动者可以从头至尾地完成一项工作的程度。在管理工作中，如果业务领导者将工作分工做得特别细致，好处是容易提高员工的熟练度，但坏处是会使很多员工无法看到工作的全貌，没有人对最终的结果负责，容易与配合部门产生隔阂。另外，过于简单重复的工作还会给员工带来职业厌倦。

彼得·德鲁克建议每个职位的职责都应该制定得宽泛一些，这样会有两个好处。第一，员工在这个职位上可以工作较长时间，而不是一门心思想着晋升。第二，员工会有大量的探索和学习过程，而不会在短时间内就变得非常胜任从而没有太多发挥的空间。

某大型制造业企业拥有一支上千人的研发团队。该团队曾经遭遇一个很大的困境：招聘了很多设备、部件研发的高手，大家忙于产品设计与研发，结果和兄弟部门之间的隔阂越来越大。例如，很多研发人员对自己研发的设备特别有信心，听不进市场部门和销售人员从客户处反馈的声音，甚至提出让客户改变生产环境以适应设备的想法。还有的研发人员设计出来的产品，生产部门的机加工能力根本无法匹配……

高层领导者在内部做了大量的诊断，发现问题在于很多研发人员对自身的定位就是做产品设计与研发，研究材料科学，研究机电等。至于机加工、市场、销售，他们认为与研发没有太大的关联。

面对这样的问题，公司领导启动了一项工程——"把研发人员赶出办公室"。一方面，公司要求每位研发人员每个月必须有两天到达客户现场，参与设备的安装调试，或者参与客户实际设备使用的现场分析会（由销售和市场部门配合）。研发人员要到现场测量设备的实际使用参数与设计参数之间的差距，甚至听取客户端操作人员的抱怨，明确自身研发改进的方向，而不是坐在办公室听二手的反馈。

另一方面，公司要求研发人员每月参加生产系统组织的质量分析会，听取大家对设备的反馈。甚至每年都要参与行业的展会，和同行、行业上下游单位交流。

重新定位研发人员的职能之后，该公司确保了研发工作的完整性，一举改变了研发部门与其他部门的协作关系，并且大大提升了研发部门的有效产出。

3. 任务价值感

任务价值感即所做的工作及成果对团队内外其他成员的工作和生活产生影响的程度。还记得我们在第二章列举的案例吗？那家 NGO 组织通过为员工的工作植入价值感，成功地提升了电话外呼团队的业绩并降低了人员流动率。为任务植入价值感，能激发人们在某些方面的责任感，从而有效提升员工的投入度。

TOMS鞋业公司始创于2006年，生产非常时尚的帆布平底鞋。每卖出一双鞋，该公司就会向发展中国家的儿童捐献一双鞋子。这并不是该公司的营销噱头，而是从创始人到一线员工都用行动坚守的价值观。从TOMS的消费者到TOMS的员工都坚信他们的购买行为背后是在做慈善。

4. 工作自主性

工作自主性即个人能够自主地安排自己的工作方式和进度的程度。通俗点说，就是一个人能对某件事情全面负责，用自己的方式去开展工作的程度。

丹尼尔·平克在其著作《驱动力》一书中对自主性有深入的论述。他认为自主性可以体现在工作内容、工作时间、工作方法和工作团队4个方面。自主性的本质并不是让领导做甩手掌柜，对员工放任自流，而是在目标共识的基础上，允许员工用自己的方式来推动工作，并对结果担负责任。[1]

已故华裔企业家谢家华是在线售鞋网站Zappos的创立者。Zappos没有要求客服人员到大型呼叫中心报到，而是允许他们在家里安静的环境下接听电话，省下了员工在路上奔波的时间。Zappos不监视客服人员打电话的时间，也不要求他们使用完全统一的沟通脚本。他们的工作就是服务客户，让客户满意，甚至和客户成为朋友。每个人对业绩结果负责，至于怎么做到，全凭自己，每个人都可以自由选择适合自己的工作方法。

---

[1] 丹尼尔·平克. 驱动力[M]. 龚怡屏，译. 杭州：浙江人民出版社，2018.

5. 工作反馈

工作反馈即劳动者及时、直接、准确地得到工作效率和绩效信息的程度。在第二章，我们谈到如果希望激发员工的内驱力，让他们能够基于目标做好自我管理，关键是及时给予员工自我管理所需的信息反馈。

哈克曼和奥德姆最终将他们的研究成果归纳为一个朴素的公式，即

$$激励力=（技能多样性+任务完整性+任务价值感）/3×自主性×工作反馈$$

从这个公式中可以看到，技术多样性、任务完整性和任务价值感三者取均值，代表如果其中有一项做到极致，就能够很好地带动员工体验工作的意义。自主性和工作反馈则是变量，表示即便其他方面做得很好，如果在自主性和工作反馈方面做得不好，也会抹杀其他方面的努力，使得工作激励的效果大打折扣。

工作特征模型对业务领导者的启示在于：一方面可以按照该理论对企业中新设置的工作岗位进行设计；另一方面需要对已经存在的缺乏激励效应的工作进行重新调整。

业务领导者在对工作进行重新设计与规划时，可以应用一些具体的策略，从而更好地激发员工的动力与活力，这些策略包括以下几种。

- 把多项关联性工作合并起来，组合为一项工作任务，强化工作任务的完整性。
- 让员工与客户建立直接联系，改善员工对工作的认识，提升工作的价值感。
- 沿纵向扩展工作职责，甚至是上下游岗位的短期轮岗，这样可以丰富员工的技能，并加深他们对兄弟部门/岗位的理解。
- 让员工有机会参与更高阶的会议，有机会了解工作的全貌和意义。
- 开辟通畅的反馈渠道，让员工及时了解自己工作的进展，也有利于他们及时调整自己的行为。

要想激励他人，就不能过分依赖物质奖惩的方式。彼得·德鲁克在其著

作中对激励提出了一个非常犀利的观点："脱离工作本身谈激励，很滑稽。让员工在工作中切实获得成就，是管理的主轴。"这个时代不需要更好的管理，而需要自我管理的复兴，最好的激励是让员工能够在工作中自觉自愿、竭尽全力地发挥潜能。

第三节　夯实信任关系，打造高敬业团队

今天，年轻的劳动者倾向于更加频繁地更换工作。人才的高流动性已经成为众多行业和组织最头痛的问题之一。

业务领导者不能指望员工在一个组织中永远忠诚，更切实的期望应该是"人才不一定能够长期为我所有，但是当他在组织中时能够充分地为我所用"。员工愿意充分担负责任，主动为团队做出贡献，这个衡量标尺被称为员工敬业度。

研究发现，员工敬业度水平高于平均水平的部门或团队，相对于敬业度低于平均水平的部门或团队，工作效率更高，员工流失率更低。高敬业度的员工对团队有归属感，发自内心地热爱自己的工作，感觉自己的命运与公司休戚相关。相反，低敬业度的员工是做一天和尚撞一天钟，在工作上只投入时间，却不愿全力以赴。

在本节中，我们将重点分享业务领导者如何才能与下属建立信任关系，并在团队中营造彼此信任的组织氛围，从而打造具有高敬业度的团队，实现高绩效产出。

◆ 情感账户：建立与团队的信任关系

大家都知道，银行账户就是把钱存进去，作为储蓄，以备不时之需。史蒂芬·柯维认为："人与人之间的交往，也像储蓄一样，没有日常的储蓄，就很难有关键时刻的获取。情感账户里储蓄的是人际关系中不可或缺的信

任，是人与人相处的那份安全感。"[1]

作为业务领导者，有时会与团队成员之间产生各种隔阂（有人将其概括为"权力距离"）。例如，业务领导者会在公开的会议上说："请大家都对这个问题发表一下建议，特别是谈谈你们的不同意见。"结果下属常常报以"沉默"。业务领导者内心也许很怨愤："这些人就是这样，成天都没有想法，也缺乏创新精神，都习惯等待我来告诉他们下一步该做什么。"

但是，在绝大多数企业，我们看到的是另一幅景象：员工们在走廊闲聊时的想法的价值都大大超过在会议室提出的正式建议。很多时候员工并非毫无想法，最大的问题在于他们是否愿意和上级领导分享他们的真实想法。

员工不表达意见，可能是因为他们真没有好建议，也可能是因为他们害怕说出真实想法。后一种原因常常与员工的安全感相关：有些员工担心当面提出不同的见解会让领导很尴尬，继而引发领导的不满；有些员工可能会担心自己的想法听起来太幼稚；还有些员工会顾虑自己的建议是否会招致其他人的攻击……

如果企业希望员工与上级领导之间、团队内部成员之间能够彼此信任，畅所欲言，就必须建立团队的心理安全感。哈佛商学院教授艾米·埃德蒙德森（Amy Edmondson）在1999年的专题研究报告中称：心理安全感是一种信任感，团队成员不会因为发言而感到尴尬或受到排斥及惩罚。心理安全感高的团队，成员身处其中可以很舒服地展现自我。很多优秀的企业都会对团队心理安全感做研究与实践，其中就包括谷歌公司著名的"亚里士多德计划"。

> 谷歌公司集结了全世界的优秀人才，但为什么还会出现有些团队表现出色，而其他团队落在后面的情况？基于这个基本问题，谷歌公司启动了"亚里士多德计划"，公司高管希望借此找到高绩效

---

[1] 史蒂芬·柯维. 高效能人士的七个习惯[M]. 中国青年出版社，2012.

团队的"基本算法"。

在开展这项研究之前,谷歌公司的高管认为:建立最好的团队意味着聘用最优秀的人才。只要把市场上能找到的最好的工程师、最厉害的产品经理纳入麾下,就万事大吉了!但是,研究结果证明,他们错得很离谱!

在这项为期两年的大规模研究中,谷歌公司发现,表现最好、最具创新精神的团队有一个共同点:"心理安全"。"心理安全"的团队成员认为,发表观点是被接受的,犯错时不会受到惩罚。

这听上去特别让人匪夷所思,在谷歌公司这样一个精英云集的团队,大家还会有不敢发言的时候吗?这怎么可能?谷歌公司的首席创新官说:"没有人愿意把自己的个性和内心生活留在家里。但是为了全身心投入工作,感受'心理上的安全',我们必须知道,有时候,我们可以有足够的自由来分享那些让我们感到害怕的事情,而不用害怕相互指责。我们必须能够谈论混乱或悲伤的事情,与那些让我们抓狂的同事进行艰难的对话。我们不能只关注效率。"

研究人员对优秀团队和低效率团队进行了对比分析,发现心理安全感往往与团队共享的两个行为模式密切相关。

第一,在优秀的团队中,成员发言的机会均等,研究人员称这种现象为"发言机会分配均等性"。研究还发现,如果团队中总是只有一个人或少数人发言,群体智力和决策质量就会下降。

第二,优秀团队的团队成员"平均社交敏感性"更高。也就是说,他们善于从其他人的语调、表情及其他非言语性暗示中,体会到其他人的感受。他们知道他人什么时候心情不好或被忽视。相比之下,效率低的团队对同伴的心情不是那么敏感。

谷歌公司的"亚里士多德计划"的研究成果揭示了:团队成员之间越有安全感,他们就越有可能承认错误,勇于担责,彼此之间越容易成为紧密的

业务领导者的人才管理

合作伙伴。而且在团队中，心理安全感更高的人，离开组织的可能性更小，他们也会更具创造力，效率更高，进而创造出更多的价值。

现在回到本节开头提到的情感账户建设，它与员工的心理安全感密切相关。业务领导者向情感账户"存钱"的行为包括信守承诺（说到做到）、坦诚相待（承认自己的不足或错误）、理解他人（倾听和同理心）、开放透明（及时分享重要信息）、公正诚实等，这些都将有效地营造员工的心理安全感。反之，威逼利诱、言行不一等行为会减少情感账户的"余额"，让团队成员不得不谨言慎行、察言观色，使团队中到处弥漫着不安全感，团队成员步步为营，处处设防。

需要注意的是，由于上下级之间都有对彼此的期待，所以情感账户中原有的信用很容易"透支"，这就需要业务领导者持续关注与员工之间情感账户的"余额"，努力践行"存钱"的举动，有力地营造团队的心理安全感。

◆ "存钱"的行为：尊重、同理心、参与、分享和支持

合格的业务领导者既要对团队的工作结果负责，也要提升与他人建立信任关系的能力。绝大多业务领导者都非常清楚自己在领导角色上想从团队那里获得什么，却很少深入思考应该给予团队什么。

情感账户的"存钱"依赖上下级之间大量的互动行为。国际知名领导力咨询公司 DDI CEO 泰茜·白翰姆（Tacy M. Byham）在《领导力的精进》（*Your First Leadership Job*）一书中指出，在上下级的日常互动中，除了传递信息、完成工作指标，还应该满足下属一系列的感情需求，让对方感到受尊重、能共情、被理解、有支持等，这些也是极其重要的激励因子。

1. 尊重

尊重就是维护员工的自尊，增强他们的自信。具体来说，业务领导者在与员工互动的时候要关注事实，而不要给员工贴标签。例如，如果员工开会迟到了，业务领导者不应说"你的时间观是不是有问题""你这个人总是拖

拖拉拉""你就是没啥责任心"等，因为这些话表达的是对员工个性的看法，而非事实本身。

如果员工迟到，业务领导者可以这样说："我看到你周会迟到了，到底发生了什么事情？"这样就会让员工感觉不那么糟糕。有可能他还会向业务领导者抱怨生活和工作中的一些难题对他造成的困扰。这时，如果业务领导者能够在这些方面施加援手，那就是在向情感账户"存钱"。

反过来，如果业务领导者在没有充分了解事实的情况下对员工的个性加以恶评，可能会严重破坏与员工之间的信任关系，让双方之间的情感账户"透支"。

某咨询公司的项目总监老吴正在准备一项重要的项目汇报材料。老吴想把这项重任交付给团队成员小张。但老吴有点担心，所以将整个报告的框架、重要部分和数据又向小张详细交代了一遍，反复确认他是否了解，直到小张表示完全没问题。

周一上午，老吴收到了项目汇报材料，但材料内容和自己之前所说的框架完全不一样。老吴觉得之前花在与小张沟通上的时间都白费了，后续自己还要花时间把报告改回来，就在项目例会上批评小张"没有在项目上花心思""对待客户的汇报根本不上心"。

第二天老吴就收到了小张的辞职报告。

事后，老吴从另一位项目组成员那里了解到，其实小张接受这项任务之后非常用心，并按照老吴的意见做完了一稿。但是他希望报告更完美一些，所以周末特别约了他在外资咨询公司工作的老同学，听取了同学的一些建议，他觉得这些建议会对汇报产生更好的效果。因此，他周末两天熬夜进行了修订，周一信心满满地提交了方案。但是老吴在项目例会上质疑了他的职业精神，这是他最无法忍受的一点。面对这样的结果，老吴后悔不已。

表达尊重的另一种重要方式是表扬与认可。需要注意的是，赞美必须有针对性，而且不要随意。关于认可的技巧，我们将在下一节重点阐述。

2. 同理心

同理心就是仔细倾听他人的讲话，充分表达自己的观点和需求。这一点看起来简单，但真正做起来并不容易。例如，当业务领导者发现自己不同意下属的说法时，就会立即反驳，或者如果自己突然冒出个想法，就会打断别人，迫不及待地提出来。

倾听并表达同理心是一项强大的技能。听完员工的话，业务领导者应该迅速反馈自己听到的内容。必要时业务领导者可以通过提问来确认自己听到的和员工表达的是否相同，让员工知道自己的确在倾听。

当员工有不同的观点时，业务领导者可以请对方解释观点背后的依据或假设。例如，业务领导者可以问："如你所说，我们需要增加市场费用，那你希望将这些市场费用投入哪些领域？为什么你会有这样的预期和判断？"记住，业务领导者与员工沟通的目的不是说服员工接受自己的观点，而是获取更多有价值的信息，达成更好的结果。

3. 参与

参与就是向员工寻求帮助，征询员工的意见，鼓励员工参与。员工期望的不仅是工资，他们还想对自己的工作有一定的自主性。如果他们的想法得到了支持，他们工作起来就会更投入。业务领导者向员工寻求帮助，询问他们的想法，不但可以让员工感受到被重视，激发他们工作的动力，还可以清楚地了解员工的思维方式和能力，减少内耗。

研究结果显示，成功的业务领导者有70%的时间都在征询意见，30%的时间在提建议、下命令。具体来说，征询员工意见可以从提出开放式问题开始。例如，"根据你的经验，我们从哪里开始更好呢？""你觉得这个计划可行性怎么样？"

当然，面对员工某些不切实际的方案，业务领导者应该采用维护自尊的原则，与员工一起探讨利弊，帮助员工了解方案的风险和负面因素，并且制定可行的方法。

4. 分享

分享就是向员工透露自己的见解、做决策的理由，表达自己的真实感受，这是向情感账户"存钱"的重要行为。当员工理解业务领导者的想法后，也会向业务领导者敞开心扉。员工一旦信任业务领导者，工作就会更积极，整体绩效就会提升。

心理学上有一个概念叫"基于弱点的信任"。如果业务领导者在员工面前总是"端着"或"装着"，表现出各方面都"碾压"员工的姿态，抱怨员工都是歪瓜裂枣，标榜自己事事正确，其与员工的关系就容易疏远。只有员工感受到自己被需要时，才会增强与业务领导者之间的信任关系。基于我们过往的观察，那些敢于说出"有些问题我也没有 100%的把握，需要大家参与探讨、群策群力"，对自己的失误真诚地向员工道歉，虚心向员工学习的业务领导者往往更容易与员工建立信任关系。

业务领导者在分享观点的时候，应该表达自己的感受，但是必须注意分享感受的方式，不要让员工感受到被指责。所有感受和情绪的背后都是未被满足的需求，而非他人的行为。为了方便大家理解，下面我们将对照两种分享观点的模式。

"你将如此重要的项目文件随手丢在办公桌上，太令我失望了。"

"你将如此重要的项目文件随手丢在办公桌上，我有点失望。我担心未来这些资料丢失之后很难再找到，对我们后续的结算工作有很大影响。"

第一种分享模式，员工听到的是对他的行为的抱怨；而第二种方式可以让员工快速明白业务领导深层次的担心，以及为什么要把项目资料保管好。

5. 支持

支持体现为帮助团队完成有意义的工作，保持大家的责任心。业务领导者提供的支持体现为：在安排员工工作的同时给予他们相应的资源与权力、给予员工持续有价值的反馈、不断优化流程与工作标准、为员工与其他团队的合作建立必要的机制、给员工提供必要的培训与指导等。所有的支持行为，都是为了让员工没有后顾之忧，把工作做好，并从工作中获得扎扎实实的成就感。

◆ 营造拥有高敬业度的团队氛围

美国哈佛大学詹姆斯（W.James）教授经过调研后发现，薪酬制度仅能让员工发挥20%~30%的潜力，良好的工作氛围可以让员工发挥80%~90%的潜力。《财富》杂志的调查则表明，在影响员工工作绩效的因素中，组织氛围居第2位，金钱居第6位。

工业时代，对组织管理的研究基本停留在上对下、一对一的管理层面。但自20世纪40年代以来，大量的管理学者、心理学者和企业家将研究的重点转变为"如何通过组织的环境氛围来影响团队中的个体"。

全球知名调研咨询公司盖洛普公司经过研究发现，组织氛围的营造与员工敬业度密切相关。鉴于此，盖洛普公司设计了一套极简问题（因为只有12道极简单的问题，所以简称为"Q12"），如表5-2所示。这套问题从"基本需求、价值实现、团队归属、共同成长"4个核心维度，对组织内员工的敬业度进行测评，目的是识别优秀团队背后的"基因"，推广先进的组织管理经验，有针对性地优化组织氛围。

基于多年的实践经验，我们将领导者的行为与团队敬业氛围的影响因素做了一系列关联，从而方便业务领导者明确自己的调整方向。

表5-2　Q12问题清单和领导者行为要求

维度	Q12问题	领导者行为
基本需求	Q1：我清楚主管对我的工作要求	• 尽可能清晰地定义岗位的职责要求是什么，应该输出什么样的工作结果 • 主管和员工一起探讨如何界定工作结果
基本需求	Q2：在工作中，我得到了必备的资源支持	• 围绕"为客户带来价值"，为团队开展工作，提供材料、设备及信息资源支持 • 清晰地告诉员工为什么要做这件事
价值实现	Q3：在工作中，我能经常得到发挥才干的机会	• 帮助员工分析并认清他们"擅长什么""想做什么"，让他们了解两者之间的差别 • 优先用人之所长，而非拼命"改造"员工 • 提供结果导向的工作授权，不要微观管理员工做事的方式
价值实现	Q4：在过去7天内，我的工作得到了认可和表扬	• 及时关注员工的工作输出质量，及时、具体地表达认可 • 不要泛泛而谈，让认可个性化——针对行为或结果的细节，用员工喜欢的方式加以认可 • 当员工绩效不佳时，要及时指出
价值实现	Q5：我能充分感受到团队的信任和关心	• 对员工的工作表现及工作以外的情况表达关心 • 给予员工一定的自主权，让他们自己做决定 • 建立与员工之间的情感账户，并经常"存钱"
价值实现	Q6：我觉得有人在帮助我进步	• 帮助员工找到他们"适合的位置"（包括在岗位不合适的时候做出及时的调整） • 给予员工拓展职责和提升软技能的机会 • 定期进行绩效反馈与辅导、员工发展沟通，让员工知道领导者在管理他们的发展，帮助他们进步
团队归属	Q7：我认为在工作中有人重视我的意见	• 营造内部的"安全感"，给团队中每位员工发表意见的机会（但不一定必须采纳） • 避免在征求意见之前就做出决定 • 如果征求员工的意见后未采纳，应给予及时的反馈
团队归属	Q8：我觉得我的工作对团队很重要	• 经常与员工分享组织愿景、使命和目标 • 和员工探讨组织的目标与他们个人目标之间的关联 • 帮助每位员工寻找工作的意义

续表

维度	Q12 问题	领导者行为
	Q9：我所在的团队中，每位成员都聚焦于高质量的工作	• 敢于给团队提出挑战性目标 • 在团队中树立榜样与标杆 • 经常总结团队中的典型案例与故事，在团队内传播 • 加强团队分工与合作、工作流程与标准等机制建设，保证团队中每个人都能高质量地工作
	Q10：在团队中，我有非常要好的朋友	• 创造团建机会（包括思想团建、目标团建和生活团建），让团队成员在工作之外聚在一起，相互了解，建立信任 • 对团队取得的成绩进行集体庆祝 • 在团队中建立以共同兴趣、爱好、特长、项目为主的非正式组织，推动员工之间相互交流 • 为新的团队成员安排工作导师，促进人才融入
共同成长	Q11：在过去半年，有人和我谈及我的进步	• 在委派任务的同时，明确给员工发展带来的机会与帮助 • 记录员工的进步，善于找机会指出员工的任何微小进步，并要求员工对自己的进步进行跟踪
	Q12：在过去一年，我在工作中有机会学习和成长	• 为员工营造一个良好的学习环境，提供各种学习方案并指导员工进行选择

打造拥有高敬业度的团队氛围，需要坚持"事为先、人为重"的核心原则。以"事为先"的视角衡量团队的敬业度，必须聚焦员工的成果与贡献，只有愿意并能够为公司创造持续价值的团队才是高敬业团队。

以"人为重"的视角衡量团队的敬业度，必须聚焦员工的能力、动力与合力（简称"三力"）的持续提升，如果员工或团队的三力缺乏显著提升，即使团队业绩有增长，也无法称为高敬业团队。

无论业务领导者采取的是营造心理安全感，为情感账户"储蓄"，还是通过4个维度营造高敬业的团队氛围，本质都是希望激励团队实现高产出，夯实面向未来的高产能。正如前文中反复提及的，员工的敬业水平和激励效果与业务领导者的行为风格息息相关。若想达成更好的激励效果，需要业务领导者勇于调整自己的领导行为。

第四节　认可是不花钱的激励

中基层的业务领导者常常抱怨：我没有直接发放物质奖励的权利，也不能向员工承诺升职加薪，你让我怎么激励员工？

其实，早在 2000 年，美国薪酬协会就提出了第一个全面薪酬模型。在该模型中，赞誉与赏识是全面薪酬的重要构成要素。与大多数激励手段相比，对员工的佳绩表示认可通常花费甚少，有时候甚至不用花一分钱，但效果能够持续更久。

但是，在实际工作中，业务领导者很少使用认可激励的方式。在盖洛普公司的 Q12 调研结果中，在"在过去 7 天内，我的工作得到了认可和表扬"这一题上，整个亚太地区的中位值仅为 3.57 分，明显低于其他 11 个问题的中位值得分。这表明大多数业务领导者更容易看到员工身上的问题与不足，同时也更吝于肯定或赞美员工的成绩。

鉴于此，本节将向业务领导者展示如何运用认可激励的方式，让表扬、赞许深入人心，并发挥更好的激励效果。

◆ 要想激发员工，表扬和批评哪个更有效

基于日常经验，批评或消极的话语通常会比表扬或积极的话语更令人耿耿于怀。如果一个人曾被他人评价没有责任心、粗心大意，他很可能会记住这些负面评价。虽然他人以往也夸过他才华出众、贡献卓越，但相对于负面信息，人们对正面评价似乎有些健忘。

那这是否代表批评比表扬更容易激活一个人呢？

最近一项生物学方面的研究表明，当人们听到批评、遭到拒绝、感到尴尬、畏惧时，体内的可的松激素水平就会持续升高。这种激素会关闭人们大脑的思考中心，同时激活自我防卫机制。这会使人们更加敏感，对他人的动

机产生负面假设。可的松激素效应就像一种缓释胶囊,能持续 26 小时甚至更久,它会让人们将自己与他人发生冲突的情景深刻地留在记忆中,并对今后的行为产生深远的负面影响。[1]

表扬和赞美也会催生一种化学物质——后叶催产素。这是一种让人感觉良好的荷尔蒙。这种荷尔蒙可激活前额叶皮层的网状结构,提升人们的对话质量,促进人们与他人的交往、合作和信任。但后叶催产素比可的松激素代谢得快,所以它的效应不如后者显著和持久。业务领导者如果希望提升对话质量,并将问题圆满解决,必须留意与他人的互动方式。

相比于生物学研究,心理学家们也有重大发现:表扬奖励与批评惩罚的比例最好控制在 3:1。作为业务领导者,如果你的表扬奖励与批评惩罚的比例远远超过了 3:1,那么,你的表扬或许不太真诚,或者有点夸大其词的成分;如果低于这一比例,那么,你就可能是个过于挑剔的领导者,会令下属情绪长期不安或不诚实,甚至用粗暴的态度对待他人。

强调表扬的重要性,不是要禁止业务领导者设置有挑战性的绩效标准,或者禁止批评员工(哪怕是给予他们建设性反馈),只是告诉业务领导者在传达这些信息时必须表现出包容和支持的态度,从而控制员工体内可的松激素的生成,并尽量催生后叶催产素。不同的行为会引发截然不同的反应,有些能让人畅所欲言,有些则让人心怀怨愤。

既然表扬比批评更加容易激发一个人,是否就应该无原则地讨好员工呢?想象这样一个场景:主管专门抽出时间来倾听员工的想法,不管员工说什么,主管都说:"我认同你的想法,你说得很有道理。"这样的场景是心理学家治疗病人时的典型场景,该做法背后强调"人是柔弱的、病态的,内心充满恐惧、焦虑,本质上并不想获得成就,而是希望远离失败等"。彼得·德鲁克称之为"开明心理专制",他认为管理者的这种做法对员工来说是不公

---

[1] Judith E. Glaser, Richard D. Glaser. The Neurochemistry of Positive Conversations [J]. Harvard Business Review, 2014,7.

正的，也没有把员工放在一个平等、尊敬的位置上，是对员工另一种形式的控制，而非激发。

◆ 认可激励，前提必须是真诚并发自内心

多年前，盖洛普公司对1 500名来自不同工作岗位的人进行了一项调查，旨在发现什么是最有利的职场激励因素。答案很简单：认可，认可，还是认可！该项研究还表明，工作优秀且经常得到认可和好评的员工会提高个人生产力，获得客户更高的忠诚度和满意度，有更好的安全记录并能减少事故的发生，也更容易保留。欧洲的另一项研究发现，对低薪的员工给予认可激励，效果更好，只需付出少量的花费就能够帮助他们建立自尊。

> 某制造业企业曾经为每条产线都设置了一系列"纪录"，如产量、一次交验合格率等，这些相当于各条生产线的"世界纪录"，当有人打破这项纪录时，公司会让全体员工知道，并真诚地向这位员工或班组表示感谢。为此，公司还设置了一些小小的激励，并且把这个纪录更新放在非常醒目的位置，甚至为该员工的成就组织一次集体庆祝。

好的认可激励，不需要花多高的成本，但是需要业务领导者花心思。业务领导者必须发自内心地认可，并让被激励者有被"定制激励"的感觉（甚至刻意制造一些惊喜）。例如，有些公司会在员工加入公司的周年纪念日给员工定制蛋糕加以祝贺，第一次经历这种场面的员工确实会非常感动。但如果今后每年都采用同样的方式，从第二年开始，这种认可激励就会沦为形式主义，很难发挥应有的价值。因此，认可激励必须用心，需要适时改变形式，还需要有点设计感、仪式感。

> 阿里巴巴集团的一名员工分享过一个有趣的案例。在阿里巴巴集团，领导者经常通过生活团建的形式来激励员工，每次团建前都

会看一下团建那天是否刚好是某个人的生日或某个纪念日。

有一次团建，领导者了解到当天正好是某位主管入职阿里巴巴集团 8 周年纪念日。这位主管在当前的岗位上已经工作多年，最近两年状态不好，集团之前也想过用其他方式激励他，但效果不太明显。大家希望通过这次团建能够激励他。

部门领导商量了一下，这位主管作为公司的老员工，一定有很多美好的内部经历，真正能够激活他的不是对未来的展望，而是通过回顾过去的点滴，让他重拾当年的梦想。组织者查阅了相关记录，发现他进入公司之后一共有 12 名管理者都做过他的领导。于是，部门领导提前偷偷邀请了这些管理者，让每个人都录一段 1 分钟左右的视频，分享当年和这位主管之间的一些不为人知的小事。有的人回忆了与他共同奋斗的日子，有些人则回忆了一些糗事，在视频的最后，大家都为他送上了一句祝福。

部门领导把这些视频剪辑到一起，在团建现场播放出来。这位主管看完，眼眶湿润了，说道："其实很多事我自己都忘了。在我的成长经历中，原来有这么多人帮助过我。尽管我今天的职位不是很高，但如果没有他们，我也走不到今天。所以我一定要更加努力，争取成为大家视频中祝福的那个人。"

◆ **认可激励的 4 个基本原则**

认可就是承认员工的绩效贡献或对员工的努力给予正向反馈。被人赏识且自己给组织带来的价值得到承认，是员工的一种内在心理需求。不管这种认可是正式的还是非正式的，只要表现出对员工个人的关注，就能表明领导或组织对他感兴趣。研究发现，认可能够让员工更加自信，也更愿意担责。

在表达认可的时候，业务领导者需要让员工感受到自己是真心在意他们，而非泛泛地走过场。这里有一些基本的原则必须遵守。

1. 认可要及时

当员工的表现达到和超出业务领导者的要求、主动担责或额外付出时，业务领导者应该及时给予正向的反馈并表达认可，而不是把所有的认可都积攒到月度会议或绩效面谈时才表达出来。

2. 要让人们明白认可的标准是什么

业务领导者在激励员工的同时，需要对员工的具体行为或事迹加以宣传——员工的哪些行为、贡献与组织倡导的价值观极为吻合。当团队明确了激励的标准和理由后，就会认定业务领导者对所有人的工作评估都是公正的、不偏不倚的，从而让认可发挥更大的价值。

3. 对员工的认可和奖励要有定制感

定制感包括两个层面的含义，一是业务领导者给予的奖励是和被认可者的需求相吻合的；二是激励的形式需要足够惊喜或令人印象深刻。

> 某互联网公司的一位女性主管经常加班加点，全国各地出差，年度表现特别优异。年终她收到了公司发放的一份"特殊"礼物——某婚恋服务网站VIP会员卡。
>
> 刚收到这个礼物的时候，她大笑不已，继而又开始哽咽，打开团队手写的感谢卡片，上面写着："感谢一年以来你对公司的贡献、对团队的帮助。工作从来不是以牺牲生活为代价。衷心祝愿你在生活中能够找到那个对的人，代我们去宠溺你……"卡片上签上了团队中所有人的名字。这份谨小细微的观察和发自内心的关怀，可能会被这位主管记住很久。

4. 认可要态度诚恳而具体，避免华而不实或走过场

认可最怕的就是程序化和敷衍，有时候这种方式甚至比不表达认可更具破坏性。表达认可必须具体、有针对性：要针对员工自己也认为做得比较好

的部分给予赞美或感谢。员工能够看出真诚与伪善,如果业务领导者对员工并不出色的工作夸大吹嘘,可能会令其他员工反感。

好的认可激励不一定需要花大价钱,但是普遍需要设计和用心。业务领导者如果想让自己对别人的认可显得更加走心,需要在以下 4 个方面加以关注。

- 行为:不要泛泛而谈,要描述员工工作中的具体行为或亮点。
- 贡献:描述员工努力的结果,以及该结果对他人、团队、组织的影响与价值。
- 品质:员工的行为和贡献与公司/领导者的要求或倡导的价值观相吻合。
- 鼓励:要了解员工喜欢的方式,进行差异化定制,给员工以惊喜(无论是形式还是场合)。

下面用一个事例来展示该如何进行认可激励。

小姚是一位市场策划岗员工。这次营销活动目标下达的第二天,她就提交了操作性很强的推广执行方案,推广活动取得了很好的市场反响。作为市场部总监,张璐非常满意,决定好好表扬她一番。

张璐选择在项目的周例会上公开对小姚的行为、贡献、品质加以认可,请小姚向其他同事做了经验分享,并号召其他同事向她学习,同时向小姚赠送了精美的小礼物以表达自己的感谢。在表达认可的具体做法上,张璐使用了以下方式。

- 行为:"之前的活动执行方案小姚一早就交给我了,非常迅速,我看了一下,方案中对产品优势和客户需求的把握非常精准,并且很有实操性。"
- 贡献:"这份完善的方案对我们营销工作提出了具体建议,实施下来效果非常好,客户方面非常满意。"

- 品质："通过这次方案，能够看出小姚具有很强的客户思维，能够从客户的痛点和需要深挖问题。她的工作效率一直也是团队中最高的。在本次报告中我还观察到她有很多创新想法，这一点也是公司一直倡导的。"
- 鼓励："我也向客户方的张总大力推荐了小姚。另外，小姚的工作方法值得大家学习，希望小姚能够把经验方法做一下总结，在下次例会上和其他同事分享一下。希望大家继续加油！"

在该案例中，整个认可的过程清晰、高效，既明确了认可的标准，又具备一定的定制感。最重要的是，张璐在表扬小姚的同时，还在团队中传播了她的经验，树立了标杆，这对团队其他成员来说也是一种鞭策和激发。

◆ 通过认可培养集体主义精神

公开的认可激励一方面可以激励那些有突出表现的员工；另一方面可以在集体中明确激励标准，通过标杆榜样的力量激发更多的员工学习。本质上，组织通过认可来激励员工的行为或结果，然后期待这些行为被更多人效仿。如果把认可激励的行为看成一对一的管理行为，明显就把认可激励的效果缩小了。经过设计的认可激励，还能彰显组织或团队的调性，让激励的体验与众不同。

> 某互联网女装电商公司内部有多个电商平台的销售团队。该公司有一种非常有趣的认可激励方式：当一个电商平台的销售团队率先达成目标时，整个团队都会像庆祝节日一样将自己装扮起来，然后编一段特别有趣的口号，敲锣打鼓地在公司内走一圈。这就是该公司的独特调性，在庆祝自身达成目标的同时，也会适度调侃或激励其他团队。

业务领导者的人才管理

设计良好的认可激励，可以避免说教，让组织倡导的抽象的价值观、理念"看得见、听得到、摸得着"。业务领导者可以通过会议、公告栏、微信群等集体沟通渠道表达认可。以榜样故事为载体，让自己、团队乃至公司倡导的理念、行为能够经常"看得见、听得到"；以激励、晋升等人事管理机制为保障，让认可"摸得着"。

某家电制造行业领先企业的一种认可激励方式是"每日价值观卡"，通过公开领导对员工的认可来塑造团队的集体价值观，让人印象深刻。公司内所有的领导每天都会随身带着一摞"每日价值观"空白卡片（见图5-2）。在公司的任何角落，如果看到员工的一些自发的、有利于公司的行为和贡献，领导者就会停下来，用"每日价值观"的卡片记录下来，签上领导者的名字，郑重地送给这位员工，并表达感谢。收到这张卡片的员工常常会感到很惊喜，因为自己一个微小的行为被领导看在眼里。

提名者：		部门：		提名时间：
被提名者：		工号：		部门：
请具体描述被提名者超出公司期望的行为及额外的贡献					
该行为符合每日价值观判定标准中的：					
☐ 主动发现岗位职责范围内的材料质量问题或作业质量问题					
☐ 积极思考解决质量难题的行为					
☐ 主动发现设备仪器存在的质量隐患，并且积极推动处理流程					
☐ 发现非责任范围内的重大安全隐患，积极提出解决方案或积极处理					
☐ 其他好人好事行为，具备榜样作用					
经理签名：				日期：	

图 5-2 每日价值观卡（示意）

除此之外，各部门每个月都会统计员工们获得的"每日价值观"卡片，并张贴在员工每日通往食堂的路上的橱窗内，让更多的员工看到身边同事的贡献和集体倡导的价值观与行为。到了年底，员工

第五章 激励人心

可以用积攒的"每日价值观"卡片换购公司的相关商品。公司并没有付出巨额的激励资金，但是通过这种认可方式，既表彰了员工的行为，也在集体层面强化了公司的核心价值理念。

在一些互联网企业，认可激励不仅是上级对下级的表扬，更鼓励员工相互之间的社交认可。这些企业的业务领导者认为，在清晰的组织价值标准下，应该鼓励员工看到彼此的优点和贡献，并及时加以肯定，这样做不仅可以培育员工之间的人际网络，更有利于塑造集体主义精神。本质上，集体主义精神不应该只是自上而下的灌输，而应该是员工共识的价值观和行为。

在某高科技行业企业的研发中心，工程师们每个月都会领取一定数量的"夸夸卡"。公司要求这些工程师必须通过观察其他员工的行为和贡献，在月度内将"夸夸卡"全部发放出去。在刚开始执行的 2~3 个月，很多工程师都比较痛苦，一个月连 5 张卡片都发放不出去。还有些工程师可能只观察了几位同事，引发了团队内其他伙伴的不满。

但随着大家把这种激励模式扎扎实实地做下去，领导者发现越来越多的工程师开始关注团队中的其他人，看到了别人身上的优点与亮点，把自己对他们的认可表达出来，团队的氛围实现了很大的改观——大家越来越愿意把内心的想法说出来，合作也越来越多。大家也不会担心自己的贡献没有被组织发现，因为大家在认可激励中树立了集体的价值信念和行为标杆，这些都可以帮助团队更好地担责。

既然认可激励可以很好地营造集体主义精神，那么业务领导者到底该怎么做？

著名管理大师詹姆斯·库泽斯和巴里·波斯纳在他们的著作《激励人心》

中谈到，认可激励有 7 个非常重要的要素。[①]

- 设定明确的标准。如果员工不了解业务领导者期待他们达到的程度，或者从来不知道自己的行为和重要结果之间的关系，激励效果就会大打折扣。因此，集体必须订立优秀的标准，这些标准可以是结果，也可以是行为。只有优秀的标准才能够激发集体抱负，当它实现时，团队才会感觉自己是胜利者。

- 期待最好的结果。要充分相信集体的能力。优秀的业务领导者会把所有的能力都投入到帮助员工最大限度地发挥自己的潜能上——让平凡的人做出不平凡的贡献。

- 关注所有人和事。业务领导者要善于到现场，在工作推进过程中观察员工的行为，而非在办公室里听汇报。要持续观察员工在履行集体价值观和标准方面的实践情况，不仅观察负面行为，更要观察那些正面、积极的行为。

- 使认可个性化。不同寻常的、有趣的甚至戏剧性的认可体验，会让事情本身和背后所传递的价值观深深地印在人们的脑海中。优秀的业务领导者在表达认可之前一定会了解被认可者喜欢什么，不喜欢什么，从而用他们喜欢的方式来表达认可。

- 讲述故事。讲述故事是集体传递共同价值观和理想的最古老的方式之一。好故事让人感动。它触动人们，教育人们，并让人们刻骨铭心。好故事还有另一个功能——让人们看见自己。人们习惯从自己接触最多的人、自己认同的人、最像自己的人身上学习。

- 一起庆祝。大多数员工都想让别人知道自己的成就，公众庆祝仪式正好能够做到这一点。此外，公众庆祝仪式也创造了机会让大家更多地接触彼此，了解彼此。

[①] 詹姆斯·M. 库泽斯，巴里·Z. 波斯纳. 激励人心：提升领导力的必要途径（钻石版）[M]. 王莉，译. 北京：电子工业出版社，2015.

- 树立榜样。集体中的每个人都应该发挥主观能动性去认可别人的贡献，庆祝团队的成就，创建信任和支持的氛围。领导者更应该以身作则，率先垂范地做到以上 6 点。

通过前文的学习，每位业务领导者都需要扪心自问："我在工作中对员工是否充分表达了认可？我是否很容易看到员工做得不够完美的地方，习惯给员工提出意见与建议？我在表达认可的时候是客套地泛泛而谈，还是真诚地让认可深入人心？"

要想提升认可激励的有效性，需要平衡"事为先"与"人为重"。

"事为先"，意味着业务领导者需要率先明确期待的标准，要花精力观察员工在工作中的具体表现与行为。如果缺少"事为先"的准则，业务领导者的认可就是泛泛的，给员工不真诚的感觉。

"人为重"，意味着业务领导者的认可要将具体的事情和行为与员工自身的特征与品质关联起来，并以他们喜欢的方式来表达认可。如果忽视"人为重"的准则，认可就成了千人一面，不会给大家带来美好的体验和持续的影响。

第五节　让激励无处不在

今天，部分业务领导者对激励的理解过于功利化，总是希望通过一系列工具和手段控制员工的思想或行为，达成自己期待的目标。但正如前文所述，如果秉承这样的目的，激励会使组织与员工之间的关系走向机械化。

要想避免组织与员工之间的关系过于机械化，就应该让激励的目的除了推动任务达成，更聚焦于人——充分展现业务领导者对员工的关心。如果业务领导者不关心员工，员工大概率也不会关心业务领导者所说或所期望的事情（或者只是因为工资、奖金等因素被"胁迫"关心）。

我们曾经探讨过一个问题：在团队管理中，"激励"到底应该被理解为一个动词还是名词？如果将"激励"理解为动词，那么它代表的是一系列行为；如果将"激励"理解为名词，那么它代表的是一种感受和结果。

在我们看来，激励首先应该是业务领导者与员工互动的一系列行为，业务领导者对员工的关心要通过一系列行为展现出来。如果这些行为和员工需求高度匹配，员工就会产生被激励的感受和信任加深的结果。

因此，真正有效的激励行为会让上下级之间建立更深的信任关系，而这些行为就发生在上下级日常的互动之中——激励无处不在。本节将帮助业务领导者理解：

- 事为先：激励行为是如何作用到结果层面的？
- 人为重：哪些行为能够让员工感受到被激励？

◆ 员工为什么越来越难被激励

我们经常听到一些业务领导者抱怨："现在的员工，要激励他们怎么越来越难？"这恐怕是业务领导者必须面对的事实。

移动互联时代，组织的营商环境时刻都在变化，战略在持续调整，业务模式经常试错，这些都对组织的创新能力提出了更高的要求。这使得具备创新能力的人才在组织中的地位变得举重若轻——创造性人才为组织做出的贡献，可能会决定组织的生死存亡。

个体价值的崛起，对原有的上下级关系形成了巨大冲击。正如埃德加·沙因（Edgar H.Schein）在其著作《谦逊领导力》（*Humble Leadership*）一书中所描绘的那样，领导者和下属之间的关系已经发生了深刻的变化：从驱使关系（没有人情味的支配与强迫）、交易关系（基于规则、契约的无差别管理）逐步转变为伙伴关系（围绕共同目标和经历的个性化管理）和亲密关系（基于情感和爱的相互支持与交互学习）。

这种关系的转变代表了时代的方向，业务领导者个体无法逆转。因此，业务领导者要想更加有效地激励员工，需要勇敢面对员工激励需求的变化，快速调整自己的激励行为。

站在员工视角，激励通常代表需求被满足的程度。正如前文所述，要理解员工的激励感受，最好的办法是回到激励背后的 3 组关系上："努力与绩效""绩效与激励""激励与需要"，审视业务领导者的行为。当这 3 组关系都具备了很强的正向关联时，员工就容易被激励。但如果其中一组或多组关系很弱，那么动力就可能会变为阻力。

1. 努力与绩效的关系

在与业务领导者共事的过程中，员工会普遍关心以下问题。

- 我为目标和任务尽了最大限度的努力，这些努力得到业务领导者的关注和认可了吗？
- 我持续努力带来的正向业绩产出与业务领导者对我的绩效评价相符吗？
- 如果我的努力没有达成期待的业绩产出，业务领导会帮助我分析原因并做出调整吗？

没有人喜欢做无用功，所有人都希望自己的努力得到组织或他人的认可。因此，业务领导者必须帮助员工持续"打胜仗"，通过达成目标成果来有效激励员工。

当员工不清楚目标时，业务领导者需要帮助他们看到未来，并建立清晰的成功标准，使他们能够聚焦自己的工作；当员工技能不足，工作迟迟无法打开局面时，业务领导者需要向他们提供更多的指导与历练机会；当员工持续努力时，业务领导者需要给予持续的反馈（包括正向和负向的），让员工及时了解进度和成效。业务领导者如果能做到以上几点，员工在工作中获得的价值感和成就感就会提升，这意味着员工被有效激励了。

相反，如果无论员工如何努力，业务领导者都没有任何反馈，员工就会产生"领导就是不喜欢我""做好做坏一个样""无论我怎么努力，评价都会很低"等负面情绪；当员工遇到绩效堵点或能力瓶颈，迟迟得不到业务领导的支持与帮助时，就会产生无助感与挫败感。这些负面的情绪与感受会大大削弱激励效果，破坏上下级之间的信任关系。

2. 绩效与激励的关系

在组织目标达成后，业务领导者需要区分集体成就中的个人贡献，并对做出不同贡献的员工给予差异化的奖励。员工会普遍关注以下几点。

- 我取得了良好的业绩产出，能得到充分、公正的激励吗？
- 激励真的会体现奖优罚劣、奖勤罚懒和多劳多得吗？
- 如果我业绩卓越，真的能在回报方面与其他人拉开差距吗？

如果员工感觉激励同绩效、成果、贡献实际上并没有什么关系，而是与业务领导者个人的喜好、团队成员的资历甚至人际关系密切相关，员工就会视绩效-激励关系如粪土，从而变得消极。有些员工会愤怒地抗议；有些员工则悄悄地"自我补偿"，如单方面降低自己的工作标准或强度；还有些员工则开始把主要精力投入与业务领导者建立良好的私人交情上。长此以往，良好的团队氛围无法建立，激励的效果也会大打折扣。

3. 激励与需要的关系

正如前文所述，今天的员工有着差异化的价值取向。采用合适的激励方式，满足员工的个性需求，往往可以事半功倍。在做出激励行动之前，业务领导者要问自己："我让员工获得的回报，真的是他们想要的吗？"实际上，工作中无效的激励比比皆是。

- 有的员工为谋求升职而努力，结果得到的回报是加薪。
- 有的员工希望获得有趣、有成长性的工作，结果获得的回报却是远离有趣的工作，去做乏味的管理工作。
- 有的员工期望在工作中获得更多自主权，结果却收获了公司的旅游奖励。

激励方式如果不能匹配员工的个性需求，往往会影响激励的效果，包括激励效果的持续时间大大缩短、激励对团队成员的影响范围缩小、激励对员工的内驱力产生负面影响等。

尽管造成员工无法被激励的原因有很多,但是业务领导者切忌将原因都归咎于员工。业务领导者应该查看在自己的团队中,"努力与绩效""绩效与激励""激励与需要"这 3 组关系是否清晰、紧密相关。如果想充分激励员工,业务领导者就需要做出持续的、行为层面的努力,从而强化这 3 组关系。

◆ 激励必须融入业务领导者的行为之中

除了组织层面的激励政策,大量有效的激励其实都融合在上下级的日常互动行为之中:业务领导者的一些行为会对员工产生正向激励的效果——激发员工的动力;另一些行为则有可能产生负向激励效果——产生工作中的阻力。

激励行为应该成为"让组织更有成效,员工更有成就"的加速器。细心的读者可能已经发现,我们在第五章前三节中,用大量篇幅描绘了激励起作用的心理学原理、员工差异化的价值需求。真正体现激励的上下级互动行为,早已被融入第二~四章之中。所有的互动行为都会影响员工心理需求的满足,从而产生激励的体验与效果(不论是正向的还是负向的)。

基于我们的经验,业务领导者必须关注团队成员两个层面的心理需求:个体层面和群体层面。

个体层面的心理需求有安全感和成长发展。任何一个员工个体在工作中都需要对抗"不安全感"。这种"不安全感"不是指人身或财产安全受到的威胁,而是指由于工作过程和结果的不确定性导致的焦虑,由于担心失败、惩罚导致的惶恐等。成长与发展包括思想和技能层面的不断精进、职位和权力的获取等。如果个体层面的心理需求得不到满足,员工就无法全身心地投入工作,甚至不愿承担责任。

群体层面的心理需求包括归属感和成就感。所谓归属感,是指身处集体中的个体,都期待自己能够融入群体,被他人所需要,得到他人的尊重与认可，建立自身的影响力。成就感则代表组织中的个体希望自己的贡献能够与组织需求相吻合，希望自己在组织中能发挥优势、持续创造价值等。如果群体层面的心理诉求得不到满足，员工就容易放低自己的工作标准，或者在物质待遇方面斤斤计较。

当然，以上 4 项心理需求会存在个体差异，但总体而言，它们代表了员工在工作中的基本需求。业务领导者采取的互动行为要么是建设性的，要么是破坏性的：如果互动行为可以积极响应并满足员工的一项或多项心理需求，产生正向的激励效果，那么我们称之为建设性行为；如果互动行为产生的是适得其反的效果——让员工产生负面情绪、降低上下级之间的信任等，最终让工作毫无成效，那么我们称之为破坏性行为。下面，针对凝聚共识、知人善任、委责赋能三大策略，我们分别总结了若干典型的建设性行为与破坏性行为，以帮助业务领导者甄别，从而更好地发挥激励的作用。

1. "凝聚共识"中的激励行为与员工心理需求

在第二章，我们围绕团队目标的制定、共识、分解、落实，谈到了业务领导者与下属之间的一系列互动行为。

- 业务领导者由远及近、由外而内地为团队设置适度高远的目标，将有利于员工看到自己工作的终极价值，激发员工的成就动机。
- 在目标分解和任务跟进的过程中，业务领导者充分征求员工的意见，倾听他们的顾虑，清除任务执行中的堵点，能够有效减少员工的不安全感。
- 业务领导者向员工提供持续的结果反馈，会让员工更容易理解自己在一幅宏大的蓝图中所处的位置；让员工了解自己工作的进展，使其能够自我纠偏；经常和员工探讨解决问题的思路，能够有效地帮助员工成长与发展。

这一策略中的激励行为与员工心理需求如表 5-3 所示。

表 5-3　"凝聚共识"中的激励行为与员工心理需求

建设性行为	破坏性行为	对应的员工心理需求
描绘激励人心的愿景并将其与员工连接起来	订立保守、易实现的目标	成就感
就目的与成功标准达成共识	提出口号化、抽象化的目标	安全感、成就感
帮助团队成员聚焦最有价值的目标	接到什么活，就向员工分派什么活	成就感
与团队成员探讨目标实现的路径，识别并消除他们对目标的抗拒	拍目标，压任务，强奖惩"命令+控制"式地推动任务	安全感、归属感
提供随时随地的反馈	以结果考核替代过程管理	成长与发展

2. "知人善任"中的激励行为与员工心理需求

正如《现在，发现你的职业优势》一书中所说的："我们在研究中发现，优秀员工很少是能力全面的人，恰恰相反，他们都是优势突出的人。"在第三章，我们围绕识别并发挥员工长处、推动内部人岗匹配，分享了业务领导者与员工之间的一系列互动行为。

- 业务领导者基于关键任务建立人才标准，识别组织的"味道"，将大大降低团队的磨合成本，加快员工融入与胜任工作的步伐，促进员工团队归属感的建立，并减少不确定性带来的不安。
- 业务领导者帮助员工认识到自己的长处和盲区，可以有效避免他们在工作中的失误；而基于员工的长处安排任务，更容易让他们取得成功，并在不断的成功中获得持续的成就感和愉悦感。
- 创建长处互补的团队，既能着眼于员工之间的技能组合为他们配备最合适的工作任务，也能为团队提供更多创新的机会，有利于培养一支充满好奇、具备勇气并拥有独立思考能力的团队。

这一策略中的激励行为与员工心理需求如表 5-4 所示。

表 5-4 "知人善任"中的激励行为与员工心理需求

建设性行为	破坏性行为	对应的员工心理需求
基于任务建立清晰的人才标准	按照经验和感觉选拔人才对人才求全责备	安全感、归属感
让员工充分了解自己的长处和盲区，在工作中有机会发挥长处	无差别地安排各项任务要求员工优先提升所有的短板	安全感、成就感、成长与发展
长处互补，营造团队合力	选拔能力与特质趋同的员工	归属感、成长与发展

3. "委责赋能"中的激励行为与员工心理需求

在第四章，业务领导者根据员工的能力采取差异化的授权方式，推动与员工基于发展的绩效面谈，设置标准并提供培养支持，都是在潜移默化中激励员工。

- 业务领导者如果对员工的能力不加以分析，单方面采取授权行动，可能会影响上下级之间的信任关系。例如，当员工的能力完全胜任工作时，业务领导者还采取微观管理的方式，员工就会有不被信任的感觉，或者因为缺少自主性而感到沮丧；当员工长期担负超出其能力的工作时，可能会被压力压垮，产生强烈的无助感。
- 推动与员工基于发展的绩效面谈，能够帮助员工直面自身的问题，并找到解决问题的方法，促进其成长与发展。
- 帮助员工了解承担工作任务背后所需的能力标准，并在他们不同的能力发展阶段提供有力的带教和指导，帮助员工持续提升。

这一策略中的激励行为与员工心理需求如表 5-5 所示。

表 5-5 "委责赋能"中的激励行为与员工心理需求

建设性行为	破坏性行为	对应的员工心理需求
根据员工的能力采取差异化的授权方式	走向两个极端：事必躬亲或做甩手掌柜	安全感、成就感

续表

建设性行为	破坏性行为	对应的员工心理需求
推动与员工基于发展的绩效面谈	只做"警察",不做教练(把精力放在评价结果而非解决问题上)	成长与发展
设置标准并提供培养支持	只做事后纠正,不做事前指导	成长与发展

业务领导者在与员工的互动中本质上投入了自己的时间、精力和心血。当业务领导者使用建设性行为时,这些投入可以满足员工差异化的心理需求,起到正向激励的作用。相反,如果业务领导者在互动中使用破坏性行为,则会打击员工的积极性,破坏上下级之间的信任关系。

业务领导者要有效激励员工,在满足他们心理需求的同时注意员工的个体差异,避免"千人一面"的行为方式。个体差异包括员工的价值观、个性及所处的职业阶段等。例如,刚刚进入职场的员工相比经验丰富的老员工,对安全感和成长与发展更加看重;在个性方面,亲和动机比较强的员工则对团队中的归属感需求更加强烈。

最后,业务领导者要避免为了"激励"而刻意讨好员工——对他们的问题避而不谈,降低工作标准,放大他们的优势与贡献,轻易做出无法兑现的激励许诺等。这些行为都是不真诚的,甚至是不正直的表现。正直的业务领导者应该将激励行为自然而然地融入日常工作的方方面面,让激励他人成为自己的一种工作习惯。

综上所述,激励首先是行为,它无处不在,必须融入业务领导者日常的管理行为之中。其次是结果,既体现"事为先"——通过激励让工作有成效;也体现"人为重"——关心与满足员工的心理需求,持续激励别人,成就自己。

愿每位业务领导者都可以成为激励型领导者,更好地影响周围的人,成就更好的未来!

后记

写书是一个艰辛而又充满收获的过程。写一本用于指导实践的管理类图书，更是如此。好在我们拥有十余年的企业中高层管理经验，也拥有多年的管理咨询公司咨询顾问和培训讲师的经历。即便如此，写书依然不是一件容易的事情。最让我们操心和投入的是：如何才能真正有效地帮助和支持我们的读者——那些追求卓越的业务领导者或致力于成为业务领导者的伙伴。

本书源自我们主讲的培训课程"业务领导者的人才管理"。这门课程2016年进入企业内训，至今已经交付600余天。

本书第一章、第四章由吴景辉老师执笔，第二章、第五章由朱翔老师执笔，第三章由吴景辉与朱翔老师共同执笔。

我们要感谢彼得·德鲁克先生。本书的"事为先、人为重"准则就源自德鲁克先生的"卓越绩效、人文精神"的管理理念：对功能社会重要性的信念、对人的关注、对绩效的关注、对自我管理的关注，以及基于实践的、跨学科的、终生的学习观念。希望我们的理解没有偏离德鲁克先生的初衷。

我们要感谢合作伙伴——那些参与我们的课程、工作坊和人才培养项目的人，那些无私地与我们分享案例的人。你们是本书的重要贡献者，你们的

后记

故事和案例让本书的人才管理核心策略更加有效。

我们要感谢 20 多年来提供实践、咨询机会的雇主和客户。我们在撰写本书的过程中经常会想起自己犯过的种种错误，更对当时的雇主和客户充满了感恩之情。

我们要感谢和合咨询的创始人康至军老师，无论是课程设计还是本书的撰写，都离不开他深刻的智慧和敏锐的洞察，本书的框架正是他对德鲁克思想的承载。

我们要感谢和合咨询的其他伙伴：曾佳、贺丹、葛嘉、张霖涵、毛成宇。感谢你们作为本书的首批读者给予的中肯建议，让本书增色很多。同时，和你们共同奋斗的日子是我们最愉快的一次职业经历，也是本书素材的主要来源。

我们还要特别感谢电子工业出版社编辑晋晶女士，因工作繁忙，业务压力大，我们时常落下写作，正是她的鞭策和督促，才能让本书更快地与读者见面。

最后，我们还要将本书献给我们的家人张婷女士、朱琪女士，两个可爱的女儿格格和婷婷，感谢她们在背后的默默支持，感谢她们的耐心、理解和不计回报的爱。

"业务领导者的人才管理沙盘"源自 HR 转型突破中心的经典课程"业务领导者的人才管理课",与本书的思维架构完全一致,2019 年推出后就获得市场一致好评。沙盘课程从 200 多个优秀客户企业的授课经验和交流分享中萃取出了 15 个团队管理中典型、共性的困难场景,充分演绎"事为先、人为重"的人才管理理念。

目前该产品推出 3 个不同版本的沙盘案例背景:

面向销售团队:以 SAAS 软件公司区域销售团队为沙盘中的角色。

面向生产制造团队:以装备制造业公司的生产制造部(多家工厂)的生产管理团队为沙盘中的角色。

面向技术研发团队:以电力装备及场景化用电解决方案公司研发团队为沙盘中的角色。

本课程在 2 天的时间内,通过实践-体验-学习-反思-行为改变的学习模式助推学员成为卓有成效的管理者。

沙盘盘面的展示